本书为 2018 年度教育部人文社会科学研究西部项目"语用身份论视角下学术引用行为研究"（项目编号：18XJC740012）的成果，获得 2022 年度西北大学哲学社会科学繁荣发展计划优秀学术著作出版基金项目资助

语用学学人文库

何自然 主编

西北大学
NORTHWEST UNIVERSITY
1902—2022

西北大学学术著作出版基金资助

张立茵 著

A Study on Citation Practices in Academic Writing
from the Perspective of Pragmatic Identity Theory

语用身份论视角下的学术引用行为研究

暨南大学出版社
JINAN UNIVERSITY PRESS

中国·广州

图书在版编目（CIP）数据

语用身份论视角下的学术引用行为研究/张立茵著 . —广州：暨南大学出版社，2022.11
（语用学学人文库/何自然主编）
ISBN 978 - 7 - 5668 - 3473 - 7

Ⅰ.①语… Ⅱ.①张… Ⅲ.①学术交流—应用语言学—研究 Ⅳ.①H08

中国版本图书馆 CIP 数据核字（2022）第 146076 号

语用身份论视角下的学术引用行为研究
YUYONG SHENFENLUN SHIJIAO XIA DE XUESHU YINYONG XINGWEI YANJIU

著　者：张立茵

出 版 人：张晋升
策划编辑：杜小陆　黄志波
责任编辑：黄志波
责任校对：苏　洁　陈皓琳
责任印制：周一丹　郑玉婷

出版发行：暨南大学出版社（511443）
电　　话：总编室（8620）37332601
　　　　　营销部（8620）37332680　37332681　37332682　37332683
传　　真：（8620）37332660（办公室）　37332684（营销部）
网　　址：http://www.jnupress.com
排　　版：广州良弓广告有限公司
印　　刷：佛山市浩文彩色印刷有限公司
开　　本：787mm×1092mm　1/16
印　　张：16.125
字　　数：270 千
版　　次：2022 年 11 月第 1 版
印　　次：2022 年 11 月第 1 次
定　　价：65.00 元

总　序

语用学（pragmatics）作为一门学科，近二十多年的发展日新月异。语用学的学术视角从最早的语言哲学扩展到语言学，逐渐触及语言学的各个领域，出现了各类与语用学相结合的新兴学科和边缘学科，对翻译学、外语教学、词典编撰、跨文化交际、人工智能、文学批评、心理学等许多相关学科产生了深远的影响。语用学现已成为当代语言学中的显学，吸引了越来越多的学者从事语用学的学习、教学和研究。

20 世纪 60 至 70 年代，与语用学有关的课题在西方语言哲学的日常语言学派中十分盛行，但它直到 70 年代末至 80 年代初才成为语言学的一个分支学科。1977 年，《语用学学刊》（*Journal of Pragmatics*）在荷兰发行，标志着语用学作为一个学科得到正式确认。同一时期，pragmatics 引入日本，被翻译为"語用論"，日本学者毛利可信于 1978 年就曾以"意义的不确定性——从语义学到语用学"为题发表过文章；1980 年，毛利可信出版了亚洲第一部语用学专著《英語の語用論》（《英语语用学》）。在我国，语言学界前辈许国璋先生于 1979 年在中国社会科学院语言所主持出版的《语言学译丛》中就曾连续译介过与日常语言哲学有关的奥斯汀的《论言有所为》等文献。《语言学译丛》改版后的《国外语言学》季刊在 1980 年就刊登了胡壮麟先生介绍国外语用学的文章。到了 1983 年，西方正式出版了列文森的《语用学》（*Pragmatics*）和里奇的《语用学原理》（*Principles of Pragmatics*）。这些国外语用学经典著述，经我国学者不懈引进，语用学在我国开始扎根、发芽。随后，经过三十多年的努力，我国语用学研究得到不断发展，研究队伍不断壮大，与国外同行学者之间的学术交往日益增多，并不断产出具有国际视野的研究成果，体现出中国学者的学术见解和创新。

当然，我国语用学研究的全面创新及语用学学科的深度发展还有很长的路要走；作为我们自己的学术团体，中国语用学研究会也有很多工作要做。2011 年，第十二届全国语用学研讨会暨第六届中国语用学研究会年会在山西大学外语学院召开之际，研究会常务理事会决定组织出版《语用学学人文库》（以下简称《文库》），并成立了编委会，约请暨南大学出版社自 2012 年起出版语用学方面的有关论著。中国语用学研究会认为，在这个时候筹划出版《文库》丛书是有其积极意义的，可以极大地促进我国语用学教学与研究的繁荣，使汉语、外语学习和实际运用得到应有的重视，使汉语在我国社会经济生活中的使用质量得到不断提高，并为在国际上普及汉语和宣传中华文化而出力。

我们计划《文库》丛书每年出版 2 至 3 部专著。这些著述将着重反映以下三个方面的内容：第一，评介当前国外语用学学科的前沿课题；第二，结合和借鉴国外语用学的理论和实践，指导并提高我国汉语和外语的教学与研究；第三，介绍我国学者在语用与社会、语用与文化、语用与翻译、语用与心理、语用与认知等方面的创新成果。

我们曾征询过国内外有关专家、教授、学者的意见，草拟了一份《文库》选题建议，发布在"中国语用学研究会网"（www. cpra. com. cn）上，供大家撰稿时参考。我们盼望我国从事语用学教学与研究的同仁能够积极支持这个《文库》的出版计划，踊跃撰稿，为进一步繁荣我国语用学的学术研究作出贡献。

《语用学学人文库》编委会

2012 年 5 月

前　言

　　学术语篇写作是体现写作者高参与度的社会化行为，往往涉及身份建构工作。学术引用作为学术语篇的核心特征，是写作者与学术圈内学者交流、沟通的重要手段，不仅表明写作者阅读了相关文献，更体现出写作者通过修辞手法加强论据和论点的选择过程，是写作者自我身份表征的重要场所和手段，是写作者确立学术身份的一种重要语言资源。

　　目前，针对学术引用和学术语篇中作者身份的研究已有不少，但从身份建构的视角，将学术引用视为一种资源，分析其参与作者身份建构的研究尚不多见，具体研究空间体现在以下三个方面：①已有研究对学术引用的句法特征描述已较充分，但对引用参与建构的身份类别、分布特征和建构方式等方向的研究尚待深入；②学术语篇的学科差异性在引用参与建构的身份类别、分布特征和话语方式等方面的影响研究尚需探讨；③当前学术引用研究以量化研究方式为主，可探索引入质性研究方法分析身份建构过程中呈现的特点。针对上述研究空间，本书从语用身份论视角出发，关注学术引用行为中涉及的身份建构问题，重点考察学术引用参与建构的身份类型、话语实践方式以及不同学科背景下学术引用的身份建构特征。

　　本书选取近十年间发表于国际知名学术期刊应用语言学（软科学）和计算机科学（硬科学）方向的实证研究论文（IMRD结构）各三十篇为语料，在语用身份论的指导下，结合现有学术引用分析框架，提出学术引用参与语用身份建构的分析框架，对自建研究论文语料库中的身份建构动机、引用参与建构的身份类别、建构方式和影响因素进行以定性为主的分析，对引用频次、引用方式等进行以定量为主的分析，并使用问卷和访谈辅助论证研究结果和结论，最后对比了应用语言学和计算机学科语料在建构身份的类别和方式上的差异。

　　本书基于语用身份论，从身份建构角度发掘学术引用的深层动机，阐释特定引用方式的选择动因以及学科差异。研究综合运用了文献、问卷、访谈、语料分析等手段，具体考察了学术引用以及参与建构的身份类型、分布特征、具体话语实践方式以及学科差异。从理论上看，本书丰富了学术话语研究，建立了学术引用行为和作者身份建构的联系，提出了学术引用行为与身份建构的操作性分析框架，拓展了语用身份论研究。从应用上看，本书可帮助写作者增强引用时的身份意识，改善引用效果，并可为学术写作教学提供有益的理论和实践指导。

书稿付梓，感谢教育部人文社会科学研究西部项目和西北大学哲学社会科学繁荣发展计划优秀学术著作出版基金项目的资助；感谢导师陈新仁教授和徐昉教授的悉心指导和帮助；感谢王海啸教授、何刚教授、魏向清教授、陈桦教授、汪少华教授等博士学位论文开题和论文答辩委员会专家对本研究提出的宝贵意见。最后，还要真诚地感谢暨南大学出版社杜小陆先生和责任编辑黄志波先生为本书的出版付出的辛勤努力。

本书以本人的博士学位论文为基础，虽历经数次修改，但仍难免有疏漏之处，恳盼各位专家、学者斧正。

张立茵

2022 年 8 月于长安

目　录

第 1 章

学术引用中的身份建构

本章旨在概括性地介绍本书,首先陈述相关研究背景,简述研究的缘起。其次,结合具体示例明晰主要研究对象,确立研究的理论和应用目标。再次,概述研究采用的研究方法和具体实施步骤。最后,梳理全书框架。

1.1 研究背景

本书拟从语用身份论视角出发,考察学术引用行为中的身份建构问题,具体包括:①写作者通过引用行为参与建构了哪些身份类型,这些类型的身份呈现什么样的分布特征?②不同身份类型是如何通过不同话语实践方式来实现的?这些方式呈现什么样的分布特征?③不同学科的学术引用在参与身份建构方面有何差别?

本书聚焦上述三个问题,基于以下考虑,具体包括学术语篇是身份建构的重要场所、学术引用是学术写作的核心特征以及从语用身份论视角分析学术语篇中身份建构问题的可行性。下面将逐一阐述。

1.1.1 学术语篇是身份建构的重要场所

一般来说,学术语篇具有客观、严谨、明晰、准确等特点,避免出现作者的主观介入(Arnaudet & Barrett,1984)。然而,越来越多的研究表明,学术语篇撰写是写作者高度参与的社会化行为,其内部是写作者身份建构的重要场所(如 Hyland,2000a,2015a;Block,2002;徐昉,2011;孙莉,2015;杨林秀,2015;陈新仁、李梦欣,2016;何荷,2016;王雪玉,2016)。

学术语篇的产出过程并非简单的事实陈述(如 Ivanič,1998;Hyland,2000a),而是包含了写作者与读者的交互,以及自我表达与学科话语既有范式的平衡(Hyland,2012)。写作者的语言选择不仅影响着文本的概念意义,还对写作者的人际交往有重要的影响,传递着写作者的形象,即如何向他人展示自我(Hyland,2012)。同时,在既有的学术话语框架下写作,是一个共享的学术规范与写作者的个体特征角力的过程,涉及整体规约性与个体差异性的博弈(Bakhtin,1986;Hyland,2012)。学术写作中包含的规约性的惯例有助于协调写作者与学科成员的关系，提高写作者个人观点的可信度和说服力，但规约性的学术话语也可能限制写作者，迫使他们接受理性的、毫无个性的，甚至与事实相悖的个人角色（Hyland，2002a，2012）。

正是由于学术写作中涉及的这种共性与个性的权衡给予了写作者创作的空间，他们可以通过话语选择，或显性或隐性，或有意或无意地建构具有个体特征的作者身份。学术语篇中的作者身份建构具有多重性，并受多种因素影响。Burgess 和 Ivanič（2010）指出，作者身份具有非单一性、非固定性、多面性以及随时间和空间而变的动态性，包括写作者带入写作行为的"自我"，通过写作行为建构的"自我"，以及读者眼中的"自我"，这种具有多面性的身份由个人、他人以及社会文化语境的互动而建构。Hyland（2015a）强调，虽然学术语篇中的身份建构受到写作者所在学术社区的制约和影响，然而其核心部分是写作者在写作时为自己建构的语境，这一语境是个体的、具有特质性的，直接触及写作者本身，包含写作者之外的因素（如参与者、场景、任务等）以及写作者自身的因素（如写作动机、所受教育、兴趣等）。此外，学术文本中作者身份的显隐亦会影响读者对文本的印象，甚至是对文本的理解（Hyland，2001a，2004）。

可见，学术写作不仅是概念内容的传达，更是自我身份的表征（Hyland，2012）；学术写作不仅涉及学科规范，更关乎作者身份建构（Ivanič，1998）。写作者如何通过话语资源在学术语篇中或明或暗地表达自己的声音，建构作者身份，及其背后的动因，是学术话语研究的核心问题。写作者能否在写作过程中激活恰当的在线身份，即语用身份（陈新仁，2013a；陈新仁等，2013），亦是写作者学术语用能力的重要体现。针对话语参与学术语篇的身份建构研究有助于清晰地了解学术语篇的写作范式和目标，更有助于深入了解学术身份建构的过程和内在动因。

1.1.2　学术引用服务于身份建构

学术引用是写作者与学术圈内学者交流、沟通的重要手段，是学术写作的核心特征（徐昉，2012；Swales，2014；Hyland & Jiang，2016）。事实上，学术引用极为复杂，不仅考察写作者对学术社区惯例的知晓度，还间接考察写作者通过话语所彰显出的对学术惯例的控制力（Currie，1998）。

Hyland 和 Jiang（2017）将引用比作"学术经济的货币"，分析了过去五十年间（1965—2015 年）发表的学术论文中包含的引用行为。他们发现，学术引用的数量呈现显著增长的趋势，五十年间引用的数量增长了 230%，达到每万词 137.8 个引用。在另一项研究中，Hyland（2004）的研究数据显示平均每篇文章约包含 70 次引用，Hyland 认为这一数量足以证明引用的重要性。作为学术写作的基本特征（Swales，2014），引用不仅表明写作者详尽阅读了相关文献，更是写作者有选择性地使用修辞手法加强论点和论据的途径（Gilbert，1977；Hyland，2004）。学者能否恰当地将文献融入自己的研究、建立学术网络、增加观点的可信度，常被视作衡量学者学术能力的重要指标（Thompson，2005；Pecorari & Shaw，2012；徐昉，2012）。

此外，学术引用还服务于写作者的身份建构。写作者在证明当前研究的价值和意义时，除了会陈述自己所持的观点外，还会通过引用列举前人文献、讨论和评价其他研究和学者的贡献，建立学术网络和学术边界，通过引用在相关学科参与建构学术社团成员（Swales，2014）、评价者以及陈述者等身份类别。引用为这些身份的建构提供了多样化的选择和方式，写作者借助引用所建构的身份有助于实现写作目的和交际需求。正如引用研究的先驱学者 Blaise Cronin（1981，1984）所述，引用的目的和动机存在诸多变化。虽然引用是一种公共行为，所有的写作者都通过互文的手法与其所处学科建立联系，表明提出的观点陈述是基于前人的研究之上，但是写作者在引用时选择哪位被引作者的文献以及以何种方式引用等均渗透了个人色彩（Bhatia，2008），具有主观性（Swales，2014）；并且不同学科的学者使用引用的程度和方式也存在很大差异，呈现出鲜明的学科特征（Hyland，2004）。如若写作者对学术引用的认知不足或存在偏差，极易造成引用行为的不当。

可见，学术引用并非简单地堆砌已有相关文献，而是与学术论文的其他构成要件一样，是写作者自我身份表征的重要场所和手段。学术写作中的文献引用问题不仅是包括教师和审稿人在内的读者关注的重要话题，更对写作者学科身份的建构、学术能力和专业性的评定，起着举足轻重的作用。对写作者学术引用行为的研究不仅关乎遵循学术规范、避免剽窃，更是写作者学术能力的重要体现。此外，引用的多元性特征使得这一话题具有重要的理论和现实意义，值得深入探讨。

1.1.3　语用身份论视角下学术语篇中身份建构研究的可行性

身份（identity）是社会生活的一个核心特征，是人文社会科学研究的热点话题之一，特别是在涉及人际沟通的学科尤其如此（De Fina，2010；陈新仁、袁周敏，2010；陈新仁，2013a；袁周敏、陈新仁，2013）。在过去二十年间，学者分别从社会语言学、人类语言学、人际语用学、社会心理学等领域对身份展开研究。无论是社会科学还是人文科学，学界对于身份的认识经历了从本质主义（essentialism）向社会建构主义（social constructionism）演变的过程（Hall，1996；Bucholtz & Hall，2010）。这一理论范式的转变为身份的研究提供了新契机。本质主义认为身份是先在的，由固有的社会类别（social categories）决定，人们不能选择或改变其身份；而社会建构主义认为本人和他人的身份不是先在的、固定不变的，而是特定历史文化的产物，是话语建构的结果，随交际环境的变化而变化。社会建构主义理论进一步指出，语言不仅反映社会现实，而且建构和重构社会现实。Tracy 和 Robles（2013）认为，言语行为与身份建构存在千丝万缕的联系，言语行为同时建构和更改身份。

语用学视角下的身份研究主要关注身份的交际属性，而非其社会或心理属性。在语用身份论视角下研究身份（袁周敏、陈新仁，2013；陈新仁，2013a，2013b，2014，2018），是试图探究交际者如何在特定交际时刻基于特定语境通过选择、建构特定身份传达特定说话人的话语及其意义，实施特定的施为目标，维持、调节或巩固人际关系，获取特定的交际效果，而非话语心理学、社会学、社会心理学、传播学等关注的身份类型或其建构本身（陈新仁，2014）。

写作者在撰写学术语篇时，为了实现交际目标，往往会依据学科特点、语篇发展阶段等选择建构多种身份，而非依据先在的社会类别，通篇固守特定的身份。这种身份建构特征与语用身份论的观点一致。正如温特（2000）所言，身份不仅是主观性的产物，其社会属性决定了身份需要通过具体的语境和活动才能发生，它不是内在的或者本身固有的，而只存在于和他者的关系之中，是通过持续互动而获得的，而非单凭一己之力，因而更具有建构的性质，也更复杂。

具体到学术语篇中的引用行为，写作者在引用时不仅会遵循学术社区惯例，还会从自身的交际需求出发，结合具体语境，选择合适的话语建构方式形成文本。同时，为了达到效用最大化，写作者对于语境的理解是从语用视角出发的（Hyland，2012）。学术引用不仅是构成学术语篇的重要元素，还是写作者确立学术身份的一种重要语言资源（鞠玉梅，2016）。通常学术引用行为被视为遵循特定的写作规范手册（如 *American Psychology Association*，*Modern Humanities Research Association*，*American Chemical Society*，*Council of Biology Editors* 等）而进行的，按部就班，没有任何异议和变化，然而实际上学术引用在遵循学科惯例和操作手册的同时，还传递出了不同的修辞和社交意义（Hyland，1999）。写作者通过引用展示对所属学科的熟悉程度，彰显自己隶属于学术社区的学术身份。越来越多的研究揭示了写作者在引述句主语、句式结构和转述动词的选择上的多样性（如 Swales，1990；Thomas & Hawes，1994；Thompson，1996；Charles，2006a），这些话语方式的多样性为引用参与身份建构的多样性提供了手段，针对其展开的研究也为当前引用参与身份建构的分析打下了基础。

综上，从语用身份论视角研究学术引用，能够更准确地理解引用行为参与身份建构的语境因素，有助于通过写作者建构的身份解读学术引用的话语意义，考察通过引用满足建构特定身份的需要，阐释引用行为的特定话语特征形成的原因。特定的语境对身份的选择具有默认性，引用行为是否参与默认身份的建构，或是否参与错位身份的建构也是值得研究的话题。

1.2　研究对象

本书的研究对象为实证性学术论文中的引用行为。为了更好地呈现研究对象，我们来看下面几则实例。

例 1-1　引用行为典型示例 1（融入式）

Barton（1993）①，for instance，found that the higher scored student essays in her corpus projected stances more like the expert texts in her comparison cor-

---

①　示例中的下划线除非特别说明，均为本书作者为提高读者阅读体验而添加。

pus, engaging in more problematization of others' views and using more expressions of contrast. ①

例 1 - 2　引用行为典型示例 2（非融入式）

Writing research has long shown that academic writing is a highly social practice, one that requires carefully positioning claims within communities of discerning readers and against a background of prior views and voices (e. g., Nystrand, 1986; Bazerman, 1988; Swales, 1990).

　　例 1 - 1 和例 1 - 2 展示的分别是"融入式"（integral）引用和"非融入式"（non-integral）引用。这种划分是依据句法形式作出的，最初由 John Swales（1990）提出，之后为学者广泛接受。融入式引用是指引用的作者信息包含于句子结构内，作主语或施事者，或是参与构成名词性短语、附属从句或附属短语，是句子的一部分；而非融入式引用是将引用信息包括作者姓名、年份、页码等均置于括号内，放在句子结构之外，或者使用数字上标替代。融入式和非融入式引用并非只是简单的句法形式上的不同，前者通常强调研究者的行为，而后者强调研究的发现（Swales，2014）。写作者通过凸显或隐藏原文作者的姓名，间接表达自己对原文观点的态度。此外，融入式引用中使用的转述动词也是写作者借他人之口传递"声音"、表达观点以及建构身份的有效途径。

　　以上两种引用形式较为普遍，但引用形式的多样化亦不容忽视，如：

例 1 - 3　引用行为多样性示例 1

My analysis draws on the appraisal framework from systemic functional linguistics (hereafter SFL). SFL is a theory of language developed by M. A. K. Halliday (Halliday, 1978, 1994; Halliday & Mattiessen, 2004) that explores how our linguistic choices both reflect and shape the contexts in which the language is being used, including the relationships between participants, or the tenor.

---

　　① 例 1 - 1、例 1 - 2 以及例 1 - 3 均选自 LANCASTER Z. (2014). Exploring valued patterns of stance in upper-level student writing in the disciplines [J]. Written communication, 31 (1): 28 - 29。

通常在非融入式引用中，写作者只会使用被引作者的姓和出版时间等信息，但从例 1 - 3 可以看到，写作者不但在括号中标注了被引作者的姓，还特意在句中标注了被引作者全名，从前文的描述中可以看出这篇文章的理论基础是"评价理论"，而该理论是建立在知名学者 M. A. K. Halliday 提出的系统功能语言学理论之上的。Swales（2014）提出"引用的半自动化"概念，是指随着时间的推移，当特定的观点与特定的人紧密相连时，引用可能会成为半自动化插入的行为。由于 Halliday 在系统功能语言学方面所做的奠基性工作，在相关领域的学术写作中，他已成为半自动化插入的对象。写作者为了表示自己熟知该领域理论，积极体现圈内人的身份，半自动地选择引用 Halliday 的文章，并在文中以引用全名的方式表达自己对 Halliday 教授的敬意。

又如例 1 - 4：

例 1 - 4　引用行为多样性示例 2

The corpus was coded for 13 indexes specifically related to doing fieldwork（also described in Dressen-Hammouda，2008）. ①

例 1 - 4 中，括号内除了包含被引作者的姓氏（Dressen-Hammouda）和发表年份（2008）外，还出现了说明性文字"also described in"用于指引读者深入阅读。类似的说明性文字在非融入式引用中出现的比例较高，可用于罗列、比较或划分参考文献，是写作者参与语篇建构的重要方式。

此外，对于被 Thompson 和 Tribble（2001）命名为"非引用类"（non-citation）的情况（只给出被引作者姓名，但无文献年份），基于 Swales（1990）和上述两位学者的分析，本研究将此类引用分为三类，部分纳入研究范围。

第一类为前文中已经给出完整文献信息，此处为避免重复而省略了文献的年份，并且被引作者姓氏后有明显表明态度或观点的话语形式，如例 1 - 5。鉴于本书的关注点为写作者通过引用已有研究成果建构的被引作者

① 例 1 - 4 选自 DRESSEN-HAMMOUDA D.（2014）. Measuring the voice of disciplinarity in scientific writing：a longitudinal exploration of experienced writers in geology［J］. English for specific purpose，34：18。

身份，此类引用虽缺失了部分信息，但从本质上讲仍直接或间接地表达了写作者对于被引成果或假设的立场，因此本研究视此类引用为研究对象①。

例 1-5　缺失文献年份但包含被引作者具体观点陈述的示例（研究对象）

<u>Hyland</u> <u>postulated</u> a difference in practice here between "hard" and "soft" disciplines, using terminology drawn from Becher (1989), and <u>speculated</u> that Biology stood out from the other sciences because it is a relatively new discipline. ②

第二类为无文献年份，不包含被引作者观点的直接转述，但用于与其他学者的研究进行比较。此类示例因其可用于写作者的观点或态度陈述，有助于写作者建构特定身份，因此纳入本研究的研究对象。

例 1-6　缺失文献年份但用于陈述写作者观点的示例（研究对象）

One obvious point is that the length of texts in the two genres is markedly different: the articles in <u>Hyland's</u> corpus range from 3 to 31 pages in length, whereas the Agricultural Economics theses in <u>Thompson's</u> corpus are around 200 pages long.

第三类仅用于描述某领域的研究基本概况，但不涉及特定文献的态度或观点的情况，如例 1-7。此类示例不纳入本研究的研究对象。

例 1-7　虽然出现人名，但并不指向具体研究的示例（非研究对象）

The presence of citations is therefore clear evidence of dialogism and inter-

---

① 根据《美国心理学会出版手册》（*Publication Manual of the American Psychological Association*）（2010）的规定，同一段中，如果被引文献第一次出现时以非括号的引用形式引用（即融入式引用），则第二次出现时不用标注年份；但如果第一次出现时以括号的引用形式引用（即非融入式引用），则第二次出现时仍需标注年份。因此，依照此规定，这里讨论的第一类和第二类引用虽然缺失年份，但仍是正常引用形式，应纳入讨论范围。

② 例 1-5 和例 1-6 选自 THOMPSON P & TRIBBLE C. (2001). Looking at citations: using corpora in English for academic purposes [J]. Language learning & technology, 5 (3): 93 - 94。

textuality，topics of major interest，especially since the （re） discovery of <u>Mikhail Bakhtin</u> in the 1980s. ①

通过上述例子可以看出，学术引用并非简单地遵循学术规范手册，而是具有多样性。如 Hyland（2004）所言，虽然所有的写作者都通过互文的手法与其所处学科建立联系，但是他们使用引用的程度和方式有很大差异。目前，单独针对学术引用的分析研究和单独针对学术语篇中作者身份的分析研究已有不少，但从身份建构的视角，将学术引用视为一种资源，分析其参与作者身份建构的研究还寥寥无几，值得深入探讨。

1.3 研究目标

本书在语用身份论（陈新仁，2013a，2014，2018；陈新仁等，2013）的指导下，以近十年间（2007—2016 年）发表于国际知名学术期刊的应用语言学和计算机科学方向的实证研究论文为语料，关注英语学术论文中引用行为参与建构作者身份的相关问题。通过分析具体引用行为参与建构的身份类别及其话语实践方式、相关变量以及不同学科间在上述方面存在的差异，揭示学术引用参与作者身份建构的机制，并进一步论证学术引用是作者身份建构的重要环节和手段。研究目标具体分析如下：

1.3.1 理论目标

本书从语用身份论视角出发，主要关注学术引用建构以及参与建构身份的相关问题，重点考察学术引用建构以及参与建构的身份类型、分布特征、具体话语实践方式以及不同学科背景下学术引用参与建构身份的特征，以期对相关领域的学科发展和理论探究作出一定的贡献。具体来说，本书旨在：

第一，从研究视角和研究对象方面丰富学术话语研究，建立学术引用

---

① 例 1-7 选自 SWALES J M.（2014）. Variation in citational practice in a corpus of student biology papers：from parenthetical plonking to intertextual storytelling ［J］. Written communication，31 （1）：119。

行为和作者身份建构的联系，确立引用行为对于作者身份建构的重要作用。本书对学术语篇中身份建构的文献进行系统考察，并将语用身份理论引入学术引用的分析，从具体的学术引用实例出发，尝试提出学术引用参与建构的身份类别，建立写作者引用行为和具体身份类别的联系，并分析这些身份类别的特征，从而印证学术引用不是简单地罗列文献，而是加入了写作者主观判断和实践的一种话语资源，对于实现写作者的交际目标具有重要作用。

第二，从分析框架方面进一步完善学术引用研究，提出学术引用行为参与身份建构的操作性分析框架，充实相关理论。学术引用的方式具有多样化的特征，对其分析不应限于主语、转述动词和句法结构等语言形式，而应同时考虑写作者的交际需求以及语境等因素，从而更合理、充分地解释具体引用行为。在此思路引导下的引用行为分析，体现了话语建构和重构现实的特性，借此提出的引用行为建构及参与建构身份的操作性框架也更具有理论和现实意义。

第三，从研究范围方面拓展语用身份理论研究，将语用身份理论运用到学术引用行为的研究中，拓宽语用身份理论的应用空间。目前的语用身份理论已经广泛地用于分析商务话语、新闻话语、广告话语、学术话语等（如陈新仁等，2013），本书以学术引用行为作为研究对象，可以进一步验证语用身份理论的适用性，拓宽理论应用的深度和广度。

1.3.2　应用目标

除了旨在推动学术引用和语用身份理论研究的理论目标外，本书还具有一定的应用目标，体现在：

第一，通过分析学术引用行为中的身份建构问题，本书有助于提高写作者学术写作中引用行为的身份意识。尽管人们对学术语篇语体特征的研究已经比较充分，但针对写作者在学术语篇中作者身份建构的探讨却刚刚起步（Hyland，2002b；李娟，2016）。特别是在学界认识到学术写作中作者身份建构的重要性之后（孙莉，2015），期待更多的研究者将视线转向作者身份建构的相关话题。就本书而言，针对学术引用行为与身份建构展开的研究，可以帮助写作者提高身份意识，更好地通过引用与学术圈建立联系。

第二，通过分析学术引用行为中的身份建构问题，本书有助于写作者，特别是学习写作者，提高学术引用能力，助其更好地达到学术交际目的。学术引用是衡量写作者学术水平高低的重要量尺，但由于写作者个人的认知和学科差异等因素影响，恰当的引用不易实现。本书从写作者的交际需求出发，通过分析与引用相关的身份类型，探讨其特性和差异性，旨在更好地为写作者提供理论和实践指导。

第三，通过分析学术引用行为中的身份建构问题，本书能为学术英语写作教学提供参考。将身份意识引入学术文本的阅读和写作，能够使学习者从学术写作的交际属性分析和撰写文本，在学术引用不再囿于其信息属性，拓宽其视野，提高引用意识和能力。

1.4　研究方法

针对上述研究目标，本书将综合采用多元化的研究方法，从语用身份论视角对学术引用行为展开分析，尝试考察写作者通过学术引用参与建构语用身份的动态过程及影响因素。具体操作如下：

第一，全面梳理学术语篇中引用行为及学术引用参与身份建构的理论和应用研究，归纳相关领域的研究现状、已取得的研究成果及存在的不足，并结合研究目标，提出关键术语的界定。

第二，在现有分析框架的基础上，对自建的研究论文语料库中的引用动机、引用参与建构的身份类别和影响因素进行定性分析，采用定量分析法，辅以语料库语言学研究法，对库中的引用频次和具体引用方式进行统计和分析。

第三，在文本分析的基础上，通过问卷和访谈验证引用动机、身份类别、影响因素等分类，修订分析框架。

第四，对比语言学学科和计算机学科的文本，分析学术引用参与身份建构的学科差异。

1.5　全书结构

全书共由八个章节构成。

第 1 章为绪论，主要介绍本选题缘起、研究对象、研究目标和研究方法，最后简述各章概要。

第 2 章为文献综述，回顾与本研究相关的国内外文献。首先，本章回顾前人研究对学术引用和作者身份的界定，提出本研究的工作定义。其次，依次梳理学术引用行为的研究以及学术写作中的身份研究，通过总结已有成果，指出当前研究存在的不足和可能深入的研究空间，并证明本研究的必要性和意义。

第 3 章为理论与分析框架的提出。本章首先介绍语用身份论的定义和重要观点，以及学术引用动机的研究现状。其次，在此基础上，结合本书的研究目标和内容，提出学术引用参与作者语用身份建构的分析框架。

第 4 章为研究的设计思路与具体操作步骤的陈述。首先介绍本书的研究问题，然后详细阐述具体的研究设计，包括受试的选取、语料的来源、语料收集工具与方法、身份类型的判断方法等，并详细介绍语料收集和分析过程。

第 5 章回答第一个研究问题，即写作者通过引用行为参与建构的身份类型，主要考察特定动机驱动下建构的作者身份类别，并分析这些身份在各章节中的分布特征。本章首先分析在身份建构动机驱动下写作者通过引用行为参与建构的身份类别，然后总结并提出学术引用参与建构的身份类别在本书不同章节中的分布特征，并分析引用参与建构的身份类型呈现的特点，最后对研究结果进行讨论。

第 6 章回答第二个研究问题，即不同身份类型的话语实现方式及分布特征，主要探讨学术语篇中写作者通过引用选择建构特定语用身份时所采用的话语实践方式。本章首先进行定性分析，分别从宏观话语和微观话语方式入手，探讨引用行为参与建构身份时使用的话语实践方式和分布，然后分析这些方式建构各身份类别的过程，并探讨建构方式呈现的特征。

第 7 章回答第三个研究问题，即不同学科的学术论文在引用参与建构的身份类别和建构方式上的差别，主要为定量分析，在考察所收集数据的基础上，结合前两章的讨论，分别对不同学科中引用行为参与建构的身份类别、建构方式和建构过程进行对比，最后分析差异形成的原因。

第 8 章为全书的结语部分，总结本研究成果的主要发现与贡献，同时指出本研究的不足之处，并为后续研究提出建议。

第 2 章

文献综述

本章在回顾相关文献的基础上简要评价、总结现有研究，为后续研究的展开打下基础。首先，明确包括学术引用、作者身份和语用身份在内的关键术语的界定。其次，聚焦于学术引用行为的相关研究。再次，从身份视角出发，回顾学术写作中的身份研究。最后，对上述研究进行综合评价。

2.1　术语界定

本书将重点关注写作者通过学术引用行为参与建构的作者身份类型、建构方式和影响因素等，围绕这些研究内容，现将其中涉及的关键术语界定如下：

2.1.1　学术引用

学术引用是学术写作的标志性特征，是写作者通过借用已有文献建立学术网络、论证观点的一种手段，为学科内及学科间的文献追溯搭建了桥梁。对于学术引用的界定，可从形式、内容和功能三个方面展开。从形式上讲，学术引用通常遵循"姓氏 + 年份"的引用体系或（不）带方括号的数字引用体系。从内容上讲，学术引用是写作者基于具体学科语境，在将已有文献与当前研究相结合的交互过程中，对该领域已有研究方法、成果或假设等的综述（包括成果或假设的内容及其归属），以及写作者本人对这些研究方法、成果或假设等的立场表达（Swales，1990）。如 Kwan 和 Chan（2014）认为，学术引用是指将意义单位通过特定引用形式赋予指定文献的文本片段。从功能上讲，学术引用是写作者与学术社区交流的桥梁，兼具对话性和互文性（Swales，2014）。下面将对引用的对话性和互文性进行简要分析。

首先，学术引用是写作者将已有文献与当前研究相结合的交互过程，是构成对话性的重要手段（Swales，2014）。Bakhtin（1981）在其著作 *The Dialogic Imagination：Four Essays* 中提出了语言活动的对话性（dialogic）特征。虽然在学术书面语中对话的双方没有完全出现，看似只是写作者掌握话语权，但读者确实存在于写作者的心中，时刻影响写作者的语言选择

（姜晖，2011）。在引用时，对话性文本体现了当前文本与已有文献，以及写作者与其他作者之间持续的交流过程，这一过程不是单纯地回答、更正或延伸，而是多文本、多主体间的持续交互，并且这一交互过程不是单向的，而是双向的，即已有文本及作者，与当前文本及作者间的相互影响。可以说，学术引用并不仅仅是单向的事实陈述，表明写作者对已有文献所作的尽职调查，而是写作者通过多种引用形式强化自身论点和命题的修辞手段（Gilbert，1977；Hyland，2004）。

其次，学术引用还明显具有互文性（Hyland，1998，1999；Bazerman，Little，Bethel，Chavkin，Fouquette & Garufis，2005；姜晖，2011；Hu & Wang，2014）。写作者在建构学术知识时，不可避免地要考虑读者的反应，因为只有通过同行学者的评判和认可才能将写作者的观点转化为知识（Rorty，1979）。互文性可以帮助写作者通过学术引用，借助前人的研究印证当前研究的有效性和正当性（Hyland，1999）。Hyland（2004）指出，学术写作中所有的写作者都是通过互文的手法与其学科建立联系。Fairclough（1992）将文本的互文性分为两类：凸显性互文（manifest intertextuality）以及结构性互文（constitutive intertextuality）。具体来说，前者指被引文本显性地出现在当前被讨论文本中，通过使用引号等方式加以凸显；后者指按照体裁或话语惯例撰写文本。这两种互文形式在文本中均有广泛使用。

综上，本书提出学术引用是一种修辞和社交行为，具体是指写作者依照学科规范，通过话语形式和内容选择呈现相关领域已有文献的话语实践。

此外，还有两组概念值得区分，分别是：学术引用认知与学术引用行为，以及文内引用（citation in text）与文末引用（即参考文献列表，references）。目前，学界围绕学术引用展开的研究主要在引用认知和引用行为两个层面，两者都可称为学术引用研究（张立茵，2015）。其中，前者关注写作者对学术引用形成概念、知觉或判断等心理活动的过程（如 Gu & Brooks，2008；徐昉，2013）；后者关注写作者具体引用行为的考察，主要包括对引用内容、引用修辞功能与策略使用和语言形式特征等方面的研究（如 Harwood & Petrić，2012；Li & Casanave，2012）。

第二组区分的概念为文内引用和文末引用。前者指出现在学术语篇正文部分的引用，通常包含被引文献作者姓名、出版年份、页码、解释性话语等信息，是正文文本的组成部分。对文内引用的研究主要集中于应用语言学和社会科学领域。后者指出现在文末的引用，通常包含被引文献的出版/检索等信息，不参与正文的语篇建构，对文末参考文献列表的研究主要集中于信息科学领域。

本书旨在建立学术引用与作者身份建构之间的联系，与写作者对于引用概念本身的认知无关，因此关注的是写作者在学术语篇中的具体引用行为，主要包括引用内容、引用修辞功能、引用策略和语言形式特征等，即学术引用行为（以下简称"学术引用"）。同时，由于文内引用与作者身份建构密切相关，而参考文献列表仅为信息的罗列，不涉及写作者的主观活动，因此本研究仅探讨文内引用行为，而参考文献列表仅作为辅助指标略加涉及。此外，为了便于区分期刊作者和被引文献作者，在此借用 Thompson 和 Ye（1991）的术语，将引用者和被引者分别称为"写作者"（writer）和"被引作者"（author），以示区分。

2.1.2 作者身份

作者身份是本研究另一核心术语，在此我们将从学者对身份的研究和定义展开，然后结合语用身份的研究视角，对作者身份加以界定。

2.1.2.1 身份及语用身份

身份（identity）一词的使用可以追溯至 16 世纪 70 年代，其原形为"identitie"，指"物质构成、本质、属性或是特定情形下属性的一致性或一致状态；完全或本质上的一致性；单一性"（*Oxford English Dictionary*，2002）。从广义上讲，身份可以定义为人们如何向他人展现自我，是社会生活的核心特征。随着学界对于身份认识的转变（Hall，1996；Bucholtz & Hall，2010），学者普遍认为人们不会只有一种身份，并且不同身份不是简单地叠加，而是错综复杂地交织在一起（Hyland，2012）。身份的概念虽广为使用，但各学科间对其定义并未达成一致（Litosseliti & Sunderland，2002）。具有代表性的定义有（见表 2－1）：

表 2 - 1　身份研究的代表学者及主要观点

代表学者	主要观点
Benwell & Stokoe（2006）	身份即向他人展示自己是谁
Bucholtz & Hall（2005）	身份是自我和他人的社会定位
Tracy（2002）	身份是特定情境之前已经存在的个人稳定的特征，同时也是个体的，且具有社会分类性，她将身份分主要身份、交互身份、个人身份和关系身份
Hyland（2011，2012）	"身份"一词已经偏离了其稳定性及生理属性，成为受社会文化影响、具有部分集体特征的术语。身份包含认同过程，涉及人们认可的多种身份形式，并非人们的某种状态，而是通过与他人交往，随着时间形成和变化的一个过程

从表 2 - 1 中对于身份的界定可以看出，学界对于身份的认识经历了三个阶段：从最初认为身份具有主体性，是自我塑造的、内在的自我映射；到社会和集体的身份认知；再到后现代视角下认为身份具有流动性、碎片化、偶发性，通过话语建构（constituted in discourse）（Benwell & Stokoe，2006）。身份不再被单一地视为先在的、固有的、一成不变的，而是具有交际属性和多样性，依据情境不断变化。

随着身份研究的不断推进，虽然学界对身份的界定并未完全达成一致，但已趋于认同身份同时具备社会性和交际性（De Fina, Schiffrin & Bamberg，2006），并且具有多样性（Taylor & Spencer，2004），以及情境依赖性（Zimmerman，1998）。

在上述身份理解的基础上，陈新仁于 2008 年首次提出"语用身份"（pragmatic identity 或 identity in use）的概念，并在其后的系列研究和著作中逐渐完善这一概念（陈新仁，2013a，2014，2018；陈新仁等，2013）。陈新仁（2013a）指出语用身份是特定的社会身份在语言交际语境中的实际体现、运用甚至虚构，是语境化的、语言使用者有意或无意选择的自我或对方身份，以及说话人或写作者在其话语中提及的社会个体或群体的他者身份的统称。语用身份概念强调身份的交际属性，拓展了身份概念的内涵。

2.1.2.2 作者身份

与其他交际形式相同，学术写作既是写作者高度参与的社会性言语行为，同时也是学术身份建构行为（Hyland，2000b，2002b）。写作过程不仅传递学科内容，同时也是写作者的自我表征。作者身份（writer's identities 或 academic identity）常被认为是写作者作为学术社区成员在写作中的定位或角色（Deng，2012）。Hyland（2012）指出，写作者可以通过写作者与学术社区之间的关系（相邻性，proximity），以及写作者与信息之间的关系（定位性，positioning）建构身份。前者与学科的社会和话语实践以及权利关系相关，具有集体特征；后者是指写作者使用话语资源表达观点，具有个体特征。两者相辅相成，但并不总是一致。

基于以上讨论，本研究从学术写作的社会性和交际性出发，从语用身份的视角将"作者身份"界定为在特定的学术写作场景中，写作者在多种因素的制约下（如社会规范、学科规范、自我认知等因素），根据交际需求，通过篇章组织、话语选择等手段有意或无意地、显性或隐性地建构的一个或多个自我形象的统称。同时，本研究还将学术引用视为一种支持行为、一种资源，参与作者身份的动态建构。

2.2 学术引用研究

近年来，随着被引频次被越来越广泛地用于衡量学者、机构、期刊等个人或组织的学术成就，引用的接受性研究层出不穷（如 Paul，Charney & Kendall，2001；White，2004；Swales & Leeder，2012）。不同学科背景的学者，特别是来自应用语言学（如 Swales，1986，1988，2001，2004，2014；Hyland，2003；White，2004）、社会科学（如 Law & Williams，1982；Gilbert & Mulkay，1984）和信息科学（如 Small，1982；Cronin，1984，2005）的学者，对学术引用表现出了极大的热情，研究数量众多，成果令人瞩目[①]。通过跨学科的比较可以看到，目前信息科学领域的研究数量最多，较为突出的还有社会学相关领域、新修辞以及学术英语领域的

---

① 可参见 White（2004）中对 19 世纪 70 年代以来引用研究的综述。

研究等（Swales，2014）。其中，与本书最为相关的是应用语言学方向的研究，包括修辞、话语分析、学术用途英语研究和体裁分析等（Hyland，2001b，2004；White，2004）。

目前从应用语言学考察学术引用，主要有以下研究视角（Swales，2014）：引用的句法位置（syntactic placement）、语言形式（如 Swales，1990；Charles，2006b；马蓉、秦晓晴，2016）；引用表达的态度，肯定、中性、试探性或否定（如 Hyland，2004）；引用的修辞功能（如 Thompson & Tribble，2001；Harwood & Petric，2012；徐昉，2012，2016）以及引用的学科差异（如 Bloch & Chi，1995；Hyland，2012）等。在此分类的基础上，结合研究目的，本书将逐一从引用的句法形式特征、语言特征、内容、功能、动机、影响因素等方面对现有文献进行回顾并展开讨论。

2.2.1　学术引用的句法形式特征研究

学术引用的句法形式特征研究集中于引述句的句法和被引文献内容的呈现等表层形式的分析。按照句法形式，Swales（1990）将学术引用分为"融入式"（integral）引用和"非融入式"（non-integral）引用，后者亦被称为"括号式"（parenthetical）引用（Swales，2014）。融入式引用是指被引作者信息列于句子结构内，作主语或施事者，或是参与构成名词性短语，或附属从句或附属短语，是句子的一部分；而非融入式引用是指将引用相关信息包括被引作者姓名、年份、页码等均置于括号内，放在句子结构之外，或者使用数字上标替代。融入式引用通常强调研究者的行为，凸显被引作者；而非融入式引用强调研究的发现，凸显信息（Weissberg & Buker，1990；Swales，2014）。

在此，我们借用 Swales（1990）的示例展示两者的异同（见表 2 - 2）。其中，融入式引用的典型例子有研究者的姓名作主语（如 Ia）、作被动语态中的施事宾语（如 Ib）、作所属格名词短语（possessive noun phrase）的一部分（如 Ic 和 Id）以及构成附属结构（如 Ie）。非融入式引用的典型例子依次包含三个将被引作者信息置于括号内的例子（如 Na、Nb 和 Nd）、两个用上标的数字代替被引作者信息的例子（如 Nc 和 Ne）以及一个列举与当前句子包含结论相比对的被引作者信息的例子（如 Nf）。

表 2 - 2　融入式引用与非融入式引用示例（Swales，1990）

融入式（Integral）	非融入式（Non-integral）	转述动词
Ia Brie（1988）showed that the moon is made of cheese（主语） Ib The moon's cheesy composition was established by Brie（1988）（施事者） Ic Brie's theory（1988）claims that the moon is made of cheese（构成名词性短语）	Na Previous research has shown that the moon is made of cheese（Brie，1988） Nb It has been shown that the moon is made of cheese（Brie，1988） Nc It has been established that the moon is made of cheese[1-3] Nd The moon is probably made of cheese（Brie，1988） Ne The moon may be made of cheese[1-3]	+ R（使用转述动词）
Id Brie's（1998）theory of lunar composition has general support（构成名词性短语） Ie According to Brie（1998），the moon is made of cheese（构成附属短语）	Nf The moon may be made of cheese（but cf. Rock，1989）	- R（未使用转述动词）

　　进一步，Swales（2014）对融入式和非融入式引用进行了细分，将融入式引用分为五类：被引作者作主语；被引作者作施动者；被引作者出现在附属成分中（介词短语、附属从句）；被引作者出现在名词性从句中（所属格、施动结构）；其他。同时，根据非融入式引用是否使用转述动词分为两类（详见表 2 - 3）。

表 2-3　融入式引用与非融入式引用分类（Swales，2014）

大类	细类	示例
融入式引用	被引作者作主语	e.g., Myers（1966）hypothesized that the freshwater fishes of the West Indies dispersed from Central America…
	被引作者作施动者	e.g., It was hypothesized by Myers（1966）that the freshwater fishes of the West Indies dispersed from Central America
	被引作者出现在附属成分中	According to Myers（1966），freshwater fishes of the West Indies likely dispersed from Central America（介词短语）
		As Myers（1966）suggests, freshwater fishes of the West Indies may have dispersed from Central America（附属从句）
	被引作者出现在名词性从句中	Myers'（1966）hypothesis proposed that freshwater fishes…（所属格）
		The hypothesis proposed by Myers（1966）suggested that freshwater fishes…（施动结构）
	其他	In contrast to Addison et al.（1982），they argue that…
非融入式引用	未使用转述动词	Cichlidae is a monophyletic group of perciform fishes with a species diversity approaching 2,000 described species（R2）
	使用转述动词	Recent phylogenetic work finds that each continental assemblage of cichlids forms its own monophyletic group with the exception of Madagascar（R7）

　　融入式引用与非融入式引用除了在形式上的区别之外，在功能和修辞效果上也有所不同。例如，Coffin（2009）指出，融入式引用的选取与否，可以开启或结束对不同观点的讨论。具体来说，融入式引用限定了文献的来源，开启不同观点讨论的可能；而非融入式引用通常表达写作者接受文献中的观点，关闭了观点讨论的通道。Thompson（2005）认为写作者可通过使用融入式引用聚焦于研究者的行为；亦可通过使用非融入式引用强调观点（proposition）（如研究发现或概念），凸显研究发现和信息。此外，

写作者通过选择使用融入式或非融入式引用凸显或隐藏原文作者的姓名，可间接表达自己对原文观点的态度。融入式引用的主要方式之一是以概念为主的引用（如 A's argument implies that...），这种方式对写作者表达评价意义有重要影响。非融入式引用可以显示所述命题的来源，提供其他可供参考的文献信息，表明理论和方法的出处等。

Swales 对于学术引用类别划分采取的二分法，由于仅依赖对表层结构的判断，简单易行，受到学者的广泛采纳，并不断扩充完善。Thompson 和 Tribble（2001）将融入式引用结构细分为三类："动词支配类"（verb-controlling）、"作者名称类"（naming）和"非引用类"（non-citation）。动词支配类指使用动词（如转述动词，详见 2.2.2.1　转述结构）说明引用行为；作者名称类指使用包含作者名称的名词词组；非引用类指单独引用作者名称，没有年份信息，常用于前文已经给出完整文献信息的情况。Thompson（2005）解释，对于融入式引用和非融入式引用的区分主要是句法形式上的，但两者在功能上也存在差异。例如，非融入式引用可以显示所述命题的来源，提供其他可供参考文献信息，表明理论和方法的出处等。

除了引用句法形式上的区别，被引文献的内容呈现方式也有多种类型。写作者对文献内容呈现形式的选择，可为简单的文献归属，或是对文献的深入探讨。引用呈现形式的选择会影响写作者的学科定位，以及论据的有效性。按照被引文献内容的呈现形式，Hyland 和 Jiang（2017）将学术引用分为：①术语或短语直引（三个或以上词语）；②缩进直引（大段引用原文）；③单一文献总结引用（引用单一文献）；④多文献综述引用（被引文献为两个或以上）。此分类中前两种呈现方式是写作者对被引文献的直接"拿来"，后两种是写作者对被引文献加工后的产出。Swales（2014）指出，直接引用的结构通常为短语或句子片段，常放置于文章开头，并且用在句首或句尾以示凸显，是写作者有选择性使用的修辞策略。Hyland 和 Jiang 发现，近五十年来学者越来越倾向于使用概述性的话语引述前人文献，而非直接使用文献原文。这样做可以为写作者强调和释义文献提供便利，而只有当文献原文是对观点的最佳呈现方式时，写作者才会倾向于使用原文。研究数据还显示，对比两种概述性引用（单一文献总结引用和多文献综述引用）的数量变化趋势，写作者对单一文献总结引用的数量有明显的减少，下降了 18.6%，而对多文献的综述引用的数量有所增加。这也反映出写作者倾向于同时使用多个文献论证观点。

2.2.2　学术引用的语言特征研究

除了学术引用的句法形式特征外，转述结构和被引作者全名的使用等语言特征也是引用形式多样化的具体体现。本节将首先从学者最关注的转述结构入手，对学术引用语言特征进行分析，接着分析被引作者全名的使用等其他语言特征。

2.2.2.1　转述结构

学术引用中使用的转述结构是写作者借他人之口传递"声音"、表达观点以及建构身份的有效途径。学术引用中转述结构的研究对象主要包含转述动词（如 Thompson & Ye，1991；Hyland，2002d；Bloch，2010）、相关 that 从句结构（如 Hyland，1999；Charles，2006a，2006b）以及动词的时态等（如 Shaw，1992；Charles，2006a；Soler-Monreal & Gil-Salom，2011；Davis，2013）。

转述动词，即学术引用中使用的动词（Thompson & Ye，1991），是写作者表达立场和评价的重要手段（Charles，2006b），是学术引用中转述表达研究的核心内容。转述动词的使用对于引用行为有重要的影响，体现在以下三个方面（Swales，1990）：首先，写作者可以运用的转述动词数量众多，有 50 个左右，从较常见的 suggest、report、show 到低频的 asseverate 等，选择范围广；其次，转述动词可分为两类，一类表达写作者对被引文献命题内容的认同（如 show、demonstrate、establish 等），另一类不表明写作者认同的动词（如 suggest、propose、examine 等），两类动词具有一定的修辞功能，帮助写作者表达自己的立场；最后，使用转述动词的过程势必会涉及时态的选择，为写作者增强了表达的多样性和准确性。表 2 – 2 最后一列探讨的便是转述动词的使用，归属于 + R 的例子都使用了转述动词（reporting verbs），如 show、establish、claim 等；归属于 – R 的则是不包含转述动词的示例。

在 Swales 分析的基础上，学者对转述动词进行了分类，影响较大的有以下研究：首先，最具代表性并广为认可的是 Thompson 和 Ye（1991）的研究。其研究根据学术引用中被引作者言语行为的符号意义和评价意义对转述动词进行了分类。就其符号意义而言，转述动词可以分为三类：语篇动词（textual verbs，如 state、write、point out）、心理动词（mental verbs，如 believe、think、focus on）和研究动词（research verbs，如 find、demonstrate、obtain）。语篇动词用来描述行文中必需的言语行为表达过程，心理动词主要用来描述心理过程，而研究动词表示具体研究过程中的行为。对转述动词的三分法虽然为分析提供了便利，但正如两位写作者所言，这三类动词没有分明的界限，同一动词可同时游走于多个分类，如"analyze"根据语境的不同，或可为心理动词，或可为研究动词，或可同时为心理和研究动词。

上文讨论的转述动词，或多或少地展现了被引作者的文本，Thompson和 Ye（1991）将其归入"被引作者行为"（author acts），而将另一类数量不多，表达写作者判断的转述动词归入"写作者行为"（writer acts）（如A's main thesis would seem to contradict one of B's findings…），并细分为两个子类，比较（comparing，如 accord with、contrast with）和推理（theorizing，如 account for、explain）（参见图 2 – 1）。

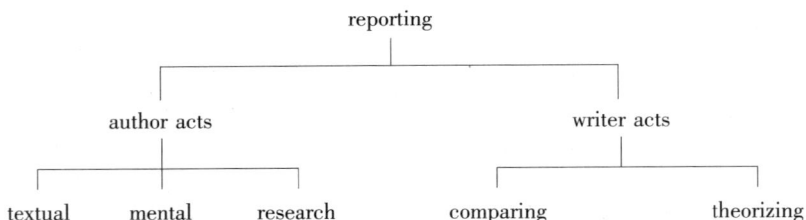

reporting

author acts — writer acts

textual   mental   research   comparing   theorizing

图 2 – 1   Thompson 和 Ye（1991）对转述动词的分类

基于 Thompson 和 Ye（1991）以及 Thomas 和 Hawes（1994）的研究，Hyland（2004）按照转述动词的活动类型，也将其分为三类：研究行为、认知行为以及话语行为。研究行为是指现实世界中的行为活动，出现在研究结果的陈述部分（如 notice、discover、observe、show）或是研究过程的描述部分（如 calculate、analyze、assay、explore）。认知行为与心理活动相关，示例有 believe、conceptualize、suspect 和 view。话语行为与言语表达相关，示例有 ascribe、discuss、hypothesize 和 state（参见图 2 – 2）。

```
                              process
        ┌───────────────────────┼───────────────────────┐
   research acts           cognition acts           discourse acts
    ┌──────┴──────┐
 findings     procedures


                             evaluation
        ┌───────────────────────┼───────────────────────┐
    factive                 non-factive             counter-factive
(writer acceptance)     (no clear signal)         (writer disagreement)
                  ┌───────────┼───────────┬───────────┐
```

author positive　author neutral　author tentative　author critical

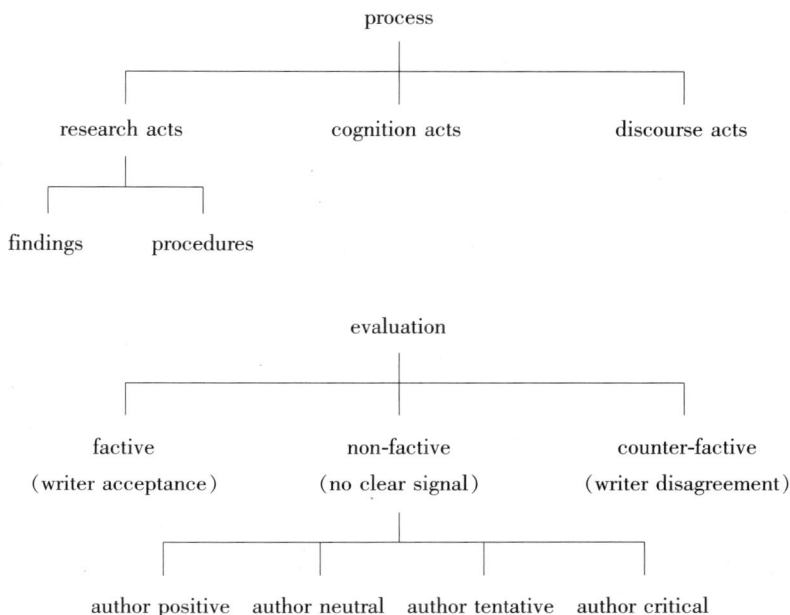

图 2 - 2　Hyland（2004）对转述动词的分类及评价功能

对于转述动词的评价意义，有学者认为被引作者为主的引用以及写作者为主的引用与转述动词承载的评价意义紧密相关（Hyland，2004）。Thompson 和 Ye（1991）认为转述动词承载的评价意义可从三方面考察：被引作者立场（author's stance）、写作者立场（writer's stance）和写作者阐释（writer's interpretation）。被引作者立场可通过被引作者行为动词表达，间接传递了被引作者对被引信息或观点的有效性的态度，根据被引作者对被引文献的态度分为三类：肯定（positive，如 accept、emphasize、invoke）、否定（negative，如 attack、challenge、dispute）和中立（neutral，如 examine、evaluate、focus on）。写作者立场表达了写作者对被引作者提出的信息或观点的态度，根据写作者对被引作者提出信息的评判分为述实性（factive，如 acknowledge、identify）、反述实性（counter-factive，如 disregard、misuse）和非述实性（non-factive，如 advance、believe）[①]。被引作

———————

① 关于述实性和非述实性概念可参见 LYONS J.（1977）. Semantics：Ⅰ and Ⅱ. London：CUP。

者立场和写作者立场均与被引观点的正确与否相关，而第三种立场（写作者阐释）则与被引观点的多种状态有关，分为被引作者的语篇阐释（写作者解释被引观点是如何嵌置于被引作者文本中，如 add、comment）、被引作者的行为阐释（写作者解释被引作者提出被引信息或观点的目的，如 reiterate、remind）、（功能）状态阐释（写作者解释被引文献在当前研究框架中的功能，如 account for、bring out）以及无阐释（写作者仅为客观陈述，如 calculate、say）。虽然上述分类在实际操作中存在一定困难，但如两位写作者所说，有些动词的使用还有具有鲜明的区别性特征，如 repeat 和 reiterate，前者仅指信息的重复，后者则表明写作者有意凸显、强调该信息的意图。

对于转述动词的评价性表达，Hyland（2004）与 Thompson 和 Ye（1991）的观点类似，同样认为写作者在引用时分两种情况：一种是明确表达个人观点立场，另一种是为被引作者划分一种观点立场。对于前者，写作者以三种方式呈现信息：认为信息是真实的（如 acknowledge、point out、establish），认为信息是有误的（如 fail、overlook、exaggerate、ignore），或是以非述实的方式不给出明确的判定。这三种信息呈现时适用的动词即前文讨论过的述实性动词（factive verbs）、反述实性动词（counterfactive verbs）和非述实性动词（non-factive verbs）（参见图 2-2）。对于后者，Hyland（2004）特别强调，写作者可以通过最后一种方式赋予被引作者特定的观点立场，将他们的观点描述为正面的（如 advocate、argue、hold、see）、中性的（如 address、cite、comment、look at）、试探性的（如 allude to、believe、hypothesize、suggest）或批判性的（如 attack、condemn、object、refute）。

此外，Lancaster（2012）提出"概念为主"（concept-focused）的引用（如 A's argument implies that...）和"（写）作者为主"（person-focused）的引用（如 A argues that...），并将含有转述动词的表达分为概念为主、被引作者为主以及写作者为主三类。其中，概念为主的引用与被引研究的观点和内容直接相关（典型示例为含有非人称表达的引用，如 It has been proved that...），被引作者为主的引用与被引作者的责任直接相关（典型示例为 A argues that...），写作者为主的引用与写作者的责任直接相关，表达了写作者的评判（典型示例为 A's main thesis would seem to contradict with...）。

综上，可以看到学者普遍认同转述动词需从被引作者和写作者两方面考虑。针对被引作者观点的转述动词可从三方面考察，即研究本身、认知和话语；针对写作者观点的转述动词可从述实性、反述实性和非述实性动词考察，其中非述实性动词可以承载写作者对被引文献的观点和立场。

转述表达研究的第二个方面是转述从句。基于上述转述动词的研究，Charles（2006b）将研究扩展至从句结构，即将 that 引导的限定性转述从句（finite reporting clauses）纳入研究范畴。通过对自建政治科学和材料科学学位论文语料库的分析，Charles 强调了学术写作研究中转述从句结构的重要性。其中，针对他引文献[①]的，即非写作者本人观点的转述，按照从句主语的类别可以分为三类：人作主语（如 Armstrong notes）、非人作主语（如 a recent study has found）以及 it 作主语（如 it has been shown）。社会学科（如政治学）更多涉及人的行为，因此人作主语的类别较多；而自然学科（如材料科学）的研究以实验为基础，强调客观，因此人作主语的从句数量显著较少，其他两类大致相当。Charles 认为转述从句不仅帮助写作者评价被引文献，还是写作者自己命题内容的表达途径。虽然存在学科和体裁差异，但写作者最常用的转述表达是以人作主语，谓语为一般现在时的辩论动词结构的融入式引用，并解释该结构的主要功能是缓和评述其他研究者时可能产生的面子威胁。

转述表达研究的第三个方面是描述学术引用中使用的时态（tense）、体（aspect）和情态（modality）（如 Oster，1981；Swales，1981；Malcolm，1987）。学术引用中使用的主要时态有一般过去时、现在完成时和一般现在时，这三种时态（体）包含了超过 90% 的学术引用中的动词使用形式（Swales，1990）。有学者认为学术引用中时态的使用与写作者对被引文献的态度（claim）密切相关（如 Oster，1981），对时态的使用应放置在文献被引的位置和引用的方式中去解读。Malcolm（1987）的研究显示，概括性表述（只包含动词，不出现被引作者）通常用一般现在时（在其样本中，准确率为 74%），引用某个具体的实验（包含被引作者和单一指向的脚注）通常用过去时（在其样本中，准确率为 61%）而对于尚存疑问的领

---

① Charles（2006b）的研究不仅涉及他引文献中的转述从句（other-sourced reports），还包括对自引文献中转述从句（self-sourced reports）的分析，并强调两者都对写作者的立场和知识建构具有重要的影响。

域的引用（areas of inquiry）（包含被引作者和/或指向多个研究的脚注）通常使用现在完成时。其中，一般过去时的使用针对的是对单一研究的评价，是写作者可以有策略地使用时态选择的关键点（Swales，1990）。通过情态动词的使用表达评价意义，虽然示例不多，但其是写作者表达立场的重要手段（Thompson & Ye，1991）。在无人称句或被动句中，如果使用了情态动词（如 it must be admitted that…），则该句通常被视为写作者的观点表达。用情态动词表达可能性可能源于被引作者未能清晰地表述观点，或是写作者未能完全理解被引作者的观点。如果用情态动词表达与责任相关的内容，则通常暗示被引作者未能掌控自己的研究。因此，如果转述表达中使用了情态动词，则通常意味着转述动词与写作者行为相关，而非与被引作者行为相关。关于语态，Shaw（1992）认为主动语态通常与转述的内容细节相关，而被动语态完成时通常开启一些新的话题。

Malcolm（1987）将时态的选择与修辞目的结合分析，采用了折中的观点，认为应同时关注通用规则（general rules）和特殊规则（special rules）。她认为要充分理解时态的使用，不仅要了解时态使用的必要限制条件，还要有策略地通过选择，服务于作者的修辞目标。她提出了三个假设：①概括性表述（只包含动词，不出现被引作者）通常使用一般现在时（在其样本中，准确率为74%）；②引用某个具体的实验（包含被引作者和单一指向的脚注）通常使用一般过去时（在其样本中，准确率为61%）；③对于尚存疑问的领域的引用（包含被引作者和/或指向多个研究的脚注）通常使用现在完成时（在其样本中，准确率为74%）。可以看到第二个假设的可变性最大、准确率最低，Een（1982）的研究也印证了这一结果。究其原因很可能是对于单一研究的评价正是写作者可以有策略地使用时态选择的关键点（Swales，1990）。时态从一般过去时变成现在完成时，再到一般现在时，不仅仅是时间的由远及近，更是写作者对于被引文献的立场的表达，这种选择就像转述动词的选择一样，使得引用结构变得更加生动，吸引着研究论文的写作者。

写作者有时还会借表达被引作者立场的形式，间接阐释自己的立场，这种行为被 Thompson 和 Ye（1991）称为"伪装下的写作者行为"。例如对于学术引用中涉及的否定句或含有否定词的表达，Thompson 和 Ye（1991）发现对于研究动词（如 find）的否定通常仅与被引作者行为相关，而对心理动词和语篇动词的否定常常是通过被引作者之口，间接地表达写作者行为，通常暗含批判的含义。被引作者行为还是写作者行为判定的不确定性，亦可为写作者有意使用的一种委婉策略，避免正面批评其他学者。

基于上述分析可以看出，Thompson 和 Ye 等学者对转述表达所作的细致的研究为学术引用行为的研究开拓了新的思路，亦为后续大量从转述动词切入引用的研究奠定了基础（如 Charles，2006a；Soler-Monreal & Gil-Salom，2011；Davis，2013）。特别是研究者区分了被引作者行为和写作者行为，并分别加以讨论，凸显了写作者在引用中可采用的多种话语手段。然而，应看到的是，单一地从语言形式判断修辞功能的方法存在诸多弊端，首先，从分析者视角得出的结论缺乏可靠性；其次，如 Thompson 和 Ye 所言，许多分类并非完全排他，造成后续操作的困难；再次，脱离语境的分析造成区分被引作者行为与写作者行为的困难，如"伪装的作者行为"（disguised writer acts）（Thompson & Ye，1991）。值得注意的是，两位学者特别指出被引作者行为与写作者行为的边界模糊有时是写作者故意为之，是一种规避策略（hedge），避免对其他学者的直接批评。此外，对于转述表达中情态助动词的使用，两种行为也表现出较明显的差别，写作者行为中的情态动词使用更为频繁。

2.2.2.2　其他语言特征

除了转述表达，有学者指出引用形式中其他值得关注的语言特征，如 Swales（2014）提出的使用被引作者全名以及名词性短语中使用被引作者姓名。

首先，引用中是否使用被引作者的全名往往被学者忽视，但对引用的评价意义有重要影响（Swales，2014）。Harwood（2009）通过对 6 名计算机科学家和 6 名社会学家的访谈得知，使用被引作者全名的引用仅发生在社会学领域。受访的社会学家指出在融入式引用中加入被引作者全名可以减少学术语篇的"疏远性"（remote），可以使本科生读者更易接受。研究发现写作者更倾向在引用同事、合著者或朋友的文献，或该领域顶尖学者的文献时，使用被引作者全名。Swales（2014）进一步指出被引作者全名的使用在长篇的文本中（如专著或博士学位论文）较为普遍；或者当被引文献涉及多位姓氏相同的作者时，这一做法也会使用，但此时仅仅为避免引起含糊不清，不具有评价意义。综上，Swales（2014）认为被引作者全名的使用通常仅出现在首次引用该作者的文献的融入式引用中，可大致分为以下三类：①承认被引作者的学术地位；②凸显文章论点的关键文献；③暗示写作者与被引作者熟识。诚然，这一结论不具备多语种的普遍适应性，如撰写汉语论文时，总是使用被引作者全名。

此外，名词性短语中被引作者姓名的使用亦对引用的评价意义有重要影响。Lancaster（2012）将写作者分为高水平写作者和低水平写作者，其中一个重要的评判标准便是写作者是否更倾向使用"概念为主"（concept-focused）的引用（如 A's argument implies that…），而非"作者为主"（person-focused）的引用（如 A argues that…）。概念为主的引用更关注引用时概念的融合，并且是融入式引用的主要方式之一（Swales 的研究中占比为15%），其中使用的名词也多为表达概念意义，如 results、hypothesis、analysis等。

通过对上述学术引用的语言特征的分析可以看出，引用的话语实践方式变化多样，难以穷尽，为写作者的实际操作提供了多种选择。这些选择的多样性不仅为丰富语篇的形式提供了可能，还为写作者的主观介入提供了途径，进一步证明了学术引用不是简单的文献陈述，而是融入了写作者主观意图的话语实践过程。但同时应看到，上述研究多以语料库研究为主，强调量，而非质；未对不同语言形式在写作者主观介入的显隐性以及参与程度加以区分；结论大多是仅从分析者的主观判断出发，缺乏写作者视角的考察，结论的可靠性尚值得商榷。

2.2.3 学术引用的内容研究

引用内容是学术引用的文本中承载的与被引文献相关的意义单元（Kwan & Chan，2014）。学术引用内容指的是引用的概念特征，包含的信息有概念、术语、数据、研究方法、知识陈述以及研究结果等（Hyland，2002d；Coffin，2009；Hu & Wang，2014），可归入六个大类：引用研究课题/内容、引用概念/定义/名称、引用理论/模型、引用研究方法、引用研究结果和引用观点/解释（徐昉，2012）。其他研究（Hyland，2002d；Coffin，2009；Hu & Wang，2014）总结引用包含的信息通常有概念、术语、数据、研究方法、知识陈述（knowledge claims）以及研究结果等。Kwan

和 Chan（2014）总结并提出与引用内容有关的三种知识体。第一种为研究方法/工具（如问卷或设备）或研究步骤（如特定操作规范），第二种为概念或理论（如公式、模型、理论），第三种为特定领域的研究活动。这三种知识体决定了引用的具体细节。如果需要引用研究工具相关内容，写作者需要涵盖的细节则可能包括工具名称、工具的特征和目的等。同理，引用与理论相关的内容时，可能涵盖理论或模型的名称、论点、假设、模型图解或概念定义等；引用前人研究活动时，研究目的、方法和主要发现则是重点。

自引（self-citation）也是引用内容研究中的一个重要话题。研究发现（Hyland，2003）自引并不仅仅是对文献的客观陈述，而是一种修辞策略（常使用情态动词，见 Thompson & Ye，1991），强调写作者对本领域研究的贡献，强化专业知识的构建，增加研究的可信度，树立写作者在专业领域的权威。然而自引的功能并不能通过文献计量学的统计数据轻易识别，而是需要通过细致的文本分析以及基于文本的访谈才能分析和解释。虽然对自引的研究主要集中于图书馆和情报学科，但 Hyland（2003）指出自引是写作者建构学术身份的重要修辞手段，具有明显的学科差异性（硬学科更倾向使用自引）。

此外，引用内容的研究还可以扩展至下列情形：①括号中使用解释性的词或短语（如 see、for a historical review）或拉丁语缩写（如 e.g.、ibid）；②被引文献是否为该领域核心文献；③引用时是否出现被引文献全名；④是否标示页码等；⑤被引文献的年份。特别是第一点，对引用时括号内使用解释性词、短语或短句的分析实则是写作者融入个人主观判断和分析的重要方式和手段，然而遗憾的是，目前对括号内解释性词语的研究尚留有较大空间，对这些内容的分类和功能的分析还有待补足。

2.2.4　学术引用的功能研究

由于界定和分类时涉及的主观性因素多，学术引用的具体功能和策略［citation roles or rhetorical functions of citations，综述可参见 White（2004）］是学术引用的引用功能争论的焦点之一。Harwood（2013）指出，虽然应用语言学家有关学术引用的研究众多，但目前大部分的研究聚焦于学术引用的方式，而针对学术引用的具体功能和策略的研究较零散。较早对引用功能的研究常侧重引用的信息功能。如 Thompson 和 Tribble（2001）的研究，将非融入式引用按照功能分为四类：追根溯源（source，指出观点或假设的来源）、信息识别（identification，指出前文中研究的实施者，但相较融入式引用更强调信息本身）、提供相关文献信息（reference，指出可供参考的其他文献）和理论渊源（origin，指出方法、概念等的提出者）。P. Thompson（2005）也将引用的功能分为四类：指向观点来源的归属（追溯句中所述观点的来源）、指向其他可参考文献的出处（指出可参考的其他相关文献）、指向研究涉及理论等的文献源头（指出理论、方法或研究成果的文献来源）以及句内暗指研究或文本的识别。这些分类大都指向引用最基本的信息提供功能，只是从不同的角度加以描述，如从信息角度、观点提出者角度等。

随着研究的深入，有学者将学术引用的功能研究扩展至多个方面。如徐昉（2012）基于已有研究，借鉴系统功能语言学视角，在其修订的文献引用的总体分析框架中对引用功能和引用策略进行了界定，其中引用功能包括建立研究网络、获取支持，具体引用策略包含参考例证、溯本求源、关联比较、采纳应用、综合归纳和独立归属。此外，有学者认为学术引用常用于建立学术联系、表达对学术范式的支持、提供研究背景、加强论点的说服力以及人际关系管理等（Gilbert，1977；Latour，1987；White & Wang，1997；Paul，2000）。要判定引用的功能，分析者不仅需要具备专业领域知识，还需要将引用放置于原文本中进行分析，即便这样判定的功能类别与后来读者认为的原因也只有少量重合（Willett，2013）。此外，写作者认为超过半数的引用例子都有不止一个功能（Harwood，2008）。

早期针对引用功能的研究大都集中于分析文献综述部分，近来有研究发现结论和讨论部分的引用功能似乎有特殊性，进而提出引用功能会受制于不同章节的具体语轮和具体语步①，建议从体裁分析的视角研究引用功能（如 Peritz，1983；Kwan & Chan，2014）。语轮和语步的分析能够为学

---

① 语轮（move）和语步（step）的概念最早由 Swales（1981）提出，被广泛用于体裁分析。Swales 基于对论文引言部分的分析提出著名的 CARS 模型，见 Swales（1990）。语轮是具有特定交际目的的语篇片段，服务于整体修辞目标（如创建研究空间）。语步是为实现语轮可供选择的修辞策略。一个语轮可以由一个或多个语步实现。具体来说，CARS 模型中的三个语轮为创立研究背景（establishing the territory）、确立新的研究空间（establishing a niche）以及占据研究空间（occupying the niche）。

术引用提供修辞语境，对于引用功能的分析也会更加准确（Kwan & Chan，2014）。Yang 和 Alison（2003）针对结论和讨论两部分的语轮展开分析，发现语轮在各章节之间确实存在差异，即便是同一语轮出现在不同的章节，其频次也呈现显著差异。两位学者得出结论和讨论章节中出现的七种语轮，分别为研究背景、陈述研究结果、评述研究结果、总结研究结果、总结整体研究、评价当前研究以及当前研究延伸。在此基础上，Kwan 和 Chan（2014）新增了四种语轮：重述研究空间、展示研究方法、证明当前研究观点的合理性以及延伸当前学科边界。

在此视角下，引用功能的判定由三种因素共同决定，分别为引用内容、修辞目标以及所处语轮。Kwan 和 Chan（2014）参照 Peritz（1983）对引用功能提出的两分法（一为比较；二为论证、推测和假设，简称 ASH），分析了信息系统（Information System，简称 IS）学科中一份理论研究期刊和一份应用研究期刊共 40 篇学术论文的结果和讨论章节中的学术引用，提出功能语义视角下的学术引用分类。Kwan 和 Chan（2014）提出与语轮相关的引用功能有五类，分别为：①与研究空间重述相关的引用功能有重述研究背景、重述研究空间和支持研究假设；②与展示研究方法相关的引用功能有描述研究工具、方法或步骤、评估并解释某种研究工具、方法或步骤以及描述数据；③与评论研究结果相关的引用功能有解读研究结果、解释研究结果以及比对研究结果；④与证明当前研究的总体观点合理性相关的引用功能有承认研究不足和解释研究不足的原因（缓解研究不足的负面影响）；⑤与延伸当前学科边界相关的引用功能有提出今后研究方向、对于现实世界的应用以及对现有研究的贡献。

引用功能的判定与引用内容的分析颇为类似，都具有较强的主观性。如果仅通过文本分析辨别功能类别，而忽略了写作者声音的表达，则很可能得出与写作者意图不符的引用功能（Borgman & Furner，2002；Harwood，2009）。鉴于此，Harwood（2013）从写作者的角度出发，通过对计算机科学家和社会学家的访谈，总结出 11 种引用功能（citation functions），其中最常见的五种为：指示引用（signposting citations，即指引读者参考其他文献）、支持引用（supporting citations，即帮助写作者论证当前研究话题的重要性）、致谢引用（credit citations，即向其他研究者致谢）、观点引用（position citations，即表明不同的研究流派）和评价引用（engagement citations，即作者对文献进行评价）。

基于上述分析可以看出，对于引用功能的判定不仅需要分析者具备较高的学术素养，还需结合多种因素，才能得出较为合理和完整的结论。分析者不仅应对学术引用的概念和内涵有清楚的认识，了解引用行为的内容和形式特点，还应具备体裁分析、话语分析等能力，对于所分析学科的学术社区特点有初步的了解。分析时，分析者应结合可能影响引用行为发生的多重因素，综合考量，如引用动机、出现章节、语轮特征等。为避免分析者的主观判断造成差异，建议引入被研究者视角调校分析结论。

2.2.5　学术引用的动机研究

写作者的引用动机，即为什么引用，是除引用形式、内容和功能之外另一值得探讨的话题。Case 和 Higgins（2000）指出，在 20 世纪 80 年代中期，引用动机研究曾试图检验"说服假说"（persuasion hypothesis），即写作者引用主要是为了向其他学者所做的研究表示敬意，还是通过引用说服读者接受文章的论点。基于文本参与知识建构的观点，Gilbert（1977）认为说服读者更为重要。Brooks（1985）的研究进一步印证了说服读者是写作者首选的引用动机，Cozzens（1989）随后提出"说服第一位，敬意第二位"的观点。

写作者引用的核心动机是在已有文献和现有研究之间搭建桥梁，但White（2001）通过访谈和文本分析得知引用动机并非如此单一，而是呈现多样化。Case 和 Higgins（2000）指出学术引用的基本动机有综述本领域的研究、列出概念标记文献、表明研究方法的出处、证明话题的重要性以及凸显被引文献作者的学术地位。Thompson（2005）提出引用的动机有树立权威、展示专业水平，同时兼顾学术社区的范式和文化。Swales（2014）认为写作者通过引用介绍以及讨论其他学者的学术贡献，并且通过展示前人文献可以建构相关学术社区的成员身份，引用不仅是写作者对前人文献的梳理，更是写作者论证观点的修辞手段。

综上，可以看出引用动机是多样化的，与写作者的身份建构紧密相关，可作为判断引用行为参与身份建构的重要理据和参考。写作者的引用动机并不局限于向其他学者致敬或说服读者，若研究仅建立在单一的或限定的引用动机的假设之上，结论很有可能是不全面的。对于引用动机的分析可以尝试从三个角度来进行：益于写作者的引用动机（如树立权威、展示专业水平、展示学术人脉圈等）、益于被引作者的引用动机（如凸显被引作者学术地位等）以及益于研究本身的引用动机（如综述本领域研究、列举研究方法、证明研究意义等）。前两者与学术引用的修辞和人际意义紧密相关，后者与学术引用的信息意义相关。

2.2.6　学术引用的影响因素研究

写作者的引用行为常受到多种因素影响，如文献与当前话题的相关性、文献的受众、文献对于读者的难易程度、文献的时效性、写作者对于文献的知晓度、自引文献对写作者学术地位提升的效果等（White & Wang，1997）。这些影响因素是从身份建构角度讨论引用行为合适性的重要依据。为了便于系统地呈现影响学术引用行为的因素，我们将从社会、文化和认知三个方面进行考察。

2.2.6.1　社会因素

在此主要探讨的是学术写作中不同学术社区的规范，具体体现为学科之间的差异（Bloch & Chi，1995；Hyland，2000b，2012）、体裁的差异（Thompson，2005）、文章不同章节的差异（Charles，2006a）以及期刊类别的差异（Hyland，1999）等。其中，学科间的差异是长期以来学者们研究的重点，也达成了许多共识。研究结果显示，不同学科通常沿袭不同的思维方式和文本组织方式，特别是软学科与硬学科（Becher & Trowler，2001）之间差异明显，并且学科间的修辞特征也存在差异（如 Hyland，2000b，2004；Hyland & Bondi，2006）。Hyland（2000b）的研究发现：①相比硬学科，软学科的研究论文中使用的引用密度明显更高，使用融入性引用的数量也明显更多；②直接引用在软学科中使用更频繁，而在硬学科的论文中基本处于缺失状态；③软学科的写作者倾向于对被引文献采用评判性的立场，而硬学科的写作者的立场通常更为中性。此外，不同学科的学术文章中作者的显现程度、选择使用的连接词和结构标记语以及呈现专业性的方式等也不尽相同（Hyland，2012）。

学者还针对不同体裁中的引用展开研究，如学位论文（Swales，2004；Charles，2006a）等。例如，Thompson（2005）运用体裁分析法研究了英国一所大学农业植物学方向的 8 篇博士学位论文中的学术引用使用情况，并对论文的不同章节（IMRD 结构）中引用的特点展开了分析，结果表明使用学术引用最多的章节是引言和讨论部分，研究方法和研究结果部分的引用相对较少。其中，引言和讨论部分中主要使用的是非融入式引用，凸显信息而非研究者。一些写作者在比较相关研究时选择了融入式引用。Thompson 总结说，引用类型的选择受到修辞目的的驱动。此外，写作者在引用时不仅要关注引用的形式特征，还应考虑不同引用方式的效果，同时不仅要在句子和段落层面，还要在篇章层面考虑下述问题，例如要凸显哪些类别的信息，如何通篇维持写作者的主导地位，以及如何处理与直接读者和间接读者的关系等。

2.2.6.2 文化因素

在此指的是学术文化的差异，特别是由于写作语言的不同，如二语作者的写作，以及学术文化的国别化差异造成的影响。Taylor 和 Chen（1991）对比了中国和美国物理学家的期刊论文，发现美国物理学家的文章中对引用的使用更为频繁。随后，更多、更为细致的国别研究依次展开，有对比两国的研究，如中英（Bloch & Chi, 1995）、英西（Mur Due-nas, 2009；Soler-Monreal & Gil-Salom, 2011）、英意（Bondi, 2009）；以及对比多国的研究，如英法挪（Fløttum, Dahl & Kinn, 2006）。通过分析不同国别学者的引用行为，研究发现在引用频次、引用密度、章节分布、类型、转述结构、对话性等方面均存在国别差异。

2.2.6.3 认知因素

在此包括写作者个人受学术经历等因素影响而形成的对学术引用的认知。包括凸显学术地位的需求、读者意识的强弱、学术水平的高低以及个人写作风格等（张立茵，2015）。这一影响因素是在共享的学术背景下体现差异的重要动因。

综上，从应用语言学视角对引用进行的已有研究为当前研究提供了有力支撑，具体体现在已有研究为学术引用参与身份建构的动机、话语实践方式和影响身份建构的语境因素提供了可靠的分类和分析框架。其中，对于引用动机的分析将学者的视野从简单的二元"说服假说"拓展至引用的多元动机论，这一思路的提出为当前研究的身份多样性的分析提供了有力的理论支持。而对于引用的句法形式特征和内容特征等进行的分析，将学术语篇中的引用行为从文本特征和概念特征，以及修辞和策略等方向进行细分，为当前研究探究引用参与身份建构的话语实践方式提供了参考。最后，现有研究中对于影响引用行为的语境因素的分析，为当前研究的设计（如学科差异和章节分布特征）和结论论证提供了必要的支持。

反观当前研究对于上述研究的贡献，可能体现在当前研究将融合已有对引用行为进行的从形式和功能方面的微观层面的分析，从交际需求出发，自上而下地探究引用形式多样性的深层次原因，提供新的研究视角。学术引用不是简单地罗列信息，或是机械地遵循学术手册中的种种规范，而是融入了写作者主观选择的学术知识建构方式。一方面，学术引用帮助写作者确立学科地位，凸显并证明研究价值；另一方面，学术引用还包含了写作者对读者的接受度、所处学术社区和自我认知等多因素的综合考量，被写作者视为一种资源，有选择性地用于作者身份的建构。

2.3　学术写作中的身份研究

学术写作中使用的语言形式不仅能展现写作者的学术能力，更是融入学术团体、建立联系的表征（Hyland，2004）。写作者在写作时选取恰当的句法和语言形式，不仅有助于充分、有效地表达观点，更可揭示写作者对观点的取舍和强调。换言之，学术写作中的话语实践是学术意识形态的表征，是帮助写作者建构作者身份的途径（Hyland，2012）。学术写作与作者身份建构之间的关系一直以来都是学术写作研究的重要话题（Ivanič，1998；Hyland，2010）。Hyland（2012）在阐述学术写作与身份的关系时指出，学术写作不仅仅是概念内容的传达，还是自我表征的方式。每一种交际行为都是一种身份建构行为，身份建构是写作者创建文本的核心（Hyland，2012），隐含于文本以及文本创建过程的话语选择中，并且是时时变化的。写作的内容和方式展现了写作者向他人言说自我的行为。

作者身份作为学术语篇中重要的身份类型，日趋受到学界的关注。越来越多的学者认同学术写作与作者身份密切相关（如 Kamberelis & Scott，1992；Ivanič，1994，1995，1998；Spack，1997；Ivanič & Camps，2001；Hyland，2002e；徐昉，2011；孙莉，2015 等）。徐昉（2011）指出学术新手向专业研究者身份靠拢的过程的本质即是学术身份的建构过程。Hyland

（2012）认为作者身份通过写作者的语篇组织和话语选择建构，是将隐性的（implicit）、隐藏的（hidden）认知重置于社会建构中的话语实践过程。Burgess 和 Ivanč（2010）在对写作与身份关系的描述中，将身份解释为非单一、非固定，具有多面性，随时间和空间而变，包括写作者带入写作行为的"自我"，通过写作行为建构的"自我"，以及读者眼中的写作者。这种具有多面性的身份由个人、他人以及社会文化语境的互动而建构。

针对作者身份的研究数量较多，视角较分散，下面将分别从功能语言学和语用身份视角对作者身份研究进行梳理。

2.3.1 功能语言学视角下的作者身份研究

功能语言学视角下，学者对学术写作中作者身份的研究大都从立场（stance）、声音（voice）和介入（engagement）等角度切入（Hyland，2005）。虽然这三个概念是目前应用语言学研究的重点，但同时又是最含糊、亟须澄清的术语（Hyland & Guinda，2012）。由于这一领域研究空间巨大，大批学者，特别是知名学者（如 Douglas Biber、Ken Hyland、Roz Ivanč、Paul Kei Matsuda、Christian M. Tardy、John Swales 等）近年来纷纷在学术写作与身份建构方面展开研究，发表论文、出版专著或论文集进行讨论（如 Hyland，2002a，2012；Hyland & Guinda，2012；Swales，2014）。下面将对与作者身份密切相关的立场、声音和介入这三个概念展开分析。

2.3.1.1 学术写作中的作者立场研究

作者立场（authorial stance），也称为作者站位，是说话人或写作者将观点或评价融入话语表达的过程，与写作者呈现自我、表达态度、作出判断、提出观点和作出许诺有关（Biber，2006；Gray & Biber，2012；徐昉，2015）。学者逐渐发现并接受学术写作并非一味地保持客观，而是包含了写作者和读者互动，以说服读者接受写作者观点或研究结果为目的的行为（Hyland，2005）。随之，越来越多的注意力转向学术写作的评价性及其话语实现。作者立场表达便是评价性的重要话题之一。过去30年间，学者从多个视角对作者立场展开分析，如言据性（evidentiality）（Chafe & Nichols，1986）、定位（positioning）（Harré & Van Langenhove，1999）、评估（evaluation）（Hunston & Thompson，2001）、评价（appraisal）（Martin & White，2005）以及元话语（Vanda Kopple，2002；Hyland，2008）。如

Gray 和 Biber（2012）尝试从意义评价和词汇评价两方面研究作者立场。前者包括态度立场（attitude stance，指写作者的个人情感和态度）和知识立场（epistemic stance，指命题中包含的知识），后者包括词汇和语法层面的话语评价，即对表达作者立场的特定词汇和语法形式的评价。

作者立场的语言实现方式被称为立场标记或站位标记（stance markers）。从已有研究可知，作者立场表达的具体语言实现形式可包括四类：使用模糊限制语（hedging）和强势限定语（boosting）表达写作者的认知态度，传递试探性、可能性或确定性（Hyland，1998）；使用自我指称（self-mention）凸显写作者在文本中的角色（Hyland，2001b）；使用转述动词（reporting verbs）（Thompson & Ye，1991；Hyland，2004）和文献引用的其他方式对观点表达评价以及进行自我定位等；使用态度标记语（attitude markers）表达写作者对于命题的情感态度，同时亦可表达惊讶、赞同、沮丧等个人情感（Hyland，2012）。

结合上述研究，基于 Hyland（2005）对于作者立场的分析框架，徐昉（2015）将作者立场的类别划分为知识性立场标记、态度性立场标记和作者显性标记，并列出作者立场的具体语言实现方式（详见表 2-4）。

表 2-4　作者立场标记分析框架（徐昉，2015）

标记语	大类	子类	举例
知识性立场标记	模糊限制语	情态动词	could、would、might
		认知动词	assume、seem、suggest
		认知形容词、副词	mainly、perhaps、likely
		其他结构	assumption that、in general
	强势限定语	情态动词	will、must
		认知动词	show、find、demonstrate
		认知形容词、副词	actually、always、clearly
		其他结构	the fact that、it is well known that
态度性立场标记	态度性副词		unfortunately、hopefully
	价值评判性形容词		good、surprising、interesting

（续上表）

标记语	大类	子类	举例
作者显性标记	第一人称代词及其宾格、所有格		I、me、my
	作者自我指称常用表达		the（present）researcher

2.3.1.2　学术写作中的作者声音研究

较之作者立场的包罗万象，作者声音（voice）同样是学术话语研究中涵盖面极广的一个概念。Matsuda（2001）认为作者声音与特定的、可模仿的特征相关，是语言使用者有意或无意选取的话语或非话语特征的效果总和，参与学术写作中的身份建构（Matsuda & Tardy，2007）。Hyland（2005）认为作者声音的研究根植于西方主流文化的个人主义概念，呈现的是个体自我的表现。Tardy（2012）认为作者声音的研究可分三个维度：个人、社会以及对话（或称人际）。其中，个人维度带有写作者的个人印记，是将写作者融入文本的过程；社会维度强调写作者的选择是在社会语境下作出的，受社会条件制约；而对话维度结合前两者，突出两者的互动，以及读者在声音建构中的作用。Tardy 特别指出，研究作者声音必须区分写作者意图/声音与读者建构的声音，即应从写作者和读者/审稿人两方面分析作者声音。

2.3.1.3　学术写作中的作者介入研究

介入（engagement）是作者立场、声音之外另一实现作者自我定位的重要途径（Hyland，2005，2012）。写作者通过修辞手段将读者纳入观点的争论中，将读者视为话语的参与者，逐步引导读者解读写作者的意图和观点（Hyland，2001a；Martin & White，2005）。写作者可通过使用疑问句和第二人称代词的手段将读者视为共享学术观点的学术社区成员，邀请读者参与对话，激发其兴趣，并最终指向写作者的观点（Hyland，2001a，2002c）。另一种比较激进的做法是写作者使用指示性话语（directives），主要是运用祈使句和义务性情态动词（obligation modals）指引读者按一定的方式行动或看待事物（Hyland，2002a），如例 2 - 1。

例 2 - 1

It must be understood, however, that there are wide variations in applications that describe themselves as "interactive multimedia". (转引自 Hyland, 2012)

然而，实际操作中学者并非总是清楚学术写作中自我表征的不同方式、不同表述方式传递的含义以及具体学科的写作范式（Hyland，2012）。具体表现为，有些学者倾向于沿用既有的写作范式，而有些学者试图打破范式，建构鲜明的自我身份，表达自己的"声音"。对此，以英语为本族语的学者与以英语为非本族语的学者面临的困难有许多共同之处（Casanave & Vandrick，2003）。Swales（2004）指出更大的差异存在于经验丰富的学者与阅历尚浅的学者间，前者深谙自己领域的学术规则，而后者尚在学习阶段。对于学者来说，参与学术语境是其身份建构的重要组成部分，然而要达到学术社区的标准和期待，成功建构学术身份，尚需经历漫长的话语社会化过程（Hyland，2012）。

可以看出，上述研究者从立场、声音或介入入手研究学术写作中的身份建构问题，然而，在对作者身份建构背后的写作需求认识不足，作者身份的具体类别不明的情况下，如果仅通过语料库方法，从词汇或语法结构研究包含写作者个人认知参与话语实践的引用过程显然很难形成系统、完整、应用性强的研究成果。特别是在立场和声音等重要概念的内涵和外延尚未统一的情况下，研究结论的普遍性和适用性仍待确定。

2.3.2 语用身份视角下的作者身份研究

从语用身份视角研究学术写作中的作者身份建构，是将写作者的交际需求作为出发点。这一视角为作者身份研究提供了新的思路，正逐步得到越来越多学者的关注（孙莉，2015；何荷，2016；李民、肖雁，2018）。随着研究的深入，学术语篇已不再被视为客观的独白性文本，而是充满写作者与读者（或评审专家）互动和交际行为的载体（Hyland，2008；Bucholtz & Hall，2010）。学术写作也并非写作者客观地陈述事实，而是夹杂了主观介入，以说服读者为核心，受语境因素制约的社会构建（何荷，2016）。写作者能否在学术写作这一交际活动中通过选择恰当的话语资源建构得体的语用身份，是写作者学术语用能力的重要衡量标准（陈新仁等，2013；孙莉，2015）。

通过对国际语言学权威期刊和中国硕士学位论文摘要的分析，孙莉（2015）发现写作者在撰写摘要时，涉及表达内容和组织语篇两种需求，建构了四种身份：陈述者（陈述研究背景、内容、方法、过程、结果等）、对话者（写作者与前人研究有观点上的互动）、评价者（评价他人或自己的研究）以及组织者（组织语篇）。通过对比数据发现，中国学生在对话者的建构方面明显较弱，表明其不善于使用互文策略，互动意识不够。

何荷（2016）从写作者建构的自己与交际对象间的关系身份入手，认为建议话语中的关系身份可以分为强势和非强势两种，同时可选择凸显或隐藏建议对象。强势身份是指写作者建构的自己相较于交际对象权势更高，拥有更高的专业度；非强势身份则是写作者建构的自己相较于交际对象平等或较低。这两种关系身份的建构往往通过使用情态动词或主语从句来实现，而身份的凸显或隐藏则可通过使用生命主体或抽象主体来实现。

基于 Tang 和 John（1999）的理论框架，通过分析学术论文中第一人称代词的使用，李民和肖雁（2018）提出，学术语篇中第一人称代词参与建构的身份有六种，分别为团体代表者、内容指引者、论文建构者、研究过程重述者、观点持有者和观点发起者。

以上研究虽然没有直接以学术引用作为研究对象，但通过将学术语篇中作者身份的建构与语境相联系，并且尝试将身份类别与话语实践方式相结合的讨论为本书提供了宝贵的借鉴和参考。

综上，学者普遍认同学术语篇中写作者的主观介入这一观点。功能语言学视角下的作者身份分析为写作者表达态度提供了多种话语方式选择，较常见的有通过人称代词、情态动词和转述动词等洞悉写作者所持观点，并提供了写作者表达观点的直接和间接方式选择。虽然功能语言学的作者身份分析为写作者的观点态度表达提供了微观层面的分类，但并未阐明表达背后的动机。相比之下，语用身份视角下的作者身份分析从写作者的交际需求出发，提供了从宏观到微观的分析方法。当前研究一方面可以借鉴上述研究中对于作者身份类别和具体建构方式的已有分析，另一方面可以从学术语篇中的细类——引用行为，进一步完善和证明上述研究。

2.4　相关研究评价

　　写作者通过学术引用向前人研究表达敬意的同时，传递了对特定学术流派的倾向和喜好，确立了当前研究的意义，建构了可信的写作者形象（Hyland，1999）。目前学界，特别是应用语言学、社会学和信息科学等领域的学者，给予了学术引用持久的高度关注，已有的研究成果为本书做了很好的铺垫，主要表现在：

　　第一，研究从早期的引用频次的统计、比较，扩展至现有研究从引用语言形式、引用内容、引用功能、引用动机等多方面，综合考虑多种变量（如社会文化因素、学科差异、体裁差异等），展开了多学科、多层次的研究，尝试解析学术引用行为，成果丰硕。

　　第二，研究从单一视角，如引用频次或单一语言形式，逐渐转向多视角，如将引用动机与语言形式相结合，在分析语言形式特征的基础上深入剖析引用行为背后的作者立场表达，或单独从读者的角度、写作者的角度或两者融合的角度进行分析等。现有研究已不满足停留于形式化语言特征的分析，正逐渐转向更深层次的探讨。

　　第三，研究方法日趋多样化，从单一的语法结构分析到结合语境的篇章分析，从单一的语料库分析到结合写作者/读者访谈分析，从单语种的引用研究到跨语言的对比研究等。

　　国内外现有研究已取得丰富的成果，为后期研究奠定了良好的基础。然而，学术引用虽然看似是一个公共行为，实则是作者通过引用方式的选择渗入主观意图的行为（Bhatia，2008）。作为学术写作的标志性特征，学术引用不仅是写作者通过借用已有文献建立学术网络、论证观点的一种手段，还是写作者在相关学术社区中确立成员身份的一种修辞和社交行为，具有对话性和互文性（White，2004；Hyland，2013；Swales，2014），是作者确立学术身份的重要语言资源（鞠玉梅，2016）。目前学界对引用参与身份建构的研究数量极为稀少，仅有的代表性研究有鞠玉梅（2016）的研究。该研究从引述句主语的特征出发，探讨身份建构的研究。可以看到，对学术引用参与身份建构的研究无论是在数量还是视角选择上都留有很大的空间。

基于此，现有研究可进一步拓展的空间体现在以下方面：

第一，当前研究对学术引用的句法特征描述已较充分，但对引用参与建构的作者身份类别、分布特征和建构方式等方面的研究尚待深入。学者逐渐认同学术引用不仅可向本领域学者表达敬意，更是写作者融入主观意图、论证观点、树立学术身份的重要手段（Bhatia，2008）。然而，现有研究对学术引用行为参与作者身份建构的重要性尚未给予足够关注，相关分析尚处于零散分布的状态，大多是在结论部分提及引用行为参与身份建构的重要性，但未通过实证研究深入探讨。现有研究虽围绕作者立场、介入、评价等研究学术语篇中的身份建构，然而在立场和声音等重要概念的内涵和外延尚未统一，并且未与作者身份建构背后的动机认识建立联系的情况下，研究结论的普遍性、完整性和适用性仍待确定。可以尝试结合写作需求与引用时语境特征，从语用视角考察引用，将引用纳入总体写作需求下，考虑写作语境、篇章特点、章节特点和影响引用的因素等多种要素。具体来说，从写作者的身份建构动机出发，划分引用参与建构的身份类别、分布特征和使用的话语方式，从宏观视角分析建构过程，可以更好、更全面地理解引用行为的多样性和规律性。

第二，学术语篇中的学科差异性是学术语篇的重要特征之一，不同学科的写作者通过引用参与建构的身份类别、分布特征和话语方式等相关研究仍较为少见，尚留有研究空间。因为研究方式和写作范式的差异，写作者撰写的研究论文在引用的外在形式、引用数量和引用内容上具有明显的学科特征。相应地，不同学科的写作者通过引用建构的身份类别和建构方式等也会存在差异。现有研究普遍认同不同学科的学术语篇存在学科差异，并且对学科差异在引用方式上的影响也进行了研究，但是对不同学科在作者身份建构中呈现的类别特点和建构方式不同尚未进行深入讨论，留有较大的研究空间，特别是具体到引用行为在不同学科中参与身份建构的差异更是鲜有涉及。

第三，在研究方法上，当前学术引用研究以量化研究方式为主，能更全面、综合地分析引用行为的质性研究方法有益于补充现有研究的不足。现有研究尽管证明了学术引用是融入了写作者主观意图的话语实践过程，具有重要的修辞意义，但已有研究多依赖语料库对具体语言形式展开研究，强调量，而非质；结论大多仅从分析者的主观判断出发，缺乏对写作者视角的考察，结论的可靠性有待确认；并且未对不同语言形式在身份建构中的显隐性以及参与程度加以区分。如果结合具体文本案例，注重语境的质性分析，则有助于弥补上述不足。

此外，虽然学者已逐渐意识到学术引用行为不能简单地与单一的、固定不变的作者身份相联系，但缺乏对作者身份在特定时间、特定写作语境下呈现多样性的分析，以及通过学术引用行为参与作者身份建构过程的考量。

第 3 章

理论框架

上一章我们梳理了与学术引用以及作者身份等核心概念相关的重要文献，本章将讨论学术引用参与作者语用身份建构的分析框架。首先，描述陈新仁（2013a，2018）提出的语用身份论，并对语用身份的概念，涉及的关键问题和研究路径等进行解释。其次，聚焦学术引用行为发生时的身份建构动机，讨论引用动机的研究方法和分类依据。最后，基于语用身份论的分析框架，提出学术引用参与作者语用身份建构的分析框架，并阐释身份建构过程中涉及的语用身份类别、身份建构方式以及学科差异性的分析方法。

3.1　语用身份观

身份是社会生活的一个核心特征，广义上可以将其定义为人们如何向他人展现自我（Benwell & Stokoe，2006）。无论是社会科学还是人文科学，学界对于身份的认识都经历了从本质主义（essentialism）向社会建构主义（social constructionism）的演变过程（Hall，1996；Bucholtz & Hall，2010）。其中，社会学家、社会心理学家、文化学者的观点更多地代表前者，而传播学家、会话分析者、语用学家的观点则以代表后者的居多（陈新仁，2013a）。这一理论范式的转变为身份的研究提供了新契机。

与本质主义视角下认为身份是固定的、先在的和给定的不同，社会建构视角下的身份是流动的、变化的、建构的和不完整的，即没有按照个体差异而形成固定的分类，而是强调在特定语境下的身份建构过程（Tracy，2002）。身份建构研究越来越强调话语的重要性，认为语言不仅反映社会现实，而且建构和重构社会现实。理解社会行为，首先必须理解语言。社会心理学家，如 Tetlock 和 Manstead（1985）发现，人们可以根据语境的不同来管理他们的话语表达，以此管理自己的形象并传达能力、品质、社会地位等特征。这一观点将身份研究的重心从个体转向交际或社会交往本身。身份被视为具有高度可协商性、浮现性，并由交际双方共建的结果，通过社会交际建构和维持（Grad & Rojo，2008）。对于身份的理解，特别是在特定交际场所中，如医院、学校、政府部门等，重点是要关注交际环境、话语以及身份之间的关系（Benwell & Stokoe，2006）。研究者需要关注话语中结构性的、约定不变的、受制于交际环境的因素如何与交际进程中的动态性相结合，即调节既定的交际惯例与特定情境下的话语交际之间的关系，也就是"先在的"与"现时的"关系。正如温特（2000）所言，身份不仅仅是主观性的产物，其社会属性亦决定了身份需要通过具体的语境和活动才得以发生，它不是内在的或本身固有的，而只存在于与他者的关系之中，通过持续互动而获得，因而更具有建构的性质，也更复杂。

本小节将从语用身份的概念及内涵出发，阐释语用身份研究中的关键问题、研究路径以及动态选择过程。

3.1.1 语用身份的概念及内涵

陈新仁（2014）指出，社会建构主义观下开展的身份话语研究是语用学领域的热点之一（如冉永平，2007；陈新仁，2009；江晓红、周榕，2009；陈新仁等，2013）。越来越多语用学方向的期刊、学术会议以及学位论文将身份建构作为选题。陈新仁于 2008 年首次提出"语用身份"的概念，并在其后的系列研究和著作中逐步完善这一概念（陈新仁，2013a，2014，2018；陈新仁等，2013）。从语用学视角开展的身份研究大都沿袭了社会建构主义观的一些基本观点[①]，强调身份是一个嵌置于社会实践的过程（De Fina et al.，2006），通过话语而建构，是交际双方互动的结果，是服务于特定语境下的特定交际目的的结果。与交际者进入交际语境前所具有的社会身份不同，语用身份是语境化的、语言使用者有意或无意选择的自我、对方或他者（个体或群体）身份（陈新仁，2013a，2014）。语用身份关注身份的交际属性而非社会属性或心理属性，即语言使用者在特定的交际语境中通过选择特定的话语而建构的某一或多个身份（陈新仁，2013a）。

为了更清晰地阐释社会身份与语用身份的关联，陈新仁（2013a）进一步指出：①在当前交际情境中，说话人使用的语用身份来源于其社会身份，是说话人多种社会身份的单一或多重选择；②在当前交际情境中，说

---

① 社会建构主义身份观的基本共识包括（如 Hall，1996；Kroskrity，2000；De Fina et al.，2006，转引自陈新仁，2014）：①身份既非给定的，也非特定产物，而是一个过程；②身份发生在具体、特定的互动场合；③交际带来多种身份而非个体、单一不变的身份；④身份不是简单地源自个体，而是来自磋商的过程和语境化；⑤身份需要通过话语来实现；⑥身份是参与者的资源，而非简单的人口统计事实。

话人使用的语用身份并非说话人原本具有的身份，而是临时建构甚至是虚构的一种社会身份；③在当前交际情境中，说话人使用的语用身份可能来源于他人的某种社会身份。可以说，语用身份关注的是社会身份在特定交际语境中的实际体现、运用甚至是虚构（陈新仁，2013a，2014，2018）。

同时，相较于社会身份，语用身份具有如下特性（陈新仁，2013a）：①语用身份随交际的发生和话语的发出而产生，具有交际依赖性，并随交际的结束而终止，具有临时性；②语用身份随交际推进过程中的交际目的、需求、情境的变化而调整，具有动态性和可变性；③语用身份是交际者为达到特定的交际目的而选定的身份，是为满足交际需要、可供交际者调配的重要语用资源；④语用身份在特定交际阶段的选择和建构是一个主观过程，服务于交际目标的实现，具有主观性和目的性。

3.1.2　与语用身份相关的关键问题

陈新仁（2014）进一步指出："从语用学角度研究身份问题，其实质是不为研究身份而研究身份；换言之，在语用学视角下，研究交际者身份的选择与建构只是一种手段，而非目标或归属。"与其他学科基于社会建构主义观的身份建构研究不同，在语用学领域开展身份建构研究虽然共享一些基本的社会建构主义理念，例如都以话语作为分析对象，认为身份是通过话语建构的，身份是交际双方互动的结果，身份是在特定语境下为了服务于特定交际目的而选择的结果，但语用学视角下的身份研究却有着不同的研究主旨，回答不同的研究问题，关注不同的交际维度。语用学视角下的身份研究（如 Haugh，2007；Schnurr，Marra & Holmes，2007；Spencer-Oatey，2007；Ho，2010；陈新仁，2013a，2013b，2013c，2013d；王雪玉，2013；任育新，2014；吴珏，2014；孙莉，2015；何荷，2016）通常认为"身份是通过话语建构的，身份是交际双方互动的结果，身份是在特定语境下为了服务于特定交际目的而选择的结果"（陈新仁，2014）。

语用学研究通常包含五个方面，分别为语言形式在相关语境中的意义及其表达与理解、语言使用对满足交际需求的作用或影响、语言使用对人际意义的传达或对人际关系的建构的影响、特定语境下选择特定话语方式的原因和特定语境下语言使用的得体性和合适性。与这五个方面相对应，陈新仁（2014）提出从语用学角度探究身份问题至少应包含以下五个问题：①特定身份的建构如何影响到语境中语言的意义生成和理解？②特定身份的建构如何影响到交际需求的满足？③特定身份的建构如何影响到人际意义的表达与理解？④特定身份的建构如何影响到特定语言方式的选择？⑤特定身份的建构如何影响到特定语言使用的得体性和合适性？

这五个问题分别对应身份的语用意义分析、身份的资源属性分析、话语的身份认同分析、话语的成因分析以及身份话语的批评语用分析，并相应采纳身份的语用意义观、交际效用观、认同作用观、动态选择观以及交际得体观。

3.1.3 语用身份的研究路径

基于前文提及的语用身份的五个关键问题，陈新仁（2014）进一步阐释了研究的五条主要路径，分别为：

路径一：将交际者选择、建构的身份视为一种解读资源（interpretive resource），从身份角度解读话语的意义。

路径二：将交际者选择、建构的身份视为一种施为资源（illocutionary resource）或行事资源（transactional resource），考察交际者如何通过建构特定的身份达到实施具体交际目标。

路径三：将交际者选择、建构的身份视为一种体现认同取向的人际资源（interpersonal resource），探究交际者如何选择、建构特定的身份以达到亲近或疏远交际对方的目的。

路径四：将交际者选择、建构的（语用）身份视为一种阐释资源（explanatory resource），用来解释特定话语特征的形成原因。

路径五：将交际者选择、建构的（语用）身份视为一种评价资源（evaluative resource），考察特定交际情境中的话语是否具有适切性、得体性、正当性等。

需要特别指出的是，同一研究或同一交际片段可以从两个或两个以上的路径加以分析，并且今后的研究也可能涉及其他路径。

此外，Benwell 和 Stokoe（2006）指出，在话语转向背景下，身份可以有两种实践方式：被视为交际中的展现或是建构，或是被视为既定的、有规约力的结构范式。在此宽泛的分析语境下，Hyland（2012）认为目前身份分析的主要路径有四种：会话分析（conversation analysis，协商身份，如

Sacks，1992；Antaki & Widdicombe，1998）、批评话语分析（critical discourse analysis，展现身份，如 Fairclough，1992，2003；Wodak & Chilton，2007）、叙事分析（narrative analysis，叙述身份，如 Reissman，2008）、语料库和惯例分析（Corpora and convention，执行身份，如 Hyland，2002c，2005）等。不同的研究路径对应不同的语言与交际的研究视角，不同的对个人与社会的关系的理解，以及不同的对待研究本身的态度。假若身份被视为在交际行为中协商而展开，则分析的焦点应为会话的转写文本；假若身份被用来表达权力话语（authoritative discourse）和不平等权力关系，则分析的焦点应为交际活动中的政治社会语境；假若身份被视为个人自传性的连续统，则分析的焦点应为自我叙事中的经验重构（Hyland，2012）；假若身份被视为遵循交际惯例的话语实现，则分析的方法可为通过语料库研究法揭示学术身份建构中涉及的共享的修辞惯例。四种研究路径对于身份分析的侧重点不同，适合的研究内容也有差异。

3.1.4　语用身份的动态选择

如前文所述，交际者在进入社交情境前往往集多种社会身份于一身，然而在特定的交际互动中，交际者在发出或理解某个特定的话语时，通常只能选择一种（少数情境下不止一种）特定的身份与当前的交际目标相关联。在此情境下，其他的社会身份虽仍然存在，但处于"被屏蔽"状态，被选中用于实现交际目标的特定身份即为交际者的语用身份（陈新仁，2013a）。

语用身份视角下的身份选择具有如下特点（陈新仁，2013a，2018）：①对于说话人来说，无论愿意与否，只要在当前语境下说话，就需要作出语用身份的选择。这种选择基于已有的社会身份类别（偶尔也可能是虚构的），可以是一种，也可以是多种。②特定语境下说话人作出的语用身份选择是一个意识程度或高或低的过程。③说话人的语用身份选择是由其当前语境下的交际需求驱动的。Brown 和 Yule（1983）将语言功能划分为事务性功能和人际性功能，前者涉及事实性或命题性信息的传递，后者强调语言的人际色彩。依据此划分，陈新仁（2013a）提出互动情境中交际者具有至少下列交际需求：行事需求、人际需求、美学需求和省力需求，其中前两者是语用身份选择的重要影响因素。④说话人的语用身份选择具有动态性。语用身份是说话人社会身份语境化、语用化的产物，其形成和呈现过程具有动态性。⑤当前语境下说话人的语用身份选择会体现为各种相应的话语选择，即通过各种语言和（或）非语言手段反映出来。⑥交际者选择不同的语用身份会产生不同的交际价值，进而带来不同的交际效果。⑦通过当前话语发生的语境可以评判说话人选择的语用身份是否得体、是否可靠、是否有效、是否礼貌等。为了清晰、直观地呈现言语交际者在具体语境下语用身份选择的动态过程，陈新仁（2013a，2018）进行了图示化概括（见图3－1）。

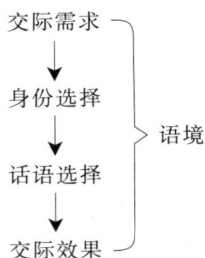

图3－1　语用身份的动态选择机制（陈新仁，2018）

图3－1描述了为满足特定交际需求，交际者进行特定语用身份的选择，并通过话语选择来加以建构，以期达到特定交际效果。

语用身份的话语选择是整个动态过程的关键。基于 Verschueren（1999，2008）对于语言选择发生层次的划分，陈新仁（2013）对 Tracy（2002）提示身份信息的话语实践类型进行了修订，提出与身份建构相关的话语实践类型分析的修订框架（见表3－1）。

表3－1　与身份建构相关的话语实践类型（陈新仁，2013a，2018）

话语实践	描述
语码选择	提示自己或对方身份的语言（如英语、汉语）、方言（如普通话、东北话）、特定语码、黑话等
语体选择	提示自己或对方身份关系的语体（如正式语体、随意语体等）
语篇特征	提示自己或对方身份关系的语篇或会话组织特征（如话轮转换行为）

（续上表）

话语实践	描述
话语内容	提示自己或对方身份的话语内容（如话题、信息、观点、预设）
话语方式	提示彼此身份关系的说话方式（表达思想的直接或间接程度、投入程度）
言语行为	提示自己或对方身份的言语行为（如批评、表扬、建议、宣告）
称呼语	提示自己、对方或他人身份的称呼语
语法选择	提示自己、对方或他人身份的语法特征（如人称代词、附加疑问句、感叹句）
词汇选择	提示自己或双方身份关系的词汇（如敬辞、行话缩略词、语气词）
语音特征	提示自己身份的语音方式（如高音、语速、音质、口音、标准音）
副语言特征	提示身份的手势、距离、眼神等手段

　　表 3-1 表明在建构语用身份的话语方式选择上，说话人有多种方式可供选择，并且选择不同语用身份的说话人会使用不同的话语方式，即语用身份的话语构建具有变异性。此外，特定语用身份的建构涉及多个层面，单一层面的选择往往会导致身份建构的不确定性。

　　综上，语用学视角下身份研究的重要问题及动态选择框架的提出，不仅拓宽了语用学视角下身份研究的视野，厘清了与其他学科对于身份研究的边界，更重要的是为身份研究提供了新的思路，为研究的深入和持续提供了理论上的指导。

3.2　学术引用动机

　　学术引用不仅是写作者对前人文献的梳理，更是写作者论证观点的一种修辞手段（Swales，2014）。写作者通过引用在已有文献和现有研究之间搭建桥梁，其引用动机并非简单地为遵循学术规范而引用较高学术水准的文献，许多其他客观或主观因素会影响研究者的引用行为，如展示学术能力、增加引用数量、盲目引用等（Cano，1989；淳姣等，2016）。相关研究从 20 世纪 80 年代中期的"说服假说"开始，经历了从简单的二元划分

［如 Gilbert（1977）提出的引用的支持功能和反驳功能］，到"说服第一位，致敬第二位"（Cozzens，1989），再到承认引用动机的多样化（White，2001）。这种多样化不仅体现为不同引用行为的多样化动机，也体现为同种引用行为的多样化动机（Brooks，1986）。下面分别从学术引用动机的研究方法和学术引用动机的分类两个方面展开讨论，并提出本书拟采用的研究方法和分类模式。

3.2.1 学术引用动机的研究方法

现有文献中对于引用动机的分析方法通常有三种：文本分析法、问卷法和访谈法。其中，文本分析法聚焦引用内容（content）和语境分析（context）。具体是指研究者通过分析引述句中使用的话语特征和引述句出现的语篇位置，探究引用行为发生的背后动因。如 Paul（2000）指出，写作者的引用动机多样，具有多种修辞功能，分析时应考虑整个学术语篇，而不能仅分析引述句本身。文本分析法将引用内容和语境因素同时纳入分析范围，提高了分析结果的准确性。然而，单纯的文本分析的缺点是无法提供写作者本位视角下的动机分析，其结果的可靠性受到质疑，因此新近研究大都引入问卷法和访谈法以弥补这一视角的缺点。

问卷法是一种高效的研究工具，可以同时邀请数百人参与研究，并通过自填式问卷（self-administered questionnaire）、量表等收集研究数据进行量化分析。问卷法的优点包括操作过程相对较简单、统计较方便、样本量可以很大，但缺点为问卷的设计难度较大、样本结果受研究者发放问卷时的地域和人群特点限制以及缺乏对语境因素的考量。同时，问卷法虽然可以减少受访者的顾虑，得到更加真实准确的信息，但也可能因为受访者重组信息而影响可信度。

访谈法即通过对引用行为参与者的深度访谈（in-depth interview）得出引用动机的类别，并可对动机的重要性进行排序。正如 Harwood（2009）所述，鉴于引用行为的主观性，无论分析者具备多么出众的专业素养，都很难避免受访者因为分析者（通常为研究设计者）的直觉影响而得出与写作者不同的引用动机。因此，Harwood 采取半开放式访谈（semi-structured interview）的研究方法，以受访者的一篇学术论文为出发点，不预先设定选项，遵循以受访者［亦是写作者，主位视角（emic）］而非研究者［客位视角（etic）〕的视角展开研究。Harwood 认为这种方法能够更真实地还原引用行为发生的机制，值得借鉴。然而，访谈法也同样存在局限性（Case & Higgins，2000）。如面对面的访谈，很可能由于距离写作时间较远，受访者难以完整准确地回忆当初写作时的引用动机，或是受访者碍于面子隐藏信息，不能做到如实相告。

可以看到，上述三种研究方法各有利弊，单独使用时很难避免研究者自身的主观判断等因素的影响，易造成研究结果的不准确。

3.2.2 学术引用动机的分类

目前，对于引用动机的分类研究，应用语言学学科大都采用客位视角，将引用动机与引用功能一起讨论，多通过文本分析加以归类（如 Paul，2000；Thompson，2005）；文献学大都采用主位视角，从文献的影响力评估出发，通过访谈法或问卷调查法对引用动机的类别和强弱加以讨论（如 Brooks，1985；Vinker，1987；Cano，1989；Case & Higgins，2000）。具有代表性的研究列举如下。

从引用的修辞功能出发，Paul（2000）通过对 13 篇研究论文的分析，将引言部分的引用动机细分为四个方面：确立研究意义、提供研究背景、指出研究缺口以及介绍新研究。Thompson（2005）提出引用动机有树立权威、展示专业水平，同时兼顾学术社区的范式和文化。Swales（2014）认为写作者通过引用介绍以及讨论其他学者的学术贡献，并且通过展示前人文献可以建构相关学术社区的成员身份。Case 和 Higgins（2000）将文本分析与访谈相结合，分析了 56 位研究者对通信学科两位高引作者文献的引用动机，指出学术引用的基本动机有综述本领域的研究、列出概念标记文献、表明研究方法的出处、证明话题的重要性以及凸显被引文献作者的学术地位。

从写作者的视角出发，Brooks（1985）首次系统采用问卷访谈的方法分析引用动机，提出引用动机的七个分类，按照认同度从大到小依次为：说服性引用、支持性引用、时效性引用、提示性引用（指向新的文献）、提供观点或理论支撑的操作性引用、社区共识引用（领域内模糊达成的共识）和批判性引用。这七类引用又可归为三大类（Brooks，1986）：①与说服性相关：说服性引用、支持性引用、时效性引用和社区共识引用；②与负面评价相关：批判性引用；③与服务性相关：提示性引用（指向新的文献）和操作性引用。

从引用动机的强弱出发，Vinkler（1987）通过访谈对匈牙利科学院化学学者引用动机的分析，提出了"引用阈"（citation threshold）的概念，用以描述引用动机的强弱，并验证自己提出的假说，引用阈的主要影响因素是被引文献的学术相关性。根据引用行为是否与学术研究相关，Vinkler提出引用动机可分为两个大类：引用的学术动机（professional motivation）和引用的非学术动机［non-professional motivation，亦称关系动机（connectional motivation）］，其中学术动机为主要类别。引用的学术动机关乎写作者与研究理论和实际操作的关系，较为重要的有文献动机（documentary motivation）、应用动机（applicational motivation）、支持动机（confirmative motivation）和批判动机（critical motivation）；关系动机关乎引用行为与被引作者的关系，包含个人因素、社会因素或其他外部影响因素，如自引需要、向被引作者致敬、期待与被引作者建立人际交往关系、被引文献来自重要学术刊物、与被引作者有经济或学术方面的依赖关系、期待获得学术或私人方面的利益等。

通过以上分析可以看出，现有文献中对引用动机的分类视角多样，子类数目繁多，在具体研究中应结合研究目标采取合适的研究方法和分类视角。此外，还应注意同一引用行为可能会包含多个引用动机，如Brooks（1986）的样本中有超过70.7%的引用示例被认为指向写作者多个引用动机。

3.2.3 本研究中引用动机的研究方法与分类

本书以语用身份论为理论依据，将写作者的身份建构动机视为判定语用身份类别的重要依据，因此，在分析语用身份类别及特征之前厘清身份建构动机的类别和内容至关重要。一方面，学术写作可用于展示写作者的学术素养；另一方面，还可用于建立与学术团体或个体的联系（Hyland，2004）。鉴于此，本书认为写作者在写作行为发生时的身份建构动机也与学术和人际关系两方面相关。作为身份建构动机在引用行为发生时的具象呈现，引用动机是判断引用行为参与身份建构的重要理据和参考。

　　下面将重点阐释本书针对引用动机使用的研究方法以及分类依据，并提出拟使用的引用动机分类。在研究方法上，本书拟综合以上三种研究方法，分析写作者在引用时的动机，特别是与身份建构动机相关的类别。研究方法设想如下：首先，对已有文献中有关引用动机的类别进行梳理；其次，在此基础上设计针对语言学和计算机学科学者的引用动机调查问卷（详见附录 6：学术引用参与身份建构的调查问卷第二部分），并访谈具有丰富发表经验的专家学者，对其撰写学术论文时考虑的引用动机进行记录；最后，基于第二步的分析，修订引用动机的类别和内容。本书将兼顾文本分析、问卷和访谈，以避免研究者自身的主观判断等因素对分析结果的影响。

　　在引用动机分类上，考虑到身份建构的交际情境依赖性，同时兼顾写作者在引用时信息意义和人际意义的传达，本书采取 Vinkler（1987）的分类，将引用动机分为学术动机和关系动机，并将已有研究中的动机子类重新划分至这两大类项下（详见表 3 - 2）。引用的学术动机包含综述前期研究（描绘研究的渊源和进展等）、支持被引文献（肯定被引文献的内容）、批判被引文献（全部或部分批判被引文献的内容）、提示其他可参考文献（罗列可深入阅读的文献源）、证明研究意义（指出现有研究缺口、陈述研究价值和意义）以及列举拟借鉴的理论和方法（阐释可用于当前研究的概念、理论、方法等）。其中前三种引用动机主要与已有研究相关，是写作者为当前研究所作的背景铺垫，而后两种引用动机主要与当前研究相关，引领读者相信研究的价值和研究思路的合理性。

　　引用的关系动机涵盖展示专业性（通过使用符合学术社区规范的引用方式、引用核心文献等展示专业水准）、树立学术权威（通过自引等方式展示身处学术核心圈，建构写作者的学术身份）、建立学术人际圈（建立与读者、学术权威、同行的人际关系）、展示学术人际圈（通过使用全名等方式展示与学术圈内人的联系）、凸显被引作者的学术地位（通过使用被引作者全名或使用"第一、最早"等词语向学术权威表示敬意）、需要被引作者的帮助（被引作者可在学术上或经济上给予帮助）和单纯需要增加文献数量（出于增加文献量或增加新近发表文献量的目的进行引用）。

表3-2　与身份建构动机相关的引用动机的分类框架

身份建构动机大类	对应引用动机及内容解释
学术身份建构动机（professional motivation）	（1）综述前期研究，即描绘研究的渊源、进展（注重文献的完整性） （2）支持被引文献，即肯定被引文献的内容 （3）批判被引文献，即全部或部分批判被引文献的内容 （4）提示其他可参考文献，即罗列可深入阅读的文献源 （5）证明研究意义，即指出现有研究缺口，陈述研究价值和意义 （6）列举拟借鉴的理论、方法等，即阐释可用于当前研究的概念、理论、方法等（可分为全部、部分、少量借鉴）
关系身份建构动机（connectional motivation）	（1）展示专业性，即通过使用符合学术社区规范的引用方式等展示专业水准 （2）树立学术权威，即通过自引、核心文献（期刊）的选取等方式展示身处学术核心圈，建构写作者的学术身份 （3）建立学术人际圈，即通过引用内容建立与读者、学术权威、同行的人际关系 （4）展示学术人际圈，即通过使用全名等方式展示与学术圈内人的联系 （5）凸显被引作者的学术地位，即在引用时通过使用全名或使用"第一、最早"等词语向学术权威表示敬意 （6）需要被引作者的帮助，即被引作者可在学术上或经济上给予帮助 （7）单纯需要增加文献数量，即出于增加文献量或新近发表文献量的目的进行引用

3.3　学术引用中作者语用身份的分析框架

学术引用是学术写作最显著的特征之一（Gilbert，1977；Berkenkotter & Huckin，1995；Hyland，1999；Swales，2014），也是学术语篇最明显的特征。

引用行为不仅表明写作者详尽阅读了相关文献，更是通过使用不同的修辞手段，以多种方式加强论据和论点的途径（Gilbert，1977；Hyland，2004）。写作者通过引用向读者介绍或评价已有研究，以加强自己的论点和论据，这一过程不是简单地遵循既定学术规范（如 APA、MLA、Harvard Style、the Chicago Manual of Style），避免剽窃，而是以恰当的引用方式增强论文观点的说服力，旨在建构学术社区成员身份（Swales，2014）。本章前两个小节分别对语用身份论和与身份建构动机相关的引用动机进行了分析，本节将围绕学术引用参与作者语用身份建构这一核心问题展开，提出本书的分析框架。

根据陈新仁（2013a，2018）提出的语用身份动态选择的分析框架（见图 3－1），要明确身份选择和话语选择，首先要厘清交际事件中的交际需求。本书提出写作者在学术语篇撰写过程中能否适时地建构恰当的作者身份对于交际成败至关重要，而引用动机是身份建构动机在引用行为发生时的具象呈现。引用动机描述了引用行为发生的背后动因，是写作者交际需求的一种形态，可以从引用动机的角度分析写作者的身份建构（Liu，1993）。虽然学术写作过程受到写作者所在学术社区的制约和影响，然而最核心的部分是写作者在写作时的动机以及相应建构的具体语境。这一语境是个体的，具有特质的，直接触及写作者本身（Hyland，2015b）。写作者在创建学术文本时，一方面要遵从学术语言的客观性，另一方面又会或明或暗地融入写作者的主观选择和判断。学术引用作为学术文本最典型的特征，不但承载了文本的信息传递功能，更是人际关系建构的重要场所和手段。写作者通过引用介绍、讨论其他研究和学者的贡献，在这一过程中写作者并不是单纯的信息传递者身份，而是在特定交际语境下，受特定交际目的驱动而建构的一种或多种身份的集合体，即语用身份的集合体。学术引用参与的语用身份建构可以是写作者作出的自我身份、被引作者身份或读者身份的选择。这种选择可以是有意识的行为，也可以是无意识的行为。

基于语用身份论，本书提出写作者在引用时建构的自我或他人的语用身份可能来源于既有的社会身份中的一种或多种，也可能来源于为了特定交际需求而临时建构甚至可能是虚构的社会身份，是真实或虚构的社会身份在书面学术语境中的表达。通过引用行为参与建构的这种（些）语用身份同其他语用身份一样是通过话语建构的，是写作者与读者互动的结果，具有交际依赖性、临时性、动态性、可变性、主观性和目的性，是可供写作者调配的重要语用资源。

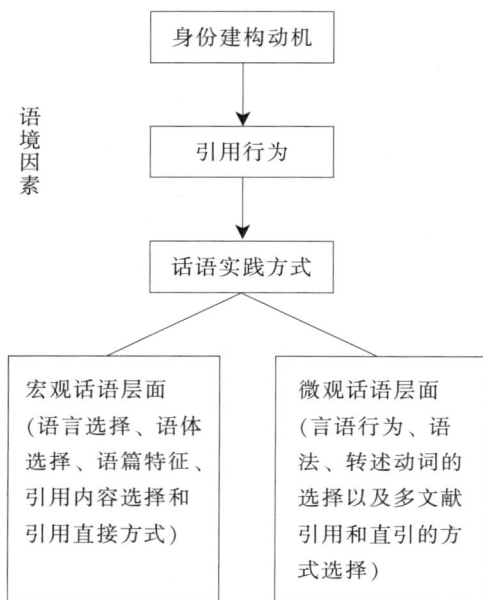

图 3-2　学术引用参与语用身份建构的分析框架

　　综上，写作者在特定的学术写作语境下，为满足特定交际需求，如传播研究成果和展示学科成员身份等，在身份建构动机（引用时，身份建构动机体现为以身份建构为目标的引用动机，可分为学术动机和关系动机）的驱动下，从若干个社会身份中进行选择，并通过具体的话语实践方式（分为宏观话语层面和微观话语层面）实现身份的建构（详见图 3-2）。学术引用参与语用身份建构的分析框架具体包括写作者身份建构动机分析、引用行为分析和话语实践方式分析，以及语境因素分析。下面我们分别从写作者在身份建构动机驱动下建构的语用身份类别、参与身份建构的话语方式以及学科差异三个方面阐述这一动态建构过程。

3.3.1　学术引用参与建构的语用身份类别

　　学术引用不仅涉及学术引用规范，还涉及在融合文献的基础上写作者观点的表达和身份的建构（孙厌舒、王俊菊，2015），承载了参与作者身份建构的重担，是学者建构学术身份的重要语言资源。本书将结合文献中有关作者身份类别的研究和作者身份建构动机（引用动机）的分析，提出学术引用参与建构的语用身份类别判定的依据和分析方法。

3.3.1.1　现有研究中的作者身份类别划分

作者身份是写作者在学术语篇中建构的一个或多个自我形象的统称，是写作者的自我呈现。作为写作行为的核心，写作者不仅承担着传递知识的责任，更是站在评价者的角度对知识的传递过程作出判断（Ivanič，1998）。Burgess 和 Ivanič（2010）在对写作与身份关系的描述中，将身份分解为三个维度，包括写作者带入写作行为的"自我"、通过写作行为建构的"自我"以及读者眼中的"写作者"。Bhatia（2008）指出，在特定的学科文化中，通过话语实践，写作者在同一语篇中可协商并建构多种身份，分别为：作为学术社区成员的专业身份（professional identity）、从属于某一特定机构或组织的机构身份（organizational identity）、隶属于一个或多个社会族群的社会身份（social identity）以及表达自我声音的个人身份（individual identity）。

吴格奇（2013）通过对写作者使用的自称语的分析，认为作者身份可包含四种类别：研究者（researcher）、话语建构者（discourse constructor）、观点持有者（arguer）和评价者（evaluator）。其中，研究者身份是在专业话语社区规范制约下的专业身份；话语建构者身份对应的是写作者评估潜在读者，选择话语建构方式，展示研究中建构的写作者形象；观点持有者身份是作者表达观点、陈述研究结果时展示的形象；评价者身份展示了写作者的个人情感态度。同时，吴格奇还指出，上述四个身份类别并非独立存在，而是相互交错，共同构成作者身份。研究者和话语建构者身份是英语论文作者主要构建的作者身份类别，研究者是汉语写作者重点凸显的身份。该研究还发现，在建构观点持有者身份时，英语论文作者多使用问责风险较高的第一人称代词 I，以凸显自我，绑定个人意图和学术研究意图，如：However, I would argue, along with Long（1990）and DeKeyser and Larson-Hall（2005），that...（转引自吴格奇，2013）相比之下，汉语论文作者的自称多使用"我们""研究者""笔者"等，表明写作者强调集体身份，避免与读者面对面的交流，希望拉远与读者的距离，倾向于用模糊的表达降低风险责任。

在为数不多的针对学术引用参与建构作者身份的研究中，鞠玉梅

（2016）的研究较有参考价值和代表性。研究基于如下假设：句子主语是表达人际意义语气结构的重要成分（Halliday，1994）。因而，该研究聚焦于学术语篇引述句主语，分析了三组不同群体（包括英语本族语学者、母语为汉语的中国大陆学者及中国英语专业硕士研究生）在通过主语表达人际意义时体现的特点，并在 Charles（2006b）、Hyland 和 Tse（2005）、Ivanič（1998）和武姜生（2010）研究的基础上，提出了建构作者身份的引述句主语的语言手段的分析框架（见表 3 - 3）。

表 3 - 3　引述句主语的分析框架（鞠玉梅，2016）

引述句类别	主语特征	解释	示例
自我引述句	"人"作主语	第一人称代词	We，I
		自我指代名词	the author，the writer，the researcher
	"非人"作主语	研究名词（表示研究本身、过程、结果和结论的名词）	the study，the data，the evidence，the result，the analysis
		语篇名词（只带部分或整篇论文）	the paper，Chapter 2，Section 1
		it 结构	it is suggested that…，it is certain that…
他人引述句	"人"作主语	被引述者姓名名词或人称代词	Hyland，Halliday，he，they
	"非人"作主语	泛指他人研究的研究名词	the previous studies，some studies
		it 结构	it is widely accepted that…，it is well-known that…
		名物化引述句（名物化形式后由 that 引导引述句）	The model works under the assumption that culture，whether large or small，cannot be clearly defined and demarcated

　　鞠玉梅（2016）的研究发现，在三组群体中，英语学者最为注重建构自信的、隶属学术社团的作者身份，互动意识更强，语言形式较多样化，建构了较成熟的学者身份形象；中国学者倾向于建构客观的、疏离的作者形象，自我观点表达和人际互动意识不够强烈；硕士研究生尚处作者身份建构的新手阶段，一方面人际互动的意识强于中国学者，另一方面观点表达的自信程度不如英语学者。研究进一步指出，他人引述的频次越高，越有助于建构隶属于学术社区的学术身份。而在进行自我引述时，写作者使用"人"作主语可突出自己的研究，建构独立研究者的自我学术身份。特别是，通过使用第一人称代词（特别是单数第一人称代词 I）来描述研究结果和阐释写作者观点时，最大限度地促进写作者的自我参与，强化写作者角色，以此明确表露写作者的身份和态度，体现写作者的权威感和自信心，突出研究者和观点持有者的学术身份。在进行自我引述时，写作者使用非人主语，可避免凸显自我身份，隐藏自己作为个体研究者和观点持有者的学术身份，也有可能是缺乏学术自信和自我权威感的表现。研究名词（如 the research、the study）的使用可起到弱化作者身份的作用。自我引述句中以非人作主语时，it 结构是使用较多的结构，此结构有助于加强引用的客观性，在一定程度上模糊了"写作者能见度"（Hyland，2002c；Charles，2006b），但这一结构对写作者使用语气有较高要求，以便适应学术规约，合适地融入学术社区。

　　鞠玉梅（2016）的研究还指出，在他人引述句中，以"人"作主语的比例高于以"非人"作主语的比例。以"人"作主语时，指代意义明确，强调将当前研究嵌置于学术圈中，通过呈现当前研究与前人研究的关联性，建构恰当的圈内人身份。此外，虽然泛指他人研究名词的所指不够明确，但也在一定程度上彰显了对领域内学术圈的熟悉程度，亦可建构圈内人身份。名物化形式赋予表达较强的客观性，并可丰富句型类别和语篇的可读性，但由于对语言能力的要求较高，是中国学者的薄弱项。此外，较之英语学者，中国学者更多地使用"非人"主语，避免凸显个体研究者的学术身份。

　　通过上述分析可以看出，学者普遍认同写作者在文本创建过程中主观的自我呈现，同时学术引用是学者自我呈现过程中的重要语言资源。现有研究通过对论文摘要、自称语、身份语块等的分析，大多聚焦于写作者个人身份的建构，而对于专业身份、机构身份和社会身份，特别是后两者，分析尚不充分。学术引用作为学术语篇写作者与学术社区、被引作者、读者交流的重要途径，是建构机构身份和社会身份的重要手段，这两类身份也是本书的重要研究内容之一。

3.3.1.2　本研究的作者身份类别划分

本书拟借鉴 Vinkler（1987）对于引用动机的二分法，将学术引用参与建构的作者身份分为两大类，即由引用的学术动机出发而参与建构的身份，以及由引用的关系动机出发而参与建构的身份。参考 Bhatia（2008）通过体裁分析得出的作者身份的类别框架，结合现有文献对学术引用参与建构的作者身份类别的分析，从专业身份、机构身份、社会身份和个人身份四个维度进行细分。例如，个人身份下属的观点陈述者、观点评价者等展现了写作者对学术论题的分析和理解，与引用的学术动机相关；而圈内人、友人等身份服务于写作者的交际需求等多重目的，与引用的关系动机相关。

学术引用的两大动机——学术动机和关系动机，决定了学术引用不是简单的文献梳理和信息传递，而是加入了交际目的的主观行为。与 Bhatia（2008）提出的学术语篇中通过话语建构的四类身份（专业身份、机构身份、社会身份和个人身份）相联系，可以看出，写作者通过综述、评述现有文献或有意引导读者参阅文中未具体讨论的文献等方式，旨在体现自己对研究话题的把握和增加研究结论的可信度，与引用的学术动机联系较密切，注重学术引用的信息意义；而写作者通过凸显或暗示自己从属的学术机构或学术社区，或与其他学者的联系，旨在体现写作者在学科社团中的成员身份以及圈内人属性，与关系动机联系较密切，注重学术引用的人际意义。

参照上文对引用动机细类的分析，可将写作者选择建构的身份分为学术动机和关系动机驱动下的身份类别。一方面，在引用的学术动机驱动下，写作者通过引述句参与建构了四种身份类别。首先，写作者通过引用文献描绘学科领域研究的渊源、发展和热点话题等信息，这种对信息的述实性陈述对应陈述者身份。陈述者身份又可进行细分：有的情况是写作者对前人具体观点的陈述；还有对前人研究本身，或者说是对前人的研究行为的陈述，不涉及具体研究结果；以及陈述当前研究拟借鉴的概念、理论模型、研究工具等，即对影响或启发当前研究设计的文献的陈述。其次，写作者常常会罗列可深入阅读的文献来源，通常添加在括号中，提示读者作深入的阅读或研究，这种引领式的引用方式对应引导者身份。再次，写作者为了证明当前研究的价值和合理性，会或明或暗地肯定或（部分）否定被引文献的观点或方法等，对应评价者身份。最后，对于写作者新近提出、用于支持当前研究但被部分学者质疑的观点，或是用于证明当前研究设计、论点等而借鉴的理论和方法等，写作者常常以辩护者的身份出现，通过援引文献证实观点。

另一方面，在引用的关系动机驱动下，写作者通过引述句参与建构的身份大都与人际意义相关，可分为三类，具体如下。首先，学术写作的核心目标是说服读者接受研究结论，展示写作者的专业素养和学术地位对实现这一目标至关重要。因此，写作者需要通过使用符合学术社区规范的引用方式、引用核心文献、自引等方式建构专家学者（credit builder）身份，以证明自己的专业性和权威性，以及当前研究的学术地位。其次，学术写作还是人际交往的重要平台，学者间通过引用可传递出与读者、学术权威或同行间学术交流的意愿和印记，基于此建构了学术友人（relation build-er）身份，而表达这些交流意愿和印记的话语可称为交际指示语（relation indicator）。最后，写作者有时通过引用表明自己从属的学术团体或组织，强调圈内人（circle builder/insider）身份，以获得学术或经济上的支持。圈内人身份通常较隐蔽，常通过有意选择或规避特定文献、使用被引作者全名等方式建构。

3.3.2　学术引用参与身份建构的话语方式

Tracy（2002）指出身份与话语实践存在交互关系，即交际行为中的身份建构会影响交际者的交际方式；同时，交际者选择的话语实践方式也会影响相应的身份。话语实践的类型可包括人称指示、言语行为、言语的声音、语言的选择、交互结构、直接方式、叙事方式和立场标记等（Tracy，2002）。具体来讲，与身份建构相关的话语实践类型包括语码选择（如提示身份的语言类别、方言、特定语码等）、语体选择（如提示身份关系的正式语体、口语体等）、语篇特征选择（如提示身份关系的话轮转换行为）、话语内容选择（提示身份，包含话题、观点、预设等内容）、话语方式选择（提示身份关系的直接或间接表达等）、言语行为选择（提示身份的批评、表扬、建议等言语行为）、称呼语选择（提示身份的称呼语）、语法选择（提示身份的人称代词等）、词汇或短语选择（提示身份的标记语、语气词等）、语音特征选择（提示身份的音高、语速、口音等）和副语言特征选择（提示身份的手势、距离、眼神等）（陈新仁，2018）。这些话语实践类型可归入宏观话语和微观话语两个层面进行分析（详见第 6 章 6.1 节）。

学术语篇中，写作者基于身份建构动机，在具体的写作语境下选择建构特定的语用身份，并通过话语选择完成身份建构。在第 2 章文献的基础上，本书提出学术引用参与身份建构时可以使用的话语选择包括引用的内容选择和引用的形式选择两个方面。其中，引用的内容选择涉及引用的具体信息内容和引用的修辞功能/策略的选择，具体包括：①引用承载的信息内容的选择；②引用修辞功能的选择。引用形式的选择涉及引用的句法特征和语言特征，具体可供选择的手段和形式有：①融入式引用和非融入式引用的选择；②转述动词的选择及其时态、体和情态的选择；③是否选用被引作者的全名等。

3.3.2.1　引用内容的选择

写作者可以通过引用内容的选择影响建构过程和结果，包括引用的信息内容和修辞功能的选择。其中，引用的信息内容主要包括与引用内容相关的知识体类别的选择和自引方式；引用的修辞功能主要包括引用的信息提供功能、指出研究空间、评论研究结果等。

首先，Kwan 和 Chan（2014）指出有三种知识体与引用内容相关，决定引用的具体细节。第一种为研究方法/工具（如问卷或设备）或研究步骤（如特定操作规范），第二种为概念或理论（如公式、模型、理论），第三种为特定领域的研究活动。写作者可根据具体引用语境中所需的知识体的类别，对引用的信息内容作出选择。其次，写作者是否选取自己撰写的文献，即自引，也是一种写作者可以选择的修辞策略。通过自引，写作者强调自己对本学科研究的贡献，增加当前研究的可信度，有助于建构专业权威的形象。最后，与引用内容相关的选择还可以扩展至下列情形，如括号中使用解释性的词语、引用领域核心文献、使用被引文献全名、标示文献页码等。这些引用内容的多样性直接或间接地影响写作者的声音表达以及建构的身份，并可参与评判写作者引用的适恰性。

　　根据前文对引用修辞功能的分析，本书提出从体裁分析的视角研究引用功能，特别是通过对语轮和语步的研究，能够为分析提供修辞语境，有助于提高引用功能分析的准确性。据此，本书对于引用功能的判定由三种因素共同决定，分别为引用内容、修辞目标以及所处语轮。

　　在综合 Thompson 和 Tribble（2001）、Thompson（2005）、Kwan 和 Chan（2014）、Harwood（2013）及徐昉（2012）的引用功能分析框架后，我们提出与语轮相关的引用功能分类：①与研究背景相关的引用功能有：指向观点来源的归属（追溯句中陈述观点的来源）、指向其他可参考文献的出处（指出可参考的其他相关文献）、指向研究涉及理论等的文献源头（指出理论、方法或研究成果的文献来源）、向其他研究者致谢以及阐述研究空间；②与研究空间重述相关的引用功能有：重述研究背景、重述研究空间和支持研究假设；③与展示研究方法相关的引用功能有：描述研究工具、方法或步骤，评估并解释某种研究工具、方法或步骤以及描述数据；④与评论研究结果相关的引用功能有：解读研究结果、解释研究结果以及比对研究结果；⑤与证明当前研究的总体观点合理性相关的引用功能有：承认研究不足和解释研究不足的原因（缓解研究不足的负面影响）；⑥与延伸当前学科边界相关的引用功能有：提出今后研究方向、对于现实世界的应用以及对现有研究的贡献。

3.3.2.2　引用形式的选择

　　写作者除了可以通过引用内容的选择影响身份建构外，还可以运用多样的引用形式完成这一过程。较为典型的形式选择有融入式与非融入式的选择、一处引用中包含多个被引文献的选择、转述结构的选择以及直接引用的选择等。

　　融入式引用和非融入式引用是引用形式划分中最受关注的一组概念。除了明显的句法形式区别外（作者名和出版年份是否参与正文文本建构），两者还在功能和修辞上存在差异。研究指出（如 Coffin，2009），融入式引用与非融入式引用不仅是形式上的区别，更重要的是通过焦点的转换，存在功能和修辞效果的差异。融入式引用凸显研究者的行为，而非融入式引用强调观点、研究发现和信息。例如，融入式引用中以概念为主的引用可以表达写作者对观点的评价意义，而非融入式引用除了展示被引作者和文献的基本信息外，还可提供所述命题的来源、其他可供参考的文献信息等。

多个被引文献是指在非融入式引用中使用的同一处括号内包含多个被引文献的情形。这种引用形式多出现在文献综述部分，特别是研究背景介绍环节，通常只是通过列举的形式表明相关作者对讨论的话题展开过研究，或是某个结论得到这些作者的支持（或反对），但并不逐一展开讨论，通常只是对其中个别较典型的文献展开讨论。写作者可以通过多个被引文献的引用形式体现自己学科知识的广度，提升专业形象。

转述结构是以转述动词为核心的一个重要的学术引用研究方向。写作者在实施学术引用行为时，几乎不可避免地会从数量众多的转述动词中进行选择。转述动词通常与被引作者的文本相关，是写作者间接通过被引作者的文本或研究将责任加至被引作者身上的一种手段。转述动词为写作者提供了多种选择，使得写作者可或明或暗地表达对被引命题内容的认同、反对或中立，帮助写作者表达立场。此外，转述动词涉及的时态、体、情态的选择可增强表达的多样性和准确性。含有转述动词的表达分为概念为主、被引作者为主以及写作者为主三类，后两者与转述动词承载的评价意义紧密相关（Hyland，2004）。

此外，写作者是否选择以加引号的形式直接引用被引文献原文，以及引用原文的长度仅为几个关键词，还是以缩进形式引用大段文字，这些从一定程度上反映了写作者对自己和被引作者的凸显程度，也是引用形式的重要类别。

引用中是否出现被引作者全名也是写作者可以运用的话语方式，用以强调被引作者的学术地位、文章论点的关键文献或暗示被引作者与自己的关系等（Swales，2014）。

学术引用形式和内容所提供的多样化和多层次的选择为写作者适应具体交际语境下的引用动机而选择建构的语用身份提供了多种手段和途径，是写作者可以时时选择的话语资源。同时，这些引用形式和内容所自带的修辞特点又成为写作者在身份选择和建构方式选择上的制约因素。

考虑到对引用行为参与身份建构的分析常需要考虑行为发生时的宏观或微观语境，按照上述话语实践方式归属的维度，在后续分析中将分别从宏观和微观话语层面对话语选择进行分析。从宏观层面看，学术引用参与身份建构的方式包括语码、语体、语篇特征、话语内容和话语方式等，具体包括论文语言的选择、语体的选择、学术论文语篇特征、引用内容的选择和引用的直接方式。从微观层面看，话语实践类型可包括言语行为、称呼语、语法、词汇或短语等，具体包括言语行为、语法、转述动词的选择以及多文献引用和直引的方式选择。这些可供选择的方式和手段均为写作者在建构语用身份时可供调配的话语资源，选择过程受特定语境下选定的语用身份的制约，选择结果又反向影响身份的建构。

3.3.3　学术引用参与身份建构的学科差异

文本的产出过程也是写作者自我身份的建构过程。这一过程极富技巧，需要平衡自我表达与学科话语的使用惯例，也就是在写作中要认识和遵循学术社区惯例（Hyland，2015b）。写作者在创建学术文本时，会通过选择具体的引用方式建构适当的语用身份，这一过程受到多种因素影响和制约，如学科差异、学科知识、学术文化的国别化特征和引用认知等。与此同时，这些影响因素又为从语用身份建构角度讨论引用行为的适切性、得体性和正当性提供了重要的判断依据。在影响学术引用行为的因素中，社会因素、文化因素和认知因素是三个主要方面。

社会因素在此主要是指学术写作中特定学术社区的规范，具体体现为学科之间的差异（如 Bloch & Chi，1995；Hyland，2012）、体裁的差异（如 Thompson，2005；Charles，2006a）以及期刊类别的差异（如 Hyland，1999）等。学科差异因素是被广泛研究和普遍认可的影响学术引用的因素之一。如 Schnurr、Marra 和 Holmes（2007）所言，在身份视角下，被某一特定组织认为是适切的话语行为在另一个组织中未必是合适的，有时甚至会被认为是不礼貌的。学科的语言资源从根本上讲是共享的，因此任何的个人表述都必然是具有社会属性的（Atkinson，2004）。写作者依据学科常识和专业知识对相关文献进行选择和引用是证明自己对文献熟悉度、建构文本以及建构身份的重要途径（孙厌舒，2016）。写作者应严格遵循学科惯例，以便获得文化资本，促其进入学术社区。大量研究指向不同学科在思维方式和文本组织方式上的不同，特别是软学科与硬学科［见 Becher & Trowler（2001）的划分］之间差异明显。不仅如此，不同学科在采用的修辞特征上也存在显著的差异。这些差异可包括不同学科背景下的学术文章中选择使用的篇章特征的不同、话语方式的不同、话语内容的不同等（如 Hyland，2012）。当写作者通过文本创建"学科对话"（Bazerman，1994）

时，需要意识到学科的主要范式以及学科的主要思潮。除此之外，学科差异因素还包括考察不同体裁的学术文本在语体选择、语篇特征等方面的差异。

研究显示，不同学科通常沿袭不同的思维方式和文本组织方式，特别是软学科与硬学科（Becher & Trowler，2001）之间差异明显。此外，修辞特征也具有显著的学科特性（如 Hyland，2004；Biber，2006；Hyland & Bondi，2006）。特定学术社区规范呈现的具体差异有：不同学科的学术文章中写作者的引用动机不同（Brooks，1985），显现程度不同，选择使用的连接词和结构标记语不同，呈现专业性的方式不同等（Hyland，2012）。例如，Brooks（1985）发现不同学科的研究者在引用时动机有较明显的差异：自然科学的研究者更趋向于时效性和提示引用，而说服引用仅排第三；相反，社会科学研究者更强调论文的说服引用和肯定引用，而时效性只排第三。写作者引用时所作选择与对该学科规范的认知紧密相关，这些认知揭示了建构学术身份的方法和路径。

针对不同体裁中的引用展开的研究，学术期刊论文和学位论文是学者较为关注的话题（如 Swales，2004；Charles，2006a；Hu & Wang，2014）。学者发现不同体裁的学术文本在结构、语轮类别和语轮排列顺序等方面均呈现不同特征，需区别对待。Thompson（2005）分析了一所英国大学农业植物学方向的 8 篇博士学位论文中的学术引用使用情况，对论文的不同章节（符合 IMRD 结构）中引用的特点展开了分析，结果显示引言和讨论部分是学者密集引用的章节，其余章节中的引用相对较少。对于引言和讨论部分，写作者主要使用的是非融入式引用，强调信息而非研究者。

文化因素在此特指学术文化的差异，研究重点放在写作语言是否为母语，如二语作者的写作，以及写作者所处学术文化的国别化差异。研究显示，不同国别的学者在引用频次、引用密度、引用方式（如直引、转述结构的使用）等方面均存在较大差异（如 Taylor & Chen，1991；Fløttum et al.，2006）。

认知因素包括写作者个人受学术经历等因素影响而形成的对学术引用的认知，表现为读者意识的强弱、凸显学术地位的需求、学术水平的高低以及个人写作风格等（张立茵，2015）。这一影响因素是在学术共享背景下体现差异的动因。徐昉（2016）通过对中国本硕博英语学习者学术引用能力的截面比较和历时个案分析发现，中国学习者呈现以下特征：虽然学习者的引证全面性随着学习阶段的提升而逐渐提高，但在论文不同部分的引证重点不够明确；人际互动能力仅在博士阶段获得较好发展，其他阶段引证的关联度较低；语篇融入能力提升不明显，引证的文本方式倾向于凸显被引作者的身份和观点，而忽视了写作者的立场表达。

学术引用行为是一种颇为复杂的学术活动，受多种因素制约，其中社会、文化和认知因素是影响写作者引用行为的主因，其他因素还可能包括文献的受众、文献的时效性、文献与当前话题的相关性、文献对于读者的难易程度、写作者对于文献的知晓度、自引文献对写作者学术地位提升的效果等（White & Wang，1997）。

3.4 本章小结

语用身份是解读写作者引用行为中话语意义的重要方法和途径，是写作者通过引用实施交际目标的重要资源，是写作者在身份建构动机的驱动下通过引用行为选择、建构特定身份、体现认同取向的重要人际资源，是阐释写作者具体引用话语特征形成原因的重要阐释资源，并且是评价具体语境下引用行为是否得当的重要评价资源。本章以语用身份论为理论指导，提出身份建构动机驱动下学术引用参与身份建构的分析框架，并指出与身份建构过程紧密相关的各要素，为后续讨论奠定基础。

第 4 章

研究设计

本章介绍研究的总体设计思路及实施步骤。基于第 3 章的理论分析框架，本章首先提出本书的三个研究问题。其次，描述数据收集方法及具体操作步骤等。再次，从分析内容、分析框架和分析方法角度详细介绍对本研究语料的分析步骤和过程。最后，对本章内容进行简要总结。

4.1　研究问题

本书从语用身份论视角出发，以专家学者通过学术引用行为参与建构的语用身份作为研究对象，具体考察写作者在学术期刊论文中的引用行为，包括引用参与建构的身份类型、建构过程以及影响因素等。本书的研究方法以文本分析为主，辅以问卷和访谈，试图从语用身份建构的角度对学术引用进行描述，以期在作者身份类型上提供更新、更全面的解读，为语用身份论的适用性提供证明，并为学术引用研究提供新的视角，为学习者运用学术引用、提高学术语用能力提供借鉴。本书将尝试回答以下三个问题：

（1）在论文写作中，写作者通过引用行为参与建构的身份具有哪些特征？具体包括：①写作者通过引用行为参与建构了哪些类型的身份？②不同身份类型的分布如何？③引用参与建构的身份类型呈现何种特征？

（2）在论文写作中，写作者通过引用行为参与建构的不同身份类型是如何通过话语方式实现的？具体包括：①学术引用参与建构身份采取了哪些话语方式？②不同话语方式的分布情况如何？③学术引用参与身份建构的话语方式具有哪些特点？

（3）在论文写作中，写作者通过引用行为参与建构身份的实践是否存在学科差异？具体包括：①在不同学科背景下，学术引用在身份建构的类型特征方面有何差异？②在不同学科背景下，学术引用在身份建构的话语方式方面有何差异？③在不同学科背景下，学术引用在身份建构过程中呈现哪些特征？

4.2　数据收集

针对上述三个研究问题，本书在语用身份论（陈新仁，2013a，2014，2018；陈新仁等，2013）的指导下，以发表于国际知名学术期刊的研究论文为研究语料，辅以问卷和访谈法，研究学术引用参与建构身份的动态过程及影响因素。下面将逐一介绍文本语料的收集、问卷的设计及实施，以及访谈的具体操作步骤。

4.2.1　文本语料的来源及说明

本书的文本语料包含发表于语言学和计算机学科领域顶尖学术期刊的研究论文 60 篇。下面对具体文本的体裁、学科类别、期刊、论文选取标准和操作步骤作出解释，并对论文写作者作出说明。

4.2.1.1　文本的体裁、学科类别和期刊的选取标准及操作步骤

在学术文本产出方面，专家相较于写作新手更有优势，他们通常娴熟掌握本学科的修辞资源（Hyland，2011），对此更为自信和更有专业性，对其身份的建构具有稳定性和一致性（Hyland，2002e，2015a）。本书是以专家学者的学术写作文本作为研究对象，分析专家学者通过引用行为建构身份，以期帮助写作新手了解和掌握专业话语社区范式，使其不断地在写作和发表中逐步成长为专家学者。本书选取 2007—2016 年期间发表于国际知名学术期刊的应用语言学和计算机学科方向的实证类研究论文（IMRD结构的文章）为语料，主要出于以下几点考虑：

（1）在学术语篇的体裁方面，本书选取了学术期刊发表的研究论文。这是因为：①学术期刊是学术出版的中心舞台（Hyland，2015b）。虽然期刊当前受到其他出版形式的冲击，但仍保持较高的学术地位，特别是在学术会议评价体系中日益重要。②期刊承载着知识合法化、学术激励、政府基金分配、学科地位、学者声望等重要职能。对于理工科学者来说，能在高拒稿率、高影响因子的期刊发表论文是对其学术成果和学术地位的肯定。对于人文学科学者，鉴于专著撰写、发表周期长，鉴定标准复杂，以及所处评价体系等因素的影响，也正经历逐步向期刊转向的趋势。

（2）在学科类别方面，本书分别选取了语言学和计算机学科，并分析比较学科差异。原因如下：①学者们普遍认同学术写作和学术引用都是受语境制约的学术行为（如 Bazerman，1988；Hyland，2013；Hu & Wang，2014），并认为学科差异是影响学者引用行为的重要因素。学者围绕不同学科背景下的学术引用差异展开多方面的研究，重点集中于引用密度（Hyland，1999；Fløttum et al.，2006）、融入式引用的使用（Hyland，1999；Thompson & Tribble，2001；Fløttum et al.，2006）、转述结构（包括转述动词、转述结构的类型和时态等，见 Hyland，2002d；Charles，2006a）、引用来源（Charles，2006a）及引用功能（Harwood，2009）等。②特别值得注意的是，这些差异与软、硬学科（Becher & Trowler，2001）的差异呈现相关的关系。例如，软学科（如应用语言学、社会学等）分类下的研究论文具有引用密度高、融入式引用比例高以及使用直接引用等特点（Hyland，2000b）。此外，软学科的研究论文体现出更强烈的写作者身份，即写作者对被引文献持批判的立场。而硬学科写作者倾向于淡化个人角色，常采取中立的立场（Hyland，2002d）。鉴于此，本书选取语言学（软学科）和计算机学科①（硬学科）期刊发表的研究论文为研究对象，发表时间设定为 2007 年 1 月至 2016 年 12 月，时间跨度为十年。

（3）在期刊选取方面，本书依据 Web of Science 发布的 2015 年②期刊引用报告，提取了两个学科影响因子排名靠前的 10 种期刊（详见表 4 - 1）③。每种期刊根据随机数列表选取 3 篇论文，所得样本为 30 篇语言学期刊论文和 30 篇计算机学科期刊论文。其中，语言学期刊的编号为 GL1 至 GL10，计算机学科期刊的编号为 AI1 至 AI10。排名靠前的期刊代表了学科顶尖的科研水平，能够吸引高质量的稿件。对其研究符合本书聚焦于专家学者话语建构的研究目标。所选 20 本期刊（每个学科各 10 本）均为同行

---

① 按照 JCR 的分类，计算机学科细分为七个分领域，分别为人工智能、自动控制学、硬件及结构、信息系统、跨学科应用、软件工程以及理论和方法。本研究随机选取其中的人工智能作为研究样本。

② 2015 年为研究数据采集时最新的报告年份（检索日期截至 2017 年 5 月）。

③ 由于语言学类下综合排名第八的 *Computational Linguistics* 同时收录于计算机学科和语言学项下，考虑到其跨学科的特性可能会影响后续分析，因此替换为排名第十五的 *Journal of Second Language Writing*。此外，语言学类位列第九的 *Language Teaching* 发表的文章以理论研究和综述类研究为主，结构大都不符合 IMRD，因此替换为排名第二十的 *Journal of English for Academic Purposes*。

评议期刊，且为 Journal Citation Reports（JCR）公布的 2015 年影响因子位列各学科前十位的期刊，可以在一定程度上代表学科内顶尖的研究水平。

表4-1　期刊来源列表

编号	期刊名称（语言学）	编号	期刊名称（计算机学科）
GL1	*Journal of Memory and Language*	AI1	*IEEE Transactions on Fuzzy Systems*
GL2	*Applied Linguistics*	AI2	*International Journal of Neural Systems*
GL3	*Brain and Language*	AI3	*IEEE Transactions on Pattern Analysis and Machine Intelligence*
GL4	*Bilingualism-Language and Cognition*	AI4	*IEEE Transactions on Evolutionary Computation*
GL5	*Studies in Second Language Acquisition*	AI5	*Integrated Computer-aided Engineering*
GL6	*Language and Cognitive Processes*	AI6	*IEEE Transactions on Cybernetics*
GL7	*Journal of Fluency Disorder*	AI7	*IEEE Transactions on Neural Networks and Learning Systems*
GL8	*Journal of Second Language Writing*	AI8	*Medical Image Analysis*
GL9	*Journal of English for Academic Purposes*	AI9	*Information Fusion*
GL10	*Language Learning*	AI10	*International Journal of Computer Vision*

4.2.1.2　研究论文的选取标准及操作步骤

根据上述清单，分别从每本期刊中随机抽取 3 篇研究论文（共计 60 篇），每个学科 30 篇，生成本研究的语料库。研究使用随机数列表（Black，1992），选取每个随机数的末尾三位数提取文献。具体步骤如下：①期刊的年份选择。研究共涉及十年内的文献，期刊的年份由随机数列表的百位决定。若随机数为 817，则对应的年份为 2008 年。②期刊的卷号和具体论文选择。根据随机数列表后两位，十位数字确定卷号，个位数字确定论文在该卷中的编号。如果选取的十位数（个位数）大于当年期刊发表的卷数（论文数），则向后选择下一个随机数确定文本。如遇论文结构不符合 IMRD 结构①（如书评、综述、学理型文章、回应型文章或编者按等），则重新选择。具体选取的论文来源列表参见附录 1。

依据上述文献选取的标准和步骤，共随机提取文献 60 篇，其中语言学 30 篇，计算机学科 30 篇，所有文献均符合 IMRD 结构。本书的文本语料包含论文的正文、脚注及尾注，但不包括摘要、关键词、基金信息、图表、附件、致谢、文末参考文献，语言学论文总词数合计为 267 713 词，计算机学科论文词数合计为 254 506 词，语料库总词数合计为 522 219 词。本书的语料库规模算不上庞大，但鉴于本书的分析以定性为主，有限的语料库规模使得研究者可以对每一处引用进行单独、详细的研究（Swales，2014）。

4.2.1.3　有关写作者的说明

本书提取的研究论文均发表于各学科顶尖的学术期刊，基于期刊本身对论文质量的高标准、严要求，这些研究论文的写作者无论是在研究水准还是写作水准方面均代表了各学科的顶尖水平。因此，本书视这些写作者为专家学者，不再区分是否为二语写作者。但因为后续研究的需要，按照写作者就职机构的地理位置（国别）进行了频次统计。在统计时，对于同一篇文献有多个写作者署名的情况，依据第一作者或通信作者的国别进行统计。

4.2.2　问卷的设计及实施

写作者在创建学术文本时，受特定交际需求驱动，在满足学术语言客观性要求的同时，或明或暗地融入了写作者自身主观选择和判断。其引用

---

① 已有文献指出（如 Thompson，2005），学术文本在结构、语轮类别和语轮排列顺序等方面均呈现不同特征，符合 IMRD（Introduction, Methodology, Results, Discussion）结构的文献有助于分析学术引用在各部分中呈现的特征。其中，I（Introduction）包含研究背景介绍、文献综述（徐昉，2012）；M（Methodology）包含研究设计、实施步骤、方法的介绍；R（Results）包含研究结果的陈述、解释等内容；D（Discussion）包含对研究结果的讨论、研究不足、研究启示和结论等内容。此外，以 the present study 为标题的部分视为 Methodology 的一部分，以 analysis（或 data analysis）为标题的部分分两种情况：如果内容为研究结果的陈述，则归为 Result；如果内容为语料加工的编码信息，则归为 Methodology。

行为不是单纯的信息传递，而是建构了一种（多种）身份的集合体，即语用身份的集合体。根据本书的分析框架，学术引用发生在特定的写作语境下，受具体引用动机驱动。在此过程中，写作者在影响因素的制约下，从若干个社会身份中进行选择，并通过具体的话语策略实现备选身份的建构。据此，我们设计并实施了"学术引用参与身份建构的调查问卷"（The Questionnaire of Identity Construction via Academic Citations，QICAC）（参见附录6）①。

该问卷分为背景信息和正文部分。其中，背景信息部分的问题聚焦于受访者的学术成就、语言背景和所属学科等信息。正文部分细分为三部分，分别为引用动机、具体引用示例的分析以及影响学术引用的因素。其中，第一部分与受试的背景信息相关；第二部分与引用动机相关，第一题涉及受访者对学术引用主观性的态度，第二题至第五题涉及受访者对研究论文不同章节中的引用动机的理解；第三部分向受试展示学术引用的实例，包含对引用功能的判别以及具体引用示例的理解；第四部分与影响学术引用的因素相关，包含一道题目，涉及影响因素的分析。鉴于本书重点关注引用参与身份建构的动态过程，因此问卷中的题目大都为开放式或半开放式，期待通过展示相关信息，引发受访者对引用过程的描述和深入思考。

问卷受访者设定为有国际期刊发表经验的专家学者。为保证问卷的有效率和回收率，问卷以电子版的形式发放，步骤如下：第一，研究者分别邀请两个学科中的15位专家学者回答问卷。第二，在这些学者的协助下取得学科内两至三位学者的联系方式，并在这些学者的推荐下发放问卷。问卷为电子版，可在线填写，共收回问卷83份。其中语言学方向学者填写的问卷数量为37份，计算机方向学者填写的问卷数量为46份。

4.2.3 访谈的操作步骤

本书的访谈为基于文本的访谈形式，访谈对象为两名专家学者，分别来自语言学学科和计算机学科。其中，语言学方向的访谈对象 W 教授任职

---

① 为保证问卷的信度和效度，研究者邀请了4位学者对问卷的初稿从文字内容表述和内容等方面进行了审核，根据反馈对问卷内容进行了精简和调整，如将正文的第二部分中原有的按照文章的结构划分身份类别的内容删除等。

于美国一所公立大学，研究方向为理论语言学、二语习得和测试学，发表学术论文 8 篇，担任国际或国内 3 份学术期刊的审稿人。计算机方向的访谈对象 C 教授任职于中国一所 985 高校，研究方向为机器学习与人工智能，在经过同行评审的核心期刊发表学术论文 18 篇，担任国际或国内 15 份学术期刊的审稿人。可以看出，两位受访者在学术成果、发表经验和学术兼职方面均有很高的建树，符合专家学者的界定。

两位受访者与研究者熟识，在多年交往中建立了互信和理解。研究者从事过多项质性研究，具有熟练的访谈技巧和控制访谈节奏的能力，能够让受访者自由、真诚地表达自己的想法。访谈开始前，研究者向受访者说明访谈的目的以及访谈内容的去向，并告知文中不会出现他们的真名，而是代之以字母代码。

访谈的地点为两位教授的办公室，语言为中文。访谈开始前，受访者应研究者的要求提供了近期发表于国际学术期刊的两篇学术论文。本书采用半结构型访谈，具体的访谈内容包含如下五个方面：学者的研究方向、学术发表概况、担任学术期刊审稿人情况、对自己撰写的论文中引用示例的描述和分析（从引用动机、作者身份建构、引用的话语策略、影响因素等方面进行）以及对学术论文各章节中的引用行为的总体观点。时长分别为 2.5 小时和 2 小时。研究者获得受访者的授权对访谈过程进行了录音，并进行了访谈内容的转写。

4.3　语料分析

本书的语料包括三部分，分别为 60 篇期刊论文的文本分析、对引用行为调查问卷的分析以及对学者的访谈分析。其中，第一部分文本分析的对象是上述收集的 60 篇研究论文正文部分的所有引用行为，具体包括引用的频次、建构的身份类别、每处引用动机的判定和具体引用策略的分析（如融入或非融入式、每处引用的个数、转述动词的使用、是否包含解释性语言等）。第二部分问卷分析包含学者背景信息的分析、对学术引用的主观性态度、引用动机类别的判定、影响引用行为的因素等。第三部分是基于访谈对象对学术引用的理解和分析的判定。

下面将依据本书的三个研究问题，依次介绍引用参与建构的身份类型及分布、引用方式和不同学科差异的分析方法和操作步骤①。为了确保分析的信度和效度，研究者和一位应用语言学方向的副教授先选取样本总量的10%独立进行初步分析、分类及编码，之后进行比对。对于有争议的部分进行反复讨论，并咨询了其他专家，反复修订（包括修改类别名称、微调标准等），信度达到91%。语料分析的具体操作步骤如下。

4.3.1 引用参与建构的身份类型及分布的分析

与引用行为相关的身份建构动机为引用参与建构的身份类型的判定和分析提供了依据和指导，因此本小节首先提出对写作者的身份建构动机的分析和统计方法，之后相应提出引用参与建构的身份类型的判定方法。

4.3.1.1 身份建构动机的分析与统计

根据第3章3.1节所述，本书将写作者的身份建构动机分为学术和关系两方面。当引用行为发生时，身份建构动机的具象化表征为写作者的引用动机，可从学术和人际关系两方面考察（Vinkler，1987），细分、判定及标注解释如下。其中，学术动机（记为PM）部分包括：①综述前期研究（从宏观和微观视角描绘研究的渊源、新近研究）；②评价前期研究（可分为支持、补充、反驳）；③提示其他可参考文献（罗列可深入阅读的文献源）；④证明研究意义（目前的研究焦点、指出现有研究缺口、陈述研究价值和意义）；⑤列举拟借鉴的理论和方法（关键术语、理论、研究方法等）。关系动机（记为CM）部分包括：①展示专业性（符合学术社区规范的引用范式、引用核心文献等）；②树立学术权威（通过自引、核心文献等）；③建立学术人际圈（与读者、学术权威、同行建立联系）；④展示学术人际圈（使用全名等）。

具体分析时，以引用动机下的细项作为参考进行判定，标注采用PM（学术动机）和CM（关系动机）加数字的方式，如PM5代表学术动机的第五项，即列举拟借鉴的理论和方法。如例4-1。

---

① 所有的分析和标注均在论文的pdf格式下的文件中完成，之后通过"注释小结"功能导出包含所有注释的新文件用于后续分析。

例 4 – 1

The computer program, Arpeggio (Roussos et al., 2007), was used to estimate the RUM parameters using the hierarchical Bayesian Markov Chain Monte Carlo (MCMC) estimation algorithm. (GL10 – 1 – 42)

例 4 – 1 出现在论文的研究方法部分，此处引用用于阐明数据分析时使用的计算软件 Arpeggio，因此在分析时，此处引用的动机标记为 PM5。

根据身份建构动机的分类和解释，本书提出与写作者身份建构动机中的学术动机相关的身份类别有四类，分别为陈述者（narrator）、评价者（evaluator）、引导者（academic guide）和辩护者（defender）；与写作者身份建构动机中的关系动机部分相关的身份类别有三类，分别为专家学者（credit builder）、学术友人（relation builder）和圈内人（insider）。下面将详细阐述这些身份类别的判定过程。

4.3.1.2　引用参与建构的身份类别判定

基于第 3 章对学术语篇中的作者身份以及学术引用参与身份建构类别的分析，结合 Bhatia（2008）提出的学术语篇中通过话语建构的四类身份（专业身份、机构身份、社会身份和个人身份），本书按照下列身份类别对引用行为进行初步分析，并依据样本不断进行调整和补充。学术引用参与建构的身份类别分为学术动机驱动下建构的身份类别和关系动机驱动下建构的身份类别。其中，学术动机驱动下建构的身份类别包括陈述者、评价者、引导者和辩护者；关系动机驱动下建构的身份类别包括专家学者、学术友人和圈内人。关系动机驱动下建构的身份类别虽然种类相对较少，频次相对较低，但仍是学术文本中写作者主观呈现的重要方式和手段。

1. 学术动机驱动下的身份类别

与引用动机相对应，学术动机驱动下的身份类别是写作者重点建构的身份类型，体现了写作者的学术素养和当前研究的重要性和价值。具体类别判定及示例如下。

首先，陈述者身份是指写作者通过对已有文献的描述和归纳而建构的身份，是写作者身份建构的主要类别。写作者为了阐释与当前研究相关的学科背景，印证当前研究的重要性和可操作性，常会陈述前人研究的具体观点，转述已有研究的方法、工具、模型以及结论等。详见例 4 - 2 至例 4 - 4。

例 4 - 2

Levin and Rappaport (1986) state that adjectival and verbal passives differ in that adjectival passives represent states and verbal passives events. (GL4 - 3 - 17)

例 4 - 2 中的引用"Levin and Rappaport (1986)"就是写作者通过被引作者阐述具体观点的示例。此示例中写作者转引了两种被动形式（adjectival passive 和 verbal passive）的区别，间接表达了自己认同的观点。通过转述 Levin 和 Rappaport 的观点，写作者建构了陈述者的身份。

例 4 - 3

Many studies have identified clear mechanisms extracting contextual regularities from speech and generating expectancies at levels as various as rhythmic, syntactic, semantic or pragmatic aspects (Schmidt-Kassow & Kotz, 2009; Obleser & Kotz, 2010; Rothermich, Schmidt-Kassow, Schwartze & Kotz, 2010; see for example Friederici (2002) and Kutas and Federmeier (2007) for reviews). (GL3 - 3 - 1)

例 4 - 3 中，写作者通过非融入式引用列举了学者从言语中归纳出的语境规则和预期机制的相关研究，是对前人研究行为陈述的典型示例。此处引用出现在论文的第二段，研究背景介绍部分。按照学科惯例，在研究背景介绍部分，写作者需要对研究领域的现有文献作出宏观或微观的描述。此例遵循发表期刊 *Studies in Second Language Acquisition* 的要求，采用了 APA（American Psychological Association）最新版的格式标注被引文献。在引用内容方面，写作者列举了五个被引文献，其中前三个提示了相关研究的普遍性，后两个引用通过使用"see for example...for reviews"提示了其他可参考文献，并明确指出这两个文献为该研究领域的综述类文献，显示了写作者驾驭文献的能力。通过上述引文的使用，写作者描绘了相关话题的研究现状，建构了陈述者身份。

例 4 - 4

Their proficiency level was established by a placement test based in part on the Spanish DELE and in part on the MLA Cooperative Foreign Language tests (see Duffield and White, 1999, for a description). (GL4 - 3 - 61)

例 4 - 4 是写作者通过引用指出当前研究借鉴的研究工具——Spanish DELE 和 MLA Cooperative Foreign Language tests，是对拟借鉴的研究工具的陈述。在本处引用的正文部分，写作者列举了拟借鉴的测试名称，并使用非融入式引用的形式，在括号中详细列出了测试工具的来源文献，建构了陈述者身份。

其次，评价者身份是指写作者在引用时为了证明当前研究的合理性和价值而对被引文献作出评价时建构的身份。评价者身份也是写作者建构的主要身份类别之一。写作者建构此身份类别时常使用具有评价性的形容词（如 positive、problematic、questionable）、具有评价性的副词（如 only）、含有肯定或否定含义的动词（如 fail、claim、support）、连词（如 but、nei-ther...nor...）等。如例 4 - 5。

例 4 - 5

Neither Stam's (2006) research nor that of Negueruela et al. (2004) found any evidence of a shift for manner of motion. (GL5 - 5 - 96, GL5 - 5 - 97)

写作者除了陈述和总结相关研究外，有时还需加入个人的评价。例 4 - 5 展示的是写作者对现有研究的负面评价，目的是指出当前研究的研究空间。在此例中，写作者通过使用表达负面意义的词语，如 "neither" "nor"，直白地表示了否定的意义，建构了观点评价者的身份。但应注意的是，这种表达因为过于直白，使用频次并不高。写作者通常会采用含糊的表达来陈述，特别是不会将负面评价与特定引用相关联。

再次，引导者身份是指写作者通过向读者罗列文中并未深入展开讨论的相关文献而建构的身份。常见的示例为写作者通过在非融入式引用的括号内罗列多个文献，并使用"see also"或"see…for reference"等表述。如例4-6。

例4-6

In TAG, lexical items are associated with elementary trees to model local dependencies (factoring dependencies and recursion; Joshi, 1990; see also Kempen & Harbusch, 2003, and Seuren, 2003, for similar approaches with lexical specification of branching directionality). (GL6-2-61)

此例中，在非融入式引用的后半部分，写作者使用"see also Kempen & Harbusch, 2003, and Seuren, 2003, for similar approaches with lexical specification of branching directionality"结构引导读者参阅"Kempen & Harbusch, 2003"和"Seuren, 2003"两篇文献。在此，虽然写作者并未直接引用这两篇文献的观点，但通过详细描述文献与当前研究的相关性和价值，显示了写作者对该领域研究的驾驭能力，凸显了引导者身份。

最后一种学术动机驱动下建构的身份是辩护者身份。辩护者身份是指写作者通过引用为当前研究设计、研究结论等的合理性提供辩护和支持时建构的身份。辩护者身份建构的语境可以是为当前研究提供理据支持的情形（如使用 because 引导的原因状语从句提供解释说明），还可以是服务于当前研究、论证被部分学者质疑的观点或结论的情形。判断时需要结合前后语境进行综合分析。如例4-7。

例4-7

In earlier years, a stronger case had tended to be made for the special value of providing students with indirect feedback rather than direct feedback. Lalande (1982) and James (1998) explained that indirect feedback requires learners to engage in guided learning and problem solving and, therefore, promotes the type of reflection that is more likely to foster long-term acquisition. **But as SLA researchers of oral L2 production have found, learners must first "notice" (Schmidt, 1990) that an error has been made. Once the error has been**

noted, indirect feedback has the potential to push learners to engage in hypothesis testing—a process which Ferris (2002) and others (see Doughty & Williams, 1998) suggest may induce deeper internal processing and promote the internalization of correct forms and structures. （GL8 – 1 – 17, GL8 – 1 – 18, GL8 – 1 – 19）（见粗体部分）

例 4 – 7 出现在文章的文献综述部分，探讨的话题是书面修正性反馈中直接反馈和间接反馈的有效性。从本段的前半部分可以看出，有学者认为间接反馈优于直接反馈，间接反馈能鼓励学习者积极反思，从而促进长期习得。而通篇来看，写作者是支持直接反馈的，因此通过引用 Schmidt、Ferris 等人的文献强调学习者只有首先（通过直接反馈）"注意"到错误，才能进而受到间接反馈驱动内化正确的语言形式。先通过陈述有争议的观点，再通过引用证实观点的可靠性，写作者建构了辩护者身份。

2. 关系动机驱动下的身份类别

关系动机驱动下的身份类别虽然种类相对较少，频次相对较低，却是学术文本中写作者主观呈现的重要方式和手段。具体类别判定及示例如下。

首先，专家学者身份与学术写作核心目的相对应，即展示学术素养和学术地位。专家学者身份是通过写作者使用符合学术社区规范的引用内容和方式、学术领域内的核心文献等方式建构的。较明显的特征有：严格遵循学术社区和发表期刊的学术规范对引用内容和格式的规约进行引用；使用"first""pioneer"等词凸显被引文献的学术地位，间接证明写作者对核心文献的把握，体现其学术素养；引用写作者自己的前期研究，证明研究的连续性和写作者的学术成就。对于专家学者身份的判定，一方面可以通过具体的标志性话语进行，另一方面需综合分析被引文献的来源、全文的引用方式等进行。详见例 4 – 8。

例 4 – 8

The distinction between unaccusatives and unergatives, **first** proposed by Perlmutter (1978) and Burzio (1986) exists in most languages, but in English the distinction is quite subtle and difficult to notice, while in Italian it is clearly encoded in the past tenses by the choice of auxiliary. （GL4 – 3 – 32，GL4 – 3 – 33）

例 4 – 8 出现在论文的文献综述部分。写作者通过使用 "first" 强调 Perlmutter 和 Burzio 是最早展开非宾格动词和非施格动词区别研究的学者，其研究是当前研究重要的相关文献。对这些文献的引用彰显了写作者对文献的综合驾驭能力和学术素养。

其次，学术友人身份是写作者通过引用与学术权威、同行和读者之间的学术对话而建构的。学术写作是学术圈人际交往的重要舞台，用于表达交流意愿和印记的常见方式有使用被引作者全名以展示私人关系，或是直接注明观点是来自写作者与被引作者（通常为学术权威）的私人交流。可参见例 4 – 9 和例 4 – 10，分别出现在文中和文末注释部分的两处引用示例。

例 4 – 9

Elicited imitation tasks have also been developed in Korean and Portuguese, and these are expected to be available in IRIS shortly as well （Ortega，**personal communication**）. （GL5 – 1 – 51）

例 4 – 10

Thus，after consulting with Ortega regarding the manner in which these were scored by Ortega and colleagues，a third rater checked for treatment of these—in short，participants were not penalized for them—with the rationale being that "memory is not perfect，but their grammatical knowledge to parse a given stimulus is in place if they can reconstruct meaning and/or form or both，even with difficulty （which is traceable in self-corrections，hesitations，or false starts）" （Ortega，**personal communication**）. （GL5 – 1 – 56）

写作者在这两处引用中明确指出这里提及的观点是通过与被引作者的私人沟通获得的。Ortega 为当前研究重要的被引作者，有 6 篇文献被引，被引频次为 19 次。写作者在此使用 "personal communication"，不光表达了被引内容的来源，同时还展示了与被引作者的私人交往，建构了学术友人身份。

最后一种关系动机驱动下建构的身份是圈内人身份。圈内人身份用于表明写作者对特定机构、学术圈的归属，是通过引用能体现特定机构归属的文献而建构的。这种归属可能是出于以下需要，如单纯表明对机构或学术圈的认同、提高当前研究的权威性、解释研究选题的来源等。此身份有助于写作者获得学术或经济上的支持。引用中包含明显的机构名称等内容，可通过具体话语内容判定。见例 4 – 11。

例 4 – 11

This study was part of a larger project that aimed to describe and compare the reported strategic behaviors of test-takers with different levels of L2 proficiency and study（graduate and undergraduate）when responding to the TOEFL iBT speaking tasks（Swain et al. ，2009）. The project was one of several **funded by TOEFL** to collect empirical evidence to support the validity argument for TOEFL iBT（see Chapelle et al. ，2008）.（GL2 – 2 – 41，GL2 – 2 – 42）

例 4 – 12

Swain，**M. **，**L. S. Huang**，**K. Barkaoui**，**L. Brooks**， and **S. Laokin.** 2009. *The Speaking Section of the TOEFL iBT^{TM}*（SSTiBT）：Test-Takers' Reported Strategic Behaviors（TOEFL iBT^{TM} Research Series No. TOEFLiBT-10）. Educational Testing Service.

Chapelle C. A. **，M. K. Enright**， and **J. M. Jamieson**（eds. ）. 2008. *Building a Validity Argument for the Test of English as a Foreign Language*. Routledge.

从例 4 – 11 可以看出当前研究受到基金或机构支持，写作者在文内通过引用明确地显示了与基金项目的关系（This study was part of a larger project…；The project was one of several funded by TOEFL…）。并且通过文末引用提供的信息（见例 4 – 12）可以看出 Swain（本文的第三作者）的研究是由 Educational Testing Service（ETS，TOEFL 考试的提供商）资助，而当前研究亦为资助研究的一部分。第二句通过引用引导读者关注 Chapelle 等人的研究，也再次证明了当前研究的资助情况。经统计，Swain 等学者于

2009 年发表的研究在本文的引用次数为 9 次，进一步证明了一系列研究的相关性。写作者通过上述引用，建构了自己与研究机构（ETS）以及项目（TOEFL 测试）的联系，建构了圈内人身份。

上述对于身份类别的判定和分析是基于写作者身份建构动机和写作具体语境综合得出。其中，学术动机驱动下的身份建构与身份类别的关系较为直接和清晰，身份类别基本可以根据动机直接判定，但是由于关系动机较为隐晦，与之相关的身份类别通常需考虑写作场景、学者的学术环境等多种因素综合判定，并且常常有多个动机共同指向某一（些）身份类别的情形，身份建构动机与身份类别之间较少直接一一对应，因此在后续的统计分析中，仅对学术动机驱动下建构的身份类别进行量化统计，对关系动机驱动下建构的身份类别以质性分析为主。

4.3.2　引用方式的分析

引用的具体方式对于身份建构的类别和过程具有重要影响，因此本书对引用的基本信息（如频次、出现章节）和具体引用策略进行了分析，方法如下。

4.3.2.1　引用频次和出现章节的统计和分析

引用的频次分析包含以下数值的统计分析：①每篇文章的引用总数；②引用密度（每千字的引用频次）；③分别出现在 IMRD 四部分的引用频次；④融入式和非融入式引用的频次统计。

对于引用频次和引用密度（citation density）的计算，通常能为研究者的初步判断提供直观的、参考性的依据。在统计这两项数值时，本书选取从语言形式上对学术引用的界定 [Swales（1990）；对比 Kwan 和 Chan（2014）从引用承载的语义方面的界定]，将包含作者姓名和年份（必选），以及其他信息如页码、解释性文字（如 but cf.、for a historical review 等）（可选）用于阐述当前相关研究领域已有的研究成果或假设的行为作为研究对象，进行频次统计。具体示例如下。

例 4 - 13

To do so，we adapted Shelton and McNamara's（2004）design in a number of ways.（GL1 - 2 - 39）

例 4 - 14

Recently, some studies (e. g., Lee 2006) have reported that acceptable levels of score reliability can be achieved with integrated speaking tasks. (GL2 - 2 - 20)

例 4 - 15

In recent work, Sorace (2006), following Clahsen and Felser (2006), has suggested that the problem may lie not with grammatical representation, but rather with processing. According to Clahsen and Felser, when parsing sentences, second language speakers rely on semantic, pragmatic and lexical cues and not on the syntactic structure, in contrast to L1 speakers. This is referred to as shallow parsing. Sorace differs from Clahsen and Felser in that she assumes that shallow parsing is available to all speakers, but that bilingual speakers rely on it to a higher degree. (GL4 - 3 - 45, GL4 - 3 - 46, GL4 - 3 - 47, GL4 - 3 - 48)

例 4 - 13 和例 4 - 14 分别为典型的作者姓氏加年份的引用形式。区别仅在于例 4 - 13 中，作者姓氏作为宾语的一部分参与句子的建构（融入式引用）；而例 4 - 14 中，作者姓氏独立于句子结构（非融入式引用）。

相比前两例，例 4 - 15 的分析过程较为复杂，本例中包含了四处引用，分别以单下划线、双下划线、虚下划线和波浪下划线表示。其中，第一、二处引用为典型的融入式引用，包含作者姓氏和文献年份。第三处引用为仅包含作者姓氏的非典型融入式引用，考虑到第三处引用是进一步解释被引研究的内容，此类引用在统计时也单独计数。第四处引用从形式上看也是仅包含作者姓氏的非典型融入式引用，并且从引用动机上看是比较两个研究的差异，因此此类引用在统计时也单独计数。

在分析时，以下示例（例 4 - 16 和例 4 - 17）不计入统计数据。

对于出现在直引中的引用，由于这些引用并非写作者主动列出，并且也没有在文末引用中出现，因此不作为研究对象。如例 4 - 16 中画线部分：

例 4 – 16

Genesee et al. further state that：

…achievement in English reading, including comprehension, is significantly related to diversity and depth of ELLs' vocabulary knowledge in English （Perez, 1981；Saville-Troike, 1984） and to their understanding of underlying story structure and meaning （Peregoy & Boyle, 1991；Goldstein et al., 1993）, whereas it is not related to general measures of L2 oral proficiency （e. g., as assessed by self-ratings） or knowledge of surface structure elements of sentences and stories. （GL10 – 1）

对于出现在示例部分、仅用作样例示范的引用，因为不具备引用的功能，因此也不计入统计数据。如例 4 – 17。

例 4 – 17

For instance, the formulation "*our findings suggest that* " is labeled as "entertain" whereas the citation "Yang and Alison （2003） suggest that" is considered as "acknowledge". （GL9 – 3）

此外，已经出现在正文中的文献，当再次出现在综述类表格中时，不重复计数。

根据上述判断依据，本书首先对语料库中的引用进行频次统计，并对每处引用进行动机、形式等多方面的分析。由于引用的形式多样，不能仅从形式判定，而是需要人工逐一分析，因此采用人工对每篇论文中出现的引用次数进行统计，得出每篇文章的引用频次，同时按照 IMRD 四个部分分别统计各部分的引用频次。其次，将原始 pdf 文件通过福昕阅读器转化为 word 文件，删除其中的摘要、致谢、文末引用等内容，得出论文的总字符数。最后，通过引用的频次与论文总字数相除，得出每千字的引用数（引用密度）。

在此需要补充说明的是 IMRD 四个部分的划分问题。鉴于文章中的章节标题并不总是以 Introduction、Methodology、Results 和 Discussion 命名，在实际操作中将符合上述不同内容的标题进行了整合或切分。对于表 4 – 2

中出现的常见章节标题，按照其包含的相应内容分别归入 IMRD 不同的部分。对于非典型的样本，则根据具体内容进行分析并划分。例如将标题"Results and discussion"下包含的内容按照结果陈述和分析讨论进行切分，并归入不同的部分；又如文献综述部分，写作者根据综述文献的本质，将具体研究内容订立的标题归入引言及文献综述部分等。

表 4 - 2　样本章节划分示例

章节	常见标题示例
引言及文献综述（Introduction）	Introduction、Previous Research、Background（Literature）、Motivations for the Current Study、Summary and Hypotheses
研究方法（Methodology）	The（Present/Current）Study、（Materials and）Method、Experiment
研究结果（Results）	Results、Findings
讨论（Discussion）	（General/Concluding/Summary and）Discussion、Conclusion(s)、Implications

4.3.2.2　具体引用策略的分析

在身份建构动机的驱动下，写作者采用多种策略实施引用行为，参与作者身份建构。这些策略在实施时，有时会单独选择，有时会组合选择。策略与身份类别之间通常有大致的对应关系，但也并非固定不变，写作者会依据写作情境的需要选取使用。具体来讲，引用策略的分析主要包括以下内容：融入式和非融入式、多文献引用、解释性文字、转述结构、直接引用（小篇幅还是大篇幅）以及自引的使用。

融入式引用和非融入式引用是引用特征分析最基本的分析手段之一。从身份建构视角来看，融入式引用是一种较为直接的身份建构方式，借被引作者之口陈述相关观点。反之，非融入式引用将被引作者置于句式之外，是较为间接的身份建构方式。这两种引用形式的区别性特征明显。前文已经对这两种引用形式的特征和定义作了详尽的解释，并给出了示例。此处进行文本分析时，拟对融入式和非融入式引用的频次进行统计。其中，融入式引用标记为 I，非融入式引用标记为 N。

除去对引用是否为融入式的判定，本书还加入了对引用中是否含有多个（大于等于二）被引文献的判定。目前学者通常将一个括号视为一次引用，并按照文章的部分或通篇统计数值。这一做法未能区别一个括号内包含一个文献与包含多个文献，更未能就其背后的动机以及写作者立场表达的强弱展开讨论。因此，本书对一处引用中包含多个被引文献的情况纳入分析范围。如引用中含有多个被引文献，则标记为 M。如例 4 - 18 和例 4 - 19。

例 4 - 18

Recently, Robb and Smith （2002）, Goberman and Blomgren （2008）, Stepp et al. （2010）, and Stepp, Merchant, Heaton, and Hillman （2011） adopted a method developed by Watson （1998） and based on work by House and Fairbanks （1953） and Baken and Orlikoff （1988）, to examine short-term RFF or phonetically governed voicing changes in both typical and atypical children and adults. （GL7 - 2 - 6 ~ 9）

例 4 - 19

The main argument for this criterion is that compared to adults who stutter （AWS）, the fluent and disfluent speech of children who stutter （CWS） is less likely to be influenced by years of learned reactive and compensatory behaviors （e. g. , Zebrowski, Conture & Cudahy, 1985; Caruso, Conture & Colton, 1988; Conture, Colton & Gleason, 1988）. （GL7 - 2 - 1）

例 4 - 18 和例 4 - 19 均为含有多个被引文献的示例，其中前者包含了四个连续的融入式引用，后者为含有三个被引文献的非融入式引用。

非融入式引用中包含的解释性文字，常用于引导读者参考其他文献、对被引文献进行分类、进一步阐释总结文献内容等。这些具有特殊功能的文字也被纳入本书的策略分析部分。在分析时含有解释性文字的引用标记为 E，同时加注原文内容。如例 4 - 20。

例 4 - 20

These include the interactive alignment proposal with its immediate priming and delayed use of "full common ground" （Pickering & Garrod, 2004）; *the dual process hypothesis* (Bard et al., 2000; Bard & Aylett, 2000), in which automatic processes (such as articulation) are considered to be obligatory and therefore not influenced by audience design; and the *perspective adjustment* account (including Horton & Keysar's, 1996 *monitoring-and-adjustment* model for production and Barr & Keysar's, 2002 anchoring and adjustment heuristic for comprehension) in which a fast-acting, inflexible, "egocentric" stage precedes a slow-acting, inferential, partner-specific stage (see also Brown & Dell, 1987). (GL1 – 3 – 17 ~ 20)

例 4 – 20 中（见画线部分）有两处非融入式引用中包含解释性文字，如 including, *monitoring-and-adjustment* model for production, anchoring and adjustment heuristic for comprehension, 以及 see also。可以看到，第一处画线部分的解释性文字不仅列出了与文中观点相关的文献来源，同时还详细解释了被引文献的研究重点。第二处画线部分（see also）是较典型的解释性文字，引导读者参考阅读其他相关文献。

转述结构是写作者建构身份的重要手段。通过选择使用含有积极肯定、负面否定或是中性的动词或副词，以及时态等，写作者可以对被引文献进行评价，建构评价者身份。因此本书将转述结构列入研究标记的内容，在分析时对引用中出现的转述结构进行标注（符号为 R），同时对转述结构中使用的动词进行统计。如例 4 – 21。

例 4 – 21
Kasper (2001) argued that the benefit of conducting research within an established institution is that the results can be translated into recommendations for pedagogical practice with more plausibility than laboratory studies. (GL2 – 3 – 49)

例 4 – 21 中，写作者使用了以被引作者为主（Lancaster, 2012）的融入式引用，借被引作者之口指出了今后该领域研究可能的走向，并使用了转述动词 "argue"，较强烈地表达了被引作者对观点所持的立场。从时态上看，这里使用了过去时，表达了对单一研究的评价（Swales, 1990）。

除了上述引用的策略，本书还对引用中是否使用直引（标记为 D），以及自引（标记为 S）情况进行了分析。详见例 4 - 22 和例 4 - 23。通常情况下，学术写作强调写作者独创的观点和见解，很少出现直接引用文献原文的情况，特别是大段的直接引用，因此直接引用的选择使用通常具有特殊的意义。通过实例可以看出，写作者选择直接引用的内容大都为研究领域的核心文献，对于学科发展具有重要意义，因此写作者借助直引的方式意图凸显其对文献的把控能力，可参与建构陈述者和专家学者身份。

而自引，无论是显性（如在正文中使用第一人称代词强调写作者之前的研究）还是隐性（在括号中正常标注引用），都可帮助写作者树立学术权威，帮助建构专家学者身份。

例 4 - 22

The structured input task occupies an important part in processing instruction. According to VanPatten (1996), processing instruction entails three basic features:

1. an explanation of the relationship between a given form and the meaning it can convey;

2. information about processing strategies, showing learners how natural processing strategies may not work to their benefit; and

3. structured input activities in which learners are given the opportunity to process form in the input in a controlled situation so that better form-meaning connections might happen compared with what might happen in less controlled situations (VanPatten, 1996: 60)

例 4 - 22 出现在文献综述部分，该示例详细列举了相关重要研究的具体内容。此处采用了融入式引用和大段直引的引用方式，突出被引文献的观点。VanPatten 在结构性输入任务（structured input task）方向的研究具有重要意义，因此写作者不惜笔墨，以直引的方式引用了原研究中提出的过程教学的三个基本特征。

例 4 - 23

Apart from one recent study (Bitchener et al., 2005), scarcely any attention has been given to an investigation of the effect of different types of direct feedback on accuracy improvement. （GL8 – 1 – 35）

例 4 – 23 选自奥克兰理工大学（AUT）著名学者 John Bitchener 的文章。Bitchener 是全球二语写作研究领域的知名教授，其文章探讨的是二语写作中较有争议的话题——书面修正性反馈的有效性。此处通过引用写作者本人之前的研究，不仅体现了研究的连续性，同时还提升了研究的可信度。

上述引用策略是洞悉写作者身份建构方式的重要手段，是了解写作者身份建构过程的突破口，对于这些策略的分析应基于具体写作语境之上综合考虑。

4.3.3　不同学科的差异分析

本书通过问卷和访谈的方式收集语言学和计算机学科学者对引用动机、引用方式的认知和实践等方向的观点，并通过对比两个学科的语料在引用方式上的差异，得出不同学科在通过引用建构身份时呈现的特征和差异。

4.3.3.1　QICAC 问卷的分析方法

根据 QICAC 问卷的设计思路，本研究分别对背景信息和正文部分收集的信息进行了统计。其中，背景信息部分收集了受访者的职称、学历、在同行评审的英文期刊上发表学术论文的篇数、担任同行评审期刊评审的期刊数量以及所属学科信息。在分析时，对上述信息进行数据统计。对于正文各章节与引用动机、具体引用示例的分析以及影响学术引用的因素相关的题目，选择题部分进行了数据的统计，开放式或半开放式的问题采用综述的方式汇报问卷结果。对于受访者的基本信息，通过统计后得知受访者中有 55% 来自计算机学科，45% 来自语言学学科（参见图 4 – 1）；博士研究生比例为 71%（参见图 4 – 2）；具有高级职称者有 44 人，占比 53%（参见图 4 – 3）；受访者均有国际发表经验，其中有 34 人发表过至少两篇英文期刊论文，有 30% 的受访者担任期刊评审。

(人)

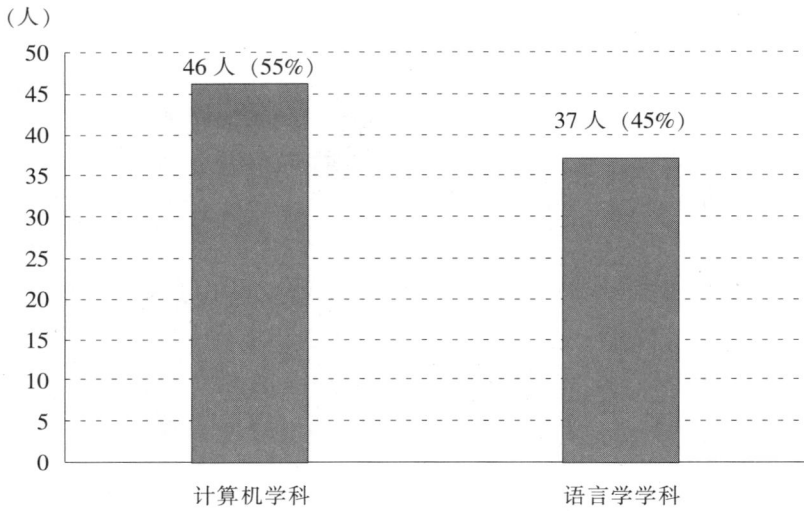

图 4 - 1　受访者学科构成示意图

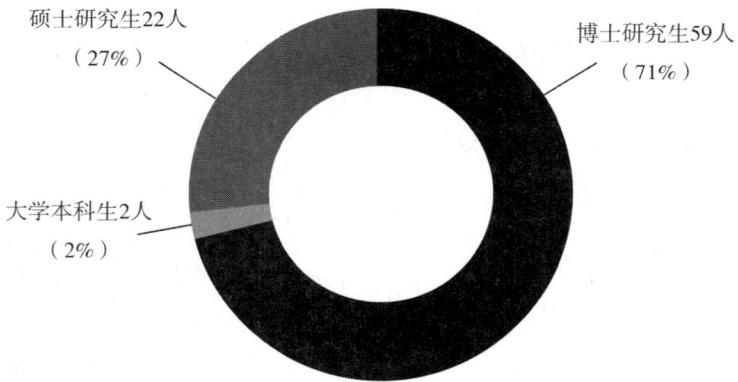

图 4 - 2　受访者学历水平构成示意图

助教6人
（7%）

教授8人
（10%）

副教授36人
（43%）

讲师33人
（40%）

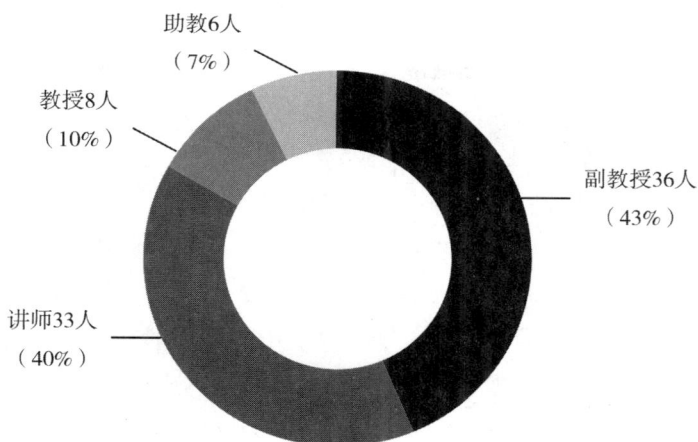

图 4-3　受访者职称水平构成示意图

4.3.3.2　访谈的实施和分析方法

访谈可以更好地了解圈内人的观点（insiders' view）（Kwan & Chan，2014），特别是考虑到专家写作者已经将一些学术引用的方式内化到了日常的论文撰写中，通过开放式的提问和交流能够更好地了解这些内化的技巧，并且为后续分析提供理据支持。本书的访谈对象为两名来自计算机和语言学学科的专家学者，内容包括以下五部分：①受访者的学术背景信息（研究方向、获得学位、职称）；②学术发表概况（发表论文的篇数）；③承担学术期刊审稿的情况；④对选取的研究论文中的引用示例，从引用动机、作者身份、引用的话语策略（转述动词、自引等）、影响因素等方面进行描述；⑤对学术论文各章节中的引用行为的总体观点。在分析时，基于转写的语料，将结论融入分析过程和研究结论陈述部分。

4.3.3.3　文本语料分析方法

总的来讲，与语言学学科语料几近统一的引用格式不同，计算机学科论文的引用格式呈现多样化的特征。下面对统计分析中的引用数量计算、章节划分以及融入式引用/非融入式引用的判定标准进行说明。

根据对计算机学科学者的访谈结果、期刊投稿说明以及对语料的分析可以看出，该学科期刊论文大致是在学会（如 IEEE）的指导下，由不同期刊自行制定引用格式，一般会提供电子版的期刊模板供学者参考。具体的文内引用方式可表现为上标数字引用、正文方括号数字引用、被引作者姓氏加出版年份等。所有这些引用形式均纳入本书的讨论。对于引用数量的统计，在实际操作中有三类情形：①被引作者姓氏加出版年份类型的引用数量统计方法与语言学相同，一处括号记为一处引用；②上标数字引用将一组数字记为一处引用，如[32,41-45]或[34,38,42]均被视为一处引用；③正文方括号数字引用以一个完整的括号记为一处引用，如[2，4，5，37，54]。

对于计算机学科语料的章节划分，观察发现每篇论文都包含引言（Introduction）和结论（Conclusion）部分，但中间的内容差异很大。有的有较清晰的 IMRD 结构，但有超过一半的论文中间章节的命名方式各异。通过与两位计算机学科具有丰富发表经验的学者共同分析语料中的标题，本书按照 IMRD 结构将小标题进行了归类。引言及文献综述部分的典型标题有 Introduction、Related Work 等；研究方法部分的标题有 Proposed Methodology、Algorithm、Experimental Setting/Studies、Preliminaries、Problem Formulation 等；研究结果汇报①部分的标题有 Results、Simulation Examples、Numerical Examples 等；讨论（及结论）部分的标题有 Conclusions and Further Work、Conclusion and Discussion 等。

由于引用格式规范的要求不同，计算机学科期刊论文中的融入式和非融入式引用的形式呈现多样化特征。与引用格式中的上标数字引用、正文方括号数字引用、被引作者姓氏加出版年份三种方式对应，计算机学科语料中的融入式引用和非融入式引用的示例如下。融入式的示例有例 4-24（上标数字引用）、例 4-25（正文方括号数字引用）和例 4-26（被引作者姓氏加出版年份）。这三个示例虽然形式上有差别，但被引信息（被引作者姓氏、数字代码或姓氏加年份）均在主句中承担句法结构，因此被认定为融入式引用。

例 4-24

The mixed frequency and phase coding method studied by Jia et al. [29] obtained an ITR of 66. 5 bits/min using a similar testing paradigm. （AI2-2-38）

---

① 通过访谈及语料分析得知，计算机学科论文中的研究结果汇报和讨论部分常合二为一，如果没有标题区分，在分析时这两部分内容均归入研究结果汇报部分。

例 4 – 25

Note that the aforementioned four categories are based on the taxonomy recently published in [14]. （AI5 – 1 – 30）

例 4 – 26

The applications in medical images can also be found in （Awate and Whitaker, 2006; Manjón et al., 2011）. （AI8 – 3 – 16）

非融入式引用的示例有例 4 – 27 （上标数字引用）、例 4 – 28 （正文方括号数字引用）和例 4 – 29 （被引作者姓氏加出版年份）。这些示例的共同特征是被引信息（同上）不承担主句的任何句法结构，独立于主句之外。

例 4 – 27

However, since individual variability is relatively high in phase, training data are usually required in phase detection. [29] （AI2 – 2 – 54）

例 4 – 28

Human action recognition, nowadays, plays a significant role in various applications, e. g. , human-computer interaction [1], human activities analysis [2] – [5], and real-time surveillance systems [6], [7]. （AI6 – 3 – 1）

例 4 – 29

Graphic model is a useful tool in describing conditional dependence structure between random variables （Koller and Friedman, 2009）. （AI8 – 3 – 22）

结合上述问卷和访谈结果，本书对两个学科各30篇研究论文中的引用频次、出现的章节和引用方式等逐一进行录入、分析和统计，并根据4.3.1 和 4.3.2 小节的分析方法对具体引用行为参与建构的身份类别和建构方式进行分析和对比，详见第 5 ~ 7 章。

4.4　本章小结

　　本章主要介绍研究设计的总体思路。首先，基于上一章的分析框架，我们在 4.1 节和 4.2 节中依次提出了本书的具体研究问题、研究方法和数据收集过程。随后，在 4.3 节中依据三个研究问题，对学术引用参与建构的身份类型、与之相关的学术引用方式和不同学科的差异性分析的研究方法和操作步骤进行了详细的描述。

第 5 章

学术引用参与建构的语用身份类别及分布特征

上一章基于语用身份论的分析框架提出了本书的具体研究问题，详细介绍了研究方法、数据收集过程，并对语料进行了初步分析。从第 3 章的理论分析框架可以看出，写作者通过学术引用参与建构的并非单纯的信息传递者身份，而是在不同的引用动机的驱动下，建构或参与建构了一种（多种）身份的集合体。本章聚焦于与学术引用相关的身份类别，通过分析写作者多样化的引用动机，分析出特定动机驱动下的写作者身份类别，并分析这些身份呈现的特征。具体来讲，首先重点分析身份建构动机驱动下学术引用参与建构的身份类别。其次，分析学术引用参与建构的身份类别在论文各章节的分布特征。再次，分析引用参与建构的身份类别呈现的特征。最后，结合语用身份论的观点对本章的分析结果作出解释并进行讨论。

5.1　学术引用参与建构的语用身份类别

语用身份论（陈新仁，2014，2018）指出，身份具有动态性和可变性，随着交际的推进，交际目的、需求、情境都会随之变化调整。身份类别是交际者为达到特定的交际目的而选定的。据此，对于学术引用参与建构的身份分析也应考虑写作者引用目的的变化，注重身份建构的动态性和可变性。本节将主要讨论写作者在身份建构动机驱动下身份建构的具体过程，下一节将关注所建构身份在各章节中的分布情况。

如前文所述，学术写作不仅是信息的客观陈述，还包含写作者的主观表达。与之相应，写作者的身份建构动机可分为学术动机和关系动机。其中，学术动机与信息意义相关，关系动机与修辞和人际意义相关。本书问卷（QICAC）结果显示，仅有 24.66% 的受访者认为学术引用是近乎客观的信息呈现，而有超过一半（56.16%）的受访者认为学术引用包含主观性，在表示对此问题的答案不确定的受访者中，实际观点也是偏向引用具有主观性，如"文献综述部分要客观，讨论部分可加主观评论""有一定的偏向性""不同作者目的不一"等。可见，大部分受访者赞同引用行为不仅是信息的客观重现，还是融入了写作者个人的主观判断和加工的知识构建。

根据社会建构主义的观点，写作者的身份是在文本的协助下，通过写作者与读者不断协商和沟通而建构的（Matsuda，2015）。如陈新仁（2018）所述，语用身份的识别可以依照身份标记语（即标记交际者身份的词语）、交际者当下的特定言语行为、当前发生的言语事件类型和行业术语（袁周敏，2011）等来确定。语料分析显示，学术动机驱动下建构的身份类别包括四类：陈述者、评价者、引导者和辩护者；关系动机驱动下的身份类别包括三类：专家学者、学术友人和圈内人。下面逐一详加阐述。

5.1.1 陈述者

陈述者身份是写作者身份建构的主要类别，是写作者通过对已有文献的描述和归纳而建构的身份类型，大多集中出现在引言及文献综述部分，散见于研究方法部分、研究结果汇报部分和讨论及结论部分。根据具体陈述内容可细分为四种情况：一是对前人具体观点的陈述；二是对前人研究行为的陈述；三是对前人研究中的重要研究方法、研究工具、理论模型的陈述；四是对研究领域内新近形成的研究焦点的陈述。下面将讨论这四种情形对应的引用动机建构陈述者身份的具体过程。

首先，与第一种情况和第二种情况对应的引用动机同为综述前人研究。在此动机驱动下，写作者通过陈述、列举、归纳已有相关文献向读者展示学科的历史沿袭和主要成果等，既有具体研究内容的陈述，也有研究行为的展示。综述已有研究，重点在于把握研究发展的脉络，做到知古通今，同时还应着重梳理领域内知名学者的研究或领域内的核心文献，做到心中有数。文献的陈述还应有主次之分，有些文献仅作为研究背景的铺垫，点到即可；而有些文献与当前研究联系紧密，可间接证明研究的意义和价值，则需展开内容。此外，文献的时效性也是值得写作者关注的，除非是学科的开山之作，否则应将引用重点放置于新近五年内的研究上。上述种种情形均归入对前人研究的综述，写作者借此建构的是陈述者身份。如例5-1。

例5-1

This strand of research, oriented toward a writing-to-learn perspective

（Manchón，2009，2011b；Ortega，2009），is based on the assumption that learners need to be made aware of and receive information on their errors （Ferris，2010） and have sought to investigate whether CF has any effect on L2 learning （Hyland，2010；Bitchener，2012；Polio，2012）．（GL5 - 3 - 2，GL5 - 3 - 3，GL5 - 3 - 4）

此例出现在论文的第一段，包含在文献综述部分的研究背景介绍板块。通常在引言和文献综述部分，写作者会陈述已有的相关研究，从宏观到中观再到微观，一步步引出当前研究问题，因而引用量较大。此例包含三处引用，涉及七篇文献，涵盖三个关键话题，分别为以写促学视角、意识和接收出错的相关信息以及纠正反馈的效果。这三处引用均采用了浅尝即止的处理方式，只是提到已有相关研究，但并未展开说明研究的过程及结论，属于陈述研究行为的情形。

其次，与第三种情况对应的引用动机是列举重要的理论和方法。在此动机驱动下，写作者通过引用列举当前研究可参照的关键术语的表述和界定、具有参考意义的理论框架、数据分析软件以及研究方法等。其中，与关键术语相关的引用大都出现在引言和文献综述部分。通过借助前人研究成果，写作者可以总结、修订、扩展术语的界定和表述，进一步厘清研究中涉及的核心概念，为后续研究打下基础。与理论框架相关的引用分布在文献综述和研究方法部分。这些引用为当前研究提供了理论基础，并有助于证明研究的可操作性。与数据分析和具体实验操作方法相关的引用大都出现在研究方法部分。通过描述学者对术语的界定以及研究设计和操作中涉及的理论和工具，写作者为当前研究提供了技术指导和背书，建构了陈述者身份。如例5 - 2。

例5 - 2

Methodologically，the choice of naturalistic conversations was inspired by studies within the language socialization paradigm （cf. Schieffelin and Ochs，1996；Garrett and Baquedano-Lopez，2002） that focuses on language learning as a social and situated phenomenon．（GL2 - 1 - 43）

　　此例出现在研究方法部分的第一段，总领性地指出当前研究拟使用语言社会化范式研究推崇的语料来源——"自然对话"，并具体解释了该范式的适用范围。写作者在非融入式引用的括号中使用拉丁语"cf"（confer），意为建议感兴趣的读者查阅并比较 Schieffelin 和 Ochs 以及 Garrett 和 Baquedano-Lopez 的文献中有关自然对话语料的描述。接着，写作者在下文指出当前研究的语境为浸入式英语课堂，符合自然对话语料收集的条件，并进一步解释收集的语料为七至十岁的孩子在课堂中发生的所有对话交际行为。

　　最后，第四种情况的引用示例中通常会出现"recent""focus"等词，以凸显总结出的研究焦点的结论是基于新近发表的文献之上，具有时效性，而使用"focus"则是显性地突出结论的核心性。这一类引用多通过总结、归纳等方式提取领域内的核心文献和研究热点，并加以客观陈述，从而建构陈述者身份。如例 5 - 3。

例 5 - 3

Much of the recent work has concerned adult students（Kramsch and Sullivan，1996；Lantolf，1997；Sullivan，2000a，b）or it has primarily focused on the role of the teacher（van Dam，2002）. The present study attempts to situate children's spontaneous language play and L2 learning in a multiparty context，that of an immersion classroom.（GL2 - 1 - 16，GL2 - 1 - 17）

　　此例出现在论文的综述部分，研究的话题是"语言游戏"（language play），写作者通过非融入式引用指出新近的相关研究多关注成人学生，或是落脚于教师的角色。其后，指出当前研究是针对二语环境中的儿童展开，研究对象有差异，语境也更复杂。写作者引导读者聚焦学科内新近成型的研究热点，这些热点通常与当前研究的方向一致或接近，间接证明当前研究的必要性和重要性。可以看出，此处引用起了抛砖引玉的作用，一方面证明对语言游戏已有相关前期研究作基础，另一方面验证当前研究角度的新颖性和差异性，印证了研究的必要性和重要性。

　　通过上述示例和分析可以看出，陈述者身份主要与文献中的事实陈述相关，可涉及学术论文的各个部分，主要目的是总结描述已有相关文献的观点，为当前研究打下理论和实践基础。

5.1.2 评价者

评价者身份也是写作者主要建构的身份类别之一，是写作者为了证明当前研究设计和观点的合理性和价值而对被引文献进行或明或暗、或褒或抑的评判而建构的身份类型。与评价者身份的建构对应的引用动机为评价前期研究和证明研究意义，可以从两个维度分析：一是评价的判定是支持、补充或是反驳，二是评价的方式是显性还是隐性。无论是褒贬还是显隐，写作者的最终目的都是通过被引文献印证当前研究。Hyland 和 Jiang（2017）分析了过去五十年发表的期刊论文中的学术引用，得知学者越来越倾向于使用不含有评价性话语的引述句。这一观点也在本书的语言学语料中得以证实。在全部 1 890 处引用中，直接包含评价性话语的引用数量仅为 95 处，占比约为 5%。虽然评价性引用的绝对数量较少，但鉴于其在表达写作者主观判断和为当前研究立论方面的重要意义，不容小觑。

首先，我们根据评价判定的结果讨论第一个维度。写作者对于被引文献的评价结果可分为支持、补充或是反驳。如前文所述，许多学者的研究结果均支持负面评价性引用的低频率使用（如 Small，1982；Case & Higgins，2000；White，2004），并指出评价性引用的主体类别为支持性引用（White，2004）。低比例的负面评价性引用可能是隐藏在肯定和中性评价之后（MacRoberts & MacRoberts，1984），也可能是由于写作者与其选择包含负面评价的引用，不如选择直接忽略这些文献，因而直接选择不引用（White，2004）。这一点在本书的语料中也有体现。所有包含评价前期研究动机（支持、补充、反驳等）的引用数量仅占全部引用数量的 5%，而其中直接包含负面评价的引用数量更少，占所有评价性引用的 29%。如例 5-4。

例 5-4

However, few studies have explored how listeners build their representation of utterances' prosodic structure. Current models that aim to shed light on the relationship between prosody and other levels of representation tend to be unidirectional, often focusing on how prosody can guide the interpretation of other constructs such as syntax (e. g. , Price, Ostendorf, Shattuck Hufnagel & Fong,

1991；Kjelgaard & Speer，1999；Schafer，Speer，Warren & White，2000）.
（GL1 – 1 – 4）

本例选自引言及文献综述部分，在此写作者试图通过引用论证现有研究不足，指出研究空间。可以看到，写作者认为现有模型在建立韵律和不同层级的表达时有"单向性"的倾向，并指出研究通常仅落脚在韵律和句法表达的分析上。结合上文可得出，"unidirectional"（单向性）是批评现有研究方法和内容过于单一。此例属于较显性地对已有研究进行负面评价的示例。但同时应注意到，写作者在负面评价已有研究时采用的引用方式是非融入的引用方式，同时列举了三个文献，引导读者进一步参阅相关研究。在此，写作者并没有直接针对某一具体文献展开评论，降低了对被引文献作者的"面子威胁"，同时还通过引导读者参阅其他文献建构了专业的学者形象。这种做法是在作出负面评价时，写作者较常采用的引用方式。当然，还有一种评价方式更为隐晦，写作者对现有研究内容、方法等作出较为负面的评价，但直接评述句中并不出现具体文献，而是在后续论证中逐一列出，这种情形属于后文中讨论的引用间接参与身份建构的情形，在此不作深入讨论。

其次，我们来讨论显性评价和隐性评价维度。引述句中直接包含相比肯定和中性评价的出现频率，负面评价在引述句中出现的频次持续走低。在 Small（1982）的研究样本中，只有1% ~ 14%的引用包含负面评价，相比其他类别的评价性引用，这一比例相对较低。MacRoberts 和 MacRoberts（1984）指出，较低比例的负面评价引用可能是由于写作者将他们的批评性观点隐藏在正面或中性的话语背后，即通过隐性的方式表达负面评价。见例5 – 5。

例 5 – 5

Mauranen's（2012）optimistic outlook that "[e] diting, traditionally per-formed by native speakers, is losing its hold on academic publication" seems to be true for mechanical engineering but fields such as history still seem to be less independent from native-speaker editing and language norms.（GL9 – 1 – 32）

本例出现在论文的讨论部分。本句的前半部分，写作者使用了融入式引用，以及表示肯定的形容词"true"，以显性的方式表达了对 Mauranen 研究观点的赞同，是一个典型的包含肯定评价的示例。但我们仍可看到，后半句写作者话锋一转，指出上述结论仅适用于机械工程领域的学术著作，而历史学领域仍然是以英语为本族语者占据主导。这种先肯定后补充的论述方式，不仅为当前研究结论提供了文献支持和指出研究空间，彰显了写作者的学科专业性和开创性，同时还隐性地表达了现有文献的不足。

此外，研究样本中还出现写作者借被引作者之口评价观点的情形。如例 5 - 6。

例 5 - 6

Paris （2005） **criticized** that：

Traditional reading research has ignored fundamental differences in the developmental trajectories of reading skills. These different trajectories are manifested in different times of skill onset, different durations of acquisition, and different asymptotic levels of performance. What is most important is that there are some skills that are more constrained than others; they are learned quickly, mastered entirely, and should not be conceptualized as enduring individual difference variables？（GL10 - 1 - 68）

此例出现在讨论部分。写作者通过融入式引用和表达负面评价的动词"criticize"，指出 Paris 不赞同传统研究中对于 ELL 学习者早期阅读技能水平的忽视，继而证明当前研究将阅读技能发展阶段纳入考察是有据可循的。此例虽然没有直接用于证明写作者的研究设计的合理性和有效性，但通过前后语境可以看出，写作者是借他人之口，隐性地表达和印证了自己的观点。

5.1.3 引导者

引导者身份是写作者通过引用向读者罗列相关文献引导读者参阅或对比，但不展开讨论被引文献而建构的身份类别。与引导者身份相应的引用动机为提示其他可参考文献。引导者身份通常可依据具有提示、引导性功能的话语判定。根据提示读者阅读文献的话语出现位置的显隐性分为两类：一是提示性话语出现在非融入引用括号内的隐性建构，常见的表达形式有 e. g. 、see（also）、see…for a review、cf. 等；二是提示性话语出现在文中正文部分的显性建构，常见的表达有 see also、see…for an example 等。除了上述较为简单的话语表达方式，有时写作者还会对文献进行简单的归类、解释和评述，篇幅较长。如例 5 – 7。

例 5 – 7

See also Kaan and Vasic（2004）, for evidence of increased reading times at the first verb of Dutch three-verb crossing constructions relative to the two-verb constructions.（GL6 – 2 – 14）

此例出现在引言及文献综述章节的正文部分，是写作者为了进一步阐释研究背景及现有研究而提示读者可参阅 Kaan 和 Vasic 的文献。示例中可看到写作者使用了 "see also…, for evidence" 引导读者参阅相关文献。但引导者身份通常只是点到即止，并不对提示文献的内容进行深入探讨，本例也仅是简单提及被引研究中对当前分析有启发性的内容。如例 5 – 8。

例 5 – 8

A number of studies have found evidence for the efficacy of such considerations in discriminating between L2 proficiency levels（e. g. , Ho-Peng, 1983; Bardovi-Harlig & Bofman, 1989）or quantifying effects of instruction（e. g. , Ishikawa, 1995; Shaw and Liu, 1998; **for a meta-analysis of error in L2 writing development research**, see Wolfe-Quintero, Inagaki & Kim, 1998）.（GL8 – 3 – 15, GL8 – 3 – 16）

此例出现在文献综述部分。此处引用的主要动机为描绘研究背景。本句包含两处引用，形式上均为非融入式引用，且引用动机均为引导读者深入阅读文献。第一处为较典型的 "e. g. + 文献" 形式，这一形式是引导者身份建构的主要类别。第二处不仅包含上述话语特征，还简要阐释了被引文献的主要相关内容（for a meta-analysis of error in L2 writing development

111

research），更加具体和直观地为读者提供参考信息，体现了专业性。

5.1.4　辩护者

辩护者身份是写作者在为当前研究设计、观点等的合理性辩护时建构的身份类型。与之相对应的引用动机通常为证明研究意义、列举拟借鉴的理论和方法以及评价前期研究。这种身份类型常涉及当前研究的核心，如核心词的界定、研究的设计思路等，还可包含当前研究拟采纳但尚存争议的观点的论证。根据写作者辩护的内容，可以分为两类：一是为当前研究辩护，即佐证当前研究的价值和意义，辩护的内容可包含研究话题确立、研究工具选取、研究思路设计、研究结果阐释、研究结论证实、后续研究空间分析等；二是为被引文献辩护，这种情形实则是以隐性的方式佐证当前研究，通常论证中支持的观点或方法都是当前研究拟采纳的。辩护者身份与当前研究价值的相关度较高，是十分重要的身份类别。例 5－9 和例 5－10 是第一种情形的示例，第二种情形的示例可参见例 4－16，在此不再赘述。

例 5－9

These locations were chosen **because** previous work suggests that major syntactic boundaries，such as the boundary between an object phrase and a prepositional phrase，are likelier places for intonational boundaries than non-major syntactic boundaries（e. g.，between a noun and a modifier：Gee & Grosjean，1983；Watson & Gibson，2004）.（GL－1－1－28）

此例出现在研究方法部分。该例使用 because 引导的原因状语从句，以显性的方式解释并论证了设计方法及思路的合理性，即选取"形容词＋名词"与"名词＋定语从句"为实验语料的合理性。在非融入式引用部分使用了补充性词语"e. g.，between a noun and a modifier"，指向支持研究设计的文献，同时还通过自引"Watson & Gibson，2004"体现研究的连续性，并为写作者的学术水准背书。

例 5 - 10

An anonymous reviewer expressed concern as to whether 4 weeks was a suffi-
cient period to assess the effectiveness of the treatment. In fact, most L2 writing
studies of feedback and noticing have been carried out within similar or even
shorter time frames, including 1- (Adams, 2003), 2- (Swain & Lapkin,
2002), 3- (Qi & Lapkin, 2001; Hanaoka, 2007a; Sachs & Polio, 2007),
and 4-week studies (Yang & Zhang, 2010). (GL5 - 3 - 80, GL5 - 3 - 81,
GL5 - 3 - 82, GL5 - 3 - 83)

此示例出现在研究方法部分的注释中，是写作者为研究设计辩护的范
例。首先，写作者陈述了匿名评审对研究周期时长的质疑。接着，为了回
应质疑，佐证当前研究，写作者通过引用指出类似的相关研究采集数据的
时长分别为一周至四周，一次印证四周时间是较为合理的时长。

5.1.5　专家学者

专家学者身份是写作者应着重建构的身份类别，能否成功建构此身份
是区分新手和专家的重要指标。与专家学者身份相对应的引用动机有展示
专业性和树立学术权威。我们先来看一个示例。

例 5 - 11

More **recent** EEG studies of sentence and word processing in language learn-
ers have shown that event-related potential (ERP) responses can change rapidly
over the course of adult language learning, demonstrating that experience-
dependent change in adults can be investigated with a noninvasive psychophysio-
logical measure (Friederici, Steinhauer & Pfeifer, 2002; McLaughlin, Oster-
hout & Kim, 2004; Mueller, Hahne, Fujii & Friederici, 2005; Osterhout,
McLaughlin, Kim, Greenwald & Inoue, 2005; Sakai, 2005; Mestres-Missé,
Rodriguez-Fornells & Münte, 2006; Rossi, Gugler, Friederici & Hahne,
2006; Stein, Dierks, Brandeis, Wirth, Strik & Koenig, 2006; De Diego
Balaguer, Toro, Rodriguez Fornells & Bachoud-lévi, 2007; Osterhout et al.,
2008). (GL6 - 2 - 30)

此例出现在引言及综述部分。写作者通过引用概述了语法学习中递归规则（recursive）应用的相关文献。在上文描述了针对双语人群的前期研究后，写作者在此将视线拉近，重点阐述新近（recent）发表的研究成果（距本论文发表七年内的文献），总结这些文献的主要观点。此例使用的是非融入式引用，强调写作者的主观能动性，括号中包含了十个文献（下划线部分），充分表明写作者对于学科相关研究的广泛涉猎，对于文献把握的驾轻就熟，体现了其专业性，建构了专家学者身份。

通过语料分析，我们发现写作者为了体现其对学科现有体系的熟知程度，以及自身的学术素养，常通过语篇内容和布局方式，使用符合学科规范的引用方式和内容、多个引用（出现在同一处）、自引、援引领域的核心文献等方式建构专家学者身份，下面将逐一阐释。

首先，引用方式和内容的选择不仅是学科规范的要求，还是学者专业性的程式化表达。不同的学科领域，对于引用方式和内容大都有所差异，即使是同一学科，差异也相当明显。比如本书所选取的语料中包含两份语言学类期刊，分别为 *Journal of Fluency Disorders* 和 *Studies in Second Language Acquisition*，以下简称 JFD 和 SSLA。其中，选取的发表于 JFD 的三篇文章引用数量分别为 14、27 和 22；而三篇发表于 SSLA 的文章引用数量分别为 61、105 和 132。后者的数量为前者的 5～6 倍。这一结果可归结于期刊对所发表论文的陈述方式的不同要求，反映了不同学术语境下的规约差异。

其次，依照引用规范，写作者在同一处引用中仅包含一个文献即可完成引用，但本书语料显示，在全部 1 890 处引用中，共使用 3 124 个文献，每处引用包含的个数平均为 1.65 个，最高可达 31 个（参见例 5－12）。显然，数量越多越能显示写作者涉猎文献的广度，越能体现其学术专业性。当然，还有一个因素值得考虑，英语为非母语的写作者的引用数量相较英语为本族语者的明显偏多（此例的写作者为一位日本学者），但这一因素并非本书的研究重点，将在后续研究中展开探讨。

例 5－12

The project was motivated by a growing interest in the notion of genre and the potential pedagogical value of genrebased writing pedagogies that has been addressed by a number of composition scholars (e. g. , Swales, 1990; Belcher, 1994, 2004; Paltridge, 1996, 1997, 2001, 2002, 2004; Johns, 1997, 2002, 2003, 2008; Hyon, 2001, 2002; Flowerdew, 2002; Hyland, 2003, 2004, 2007; Matsuda, Canagarajah, Harklau, Hyland & Warschauer, 2003; Gentil, 2005; Tardy, 2005, 2006, 2009; Byrnes, Crane, Maxim & Sprang, 2006; Cheng, 2006, 2007, 2008a, 2008b; Martin & Rose, 2008; Byrnes, 2009; Dovey, 2010). (GL8 - 2 - 1)

再次，在文中引用写作者前期已经发表的文献也是写作者建构专家身份的一种方式。一来自引可以体现研究的连续性；二来自引可以体现写作者的学术成就。自引通常都较为隐蔽，在文中没有明显的话语标记表达被引文献出自写作者之手，在分析时我们通过在全文中一一检索写作者姓氏筛选自引的示例（如例 5 – 13，被引作者 Doolan 同时也是本文的写作者），但也有写作者明确地在文中使用第一人称代词，如"we"，或是明确指出当前研究是之前已发表文献的相关研究。如例 5 – 14。

例 5 – 13

Doolan (2011) found no significant differences between Generation 1. 5 writing and L1 writing when comparing 25 language-related features (not errors) that have commonly been used to identify writing-group differences. (GL8 - 3 - 37)

例 5 – 14

Based on a systematic grouping classification scheme, **we** estimated individual students' reading skill mastery probabilities by applying the most recent development of cognitive diagnosis modeling (CDM) (e. g. , Jang, 2005; Rupp & Templin, 2008; Rupp, Templin & Henson, 2010) to over 120,000 Grade-6 students in Ontario schools. (GL10 - 1 - 6)

最后，引用核心文献也是建构专家学者身份的方式之一。常使用的标记话语有 only、primary、ground-breaking、first、most influential、notable 等。写作者可借助这些标记性话语凸显被引文献的重要学术地位，继而体现对学科研究动态的掌握，这是一种显性地表达专业性的方式（如例5－15）。同时，写作者还可通过引用领域内的学术权威或具有话语权的学者的成果，体现专业性，这是一种较隐性的表达方式（如例5－16）。

例5－15

Regarding timing, perhaps the most influential spatio-temporal model of word production has been proposed by Indefrey (2011, and previous versions).

例5－16

In the main study, each participant took the familiarization version of the tasks, was trained on providing stimulated recalls, and then engaged in a practice session of stimulated recall (Gass and Mackey, 2000).

例5－16出现在研究方法部分。在此，写作者引用了 Susan M. Gass 和 Alison Mackey 共同完成的学术专著《二语研究中的刺激回忆法》（*Stimulated Recall Methodology in Second Language Research*），用于解释和证明当前研究方法的有效性。两位学者，特别是 Susan M. Gass，是二语习得研究领域的领军人物，在二语习得理论和研究方法上均有巨大的学术成就，通过引用这两位学者的著作，表明当前研究思路设计的来源，显然可以增加研究的可信度，提升写作者的专业形象。又如例5－17。

例5－17

For a broad discussion of recursion and language, see Hauser, Chomsky, and Fitch (2002), Fitch, Hauser, and Chomsky (2005), Jackendoff and Pinker (2005), and Pinker and Jackendoff (2005), as well as a forthcoming issue of *The Linguistic Review* concerning recursion (e. g., Perfors, Tenenbaum, Gibson & Regier, in press). (GL6－2－8)

此例出现在引言部分，旨在从远景描述论文所属学科的相关背景研究，并引导读者参阅重要文献。特别值得关注的是句末提出的文献，不但单独使用了连词"as well as"凸显此组文献，而且在非融入式引用的括号内标明文献尚未公开发表（in press），强调作者对于文献的及时捕捉能力，帮助建构专家学者身份，同时还通过正文中的"see"和括号中的"e. g."建构了引导者身份。

5.1.6　学术友人

学术著作不仅是学者发表、传播研究成果的平台，还是学者建立学术人际关系的场所。学术友人身份与学术引用动机中的展示学术人际圈有关，体现了写作者与同行和读者之间的学术联系。相比前几种身份类别，学术友人身份较不常见，建构方式也较隐蔽，往往由标记话语（如 personal communication）、研究背景和学者背景等共同建构。如例 5 – 18。

例 5 – 18
Elicited imitation tasks have also been developed in Korean and Portuguese, and these are expected to be available in IRIS shortly as well (Ortega, **personal communication**). （GL5 – 1 – 52）

按照《美国心理学会（APA）出版手册》第六版（2010）的解释，私人沟通是指通过私人书信、备忘录、电子联系方式（如电子邮件、无归档的小组讨论信息、电子公告板）、访谈、电话联系等方式进行的学术交流活动。无论是哪一种方式，均需要交际双方有明确的交流愿望和清晰的交际对象。因此，私人沟通不仅是学术交际泛化的体现，更是学者间人际交往的重要佐证。又如例 5 – 19。

例 5 – 19
Recently several researchers (Filiaci, 2003; Serratrice, Sorace and Paoli, 2004; Sorace and Keller, 2005; Tsimpli, Sorace, Heycock and Filiaci, 2005; Valenzuela, 2005; Sorace, **to appear**) have suggested that interfaces, that is, areas in which the modules of the grammar intersect with other modules, may be the locus of difficulty not only in second language acquisition but also in simultaneous bilingualism and attrition, leading to optionality and fossilization. （GI4 – 3 – 3）

写作者在论文中大量引用 Antonella Sorace 的文献，全文共引用 Sorace

独著或合著的 11 个文献（引用的文献总数为 79 个）。Sorace 是二语研究领域的著名学者，其 2006 年发表于《二语研究》（*Second Language Research*）的文献被引次数已达到 336 次①，多次引用该作者的文献体现了写作者对于核心学者和核心文献的掌握情况，同时还暗示了写作者与被引作者的学术交集。此例中写作者使用了 Sorace 的四个文献，特别是第四个文献标注为"to appear"。在论文发表前，写作者已经对论文内容有接触，进一步暗示了写作者与 Sorace 的学术交往密切。

5.1.7　圈内人

圈内人身份有助于揭示写作者归属的特定机构或学术圈。与之对应的引用动机为展示机构身份和展示学术人际圈。同学术友人身份类似，圈内人身份也是出现频次较少的类型，且建构方式较为隐蔽。通常来讲，学术论文应该是摒弃了个人主观判断，仅针对观点的客观陈述。但实际上，学者依赖学术生态圈成长和成熟，学术生态圈的微环境对学者的发展至关重要，这一点不仅在交际场合中有所体现，在学术出版语境下同样适用。写作者为了展示归属或认可的学术团体，或是为了显示学术圈的地位，会选择建构圈内人身份。如例 5 - 20。

例 5 - 20

The project was one of several funded by TOEFL to collect empirical evidence to support the validity argument for TOEFL iBT（see Chapelle et al., 2008）.（GL2 - 2 - 42）

本例出现在研究方法部分。因为需要使用前期系列研究的研究数据和结论，在此写作者特别指出当前研究受到 TOEFL 资助，并引导读者参阅相关文献。TOEFL 是全球知名的语言类测试，由美国考试服务中心（ETS）设计并实施测试，被广泛认可，具有较高的效度和信度。ETS 不但提供测试服务，还长期资助有关测试的高水平研究。因此，写作者指出当前研究受到 TOEFL 资助，不仅体现了研究的连续性，还体现了研究的专业性。

---

① 　数据来源于百度学术，检索日期为 2018 年 2 月 5 日。

在第 3 章的基础上，本节通过实证分析，对身份建构动机的分类和内容进行了更细致的类别解释，特别是建立了身份类别和引用动机的联系，并且增加了典型示例，具体可参见表 5 - 1。

表 5 - 1 引用行为涉及的身份建构动机分类、身份类别以及示例

大类	细类	内容解释	参与建构的身份类别	示例
学术身份建构动机（PM）	1. 综述前期研究（PM1）	从宏观和微观视角描绘研究的渊源、新近研究	陈述者身份、评价者身份、引导者身份和辩护者身份	宏观描绘研究渊源 e. g. , Many studies have identified clear me chanisms extracting contextual regularities from speech and generating expectancies at levels as various as rhythmic, syntactic, semantic or pragmatic aspects（Schmidt-Kassow & Kotz, 2009；Obleser & Kotz, 2010；Rothermich, Schmidt-Kassow, Schwartze & Kotz, 2010；see for example Friederici（2002）and Kutas and Federmeier（2007）for reviews）.（GL3 - 3 - 1）
	2. 评价前期研究（PM2）	可分为支持、补充、反驳等		批评 e. g. , However, Cole et al.（2010）did not directly manipulate listener expectations of intonational boundaries.（GL1 - 1 - 22）

（续上表）

大类	细类	内容解释	参与建构的身份类别	示例
学术身份建构动机（PM）	3. 提示其他可参考文献（PM3）	罗列可深入阅读的文献源头	陈述者身份、评价者身份、引导者身份和辩护者身份	列举可参考的其他文献 e. g. , Research in these instructional settings has shown that the explicit analysis of prototypical texts of a target genre contributed to raising students' rhetorical consciousness and to developing their ability to better contextualize the genre of their writing (see Mustafa, 1995; Gosden, 1998; Hanauer, 1998; Henry & Roseberry, 1998; Hammond & Macken-Horarik, 1999; Sengupta, 1999; Pang, 2002; Tardy, 2009). (GL8 - 2 - 23) 列举可用于对比分析的其他相关研究 e. g. , As a field of inquiry, written corrective feedback (CF) has been approached from two different theoretical and methodological perspectives: one set found within the field of second language (L2) writing and another within the field of SLA (cf. Ellis, 2010; Ferris, 2010). (GL5 - 3 - 1)

（续上表）

大类	细类	内容解释	参与建构的身份类别	示例
学术身份构建动机（PM）	4. 证明研究意义（PM4）	指出目前的研究焦点、现有研究缺口	陈述者身份、评价者身份、引导者身份和辩护者身份	研究意义 e. g. , Neither Stam's（2006）research nor that of Negueruela et al.（2004）found any evidence of a shift for manner of motion. The present study corroborates the findings of these latter two studies.（GL5 – 2 – 96, GL5 – 2 – 97）
	5. 列举拟借鉴的理论和方法等（PM5）	关键术语、理论、研究方法等		借鉴前人研究方法 e. g. , Their proficiency level was established by a placement test based in part on the Spanish DELE and in part on the MLA Cooperative Foreign Language tests（see Duffield and White, 1999, for a description）.（GL4 – 3 – 61）
关系身份建构动机（CM）	1. 展示专业性（CM1）	使用符合学术社区规范的引用范式、引用核心文献等	专家学者身份、学术友人身份和圈内人身份	核心文献 e. g. , The properties of verbal and adjectival passives were **first** described in detail in Wasow（1977）.（GL4 – 3 – 12） Regarding timing, perhaps **the most influential** spatio-temporal model of word production has been proposed by Indefrey（2011, and previous versions）.（GL3 – 2 – 4）

（续上表）

大类	细类	内容解释	参与建构的身份类别	示例
关系身份建构动机（CM）	2. 树立学术权威（CM2）	通过自引等	专家学者身份、学术友人身份和圈内人身份	自引 e. g.，In a pilot study for this project this response was indeed quite frequent（Bruhn de Garavito and Valenzuela，2005）. （GL4 - 3 - 64） Preliminary behavioural evidence for such speech-in-speech learning was shown in Van Engen and Bradlow（2007），where listeners performed a sentence recognition task in English and Mandarin babble at two signal-to-noise ratios（SNRs）. （GL6 - 1 - 16）（此文中，写作者共引用了5篇自己参与撰写的论文，总计22处）
	3. 展示机构身份（CM3）	表明写作者的组织机构成员身份		研究受到机构资助 e. g.，This study was part of a larger project that aimed to describe and compare the reported strategic behaviors of test-takers with different levels of L2 proficiency and study（graduate and undergraduate）when responding to the TOEFL iBT speaking tasks（Swain et al.，2009）.（GL2 - 2 - 41）

（续上表）

大类	细类	内容解释	参与建构的身份类别	示例
关系身份建构动机（CM）	4. 展示学术人际圈（CM4）	通过使用全名等方式展示与学术圈内人的联系	专家学者身份、学术友人身份和圈内人身份	与学者的私人关系 e. g., Elicited imitation tasks have also been developed in Korean and Portuguese, and these are expected to be available in IRIS shortly as well（Ortega, personal communication）.（GL5 – 1 – 51）

　　至此，我们分析了七种身份类别与身份建构动机的相关性，并简要描述了七种身份的建构过程，但正如陈新仁（2018）所述，对于语用身份的识别有时可以仅依照身份标记话语、话题选择、话语内容、语境因素等中的某一项，有时则需综合多个维度的信息判定。通过话语分析得到的语用身份类别有时未必真实地反映或再现交际者的真实社会身份，如写作新手在撰写论文时会建构具有多年学术经验的专家学者身份。下面我们将对身份类别在各章节中的分布和呈现的特征展开探讨。

5.2　学术引用参与建构的语用身份类别在各章节中的分布特征

　　学术引用参与建构的身份类别并非平均分布，而是在各章节中呈现不同的特点。鉴于引用行为背后的身份建构动机对于身份的判定和理解的重要意义，本书通过问卷调查对不同章节中的动机类别进行了统计和分析。根据问卷结果可知，就动机而言，学术论文的各章节呈现如下特点。首先，在论文的引言与文献综述部分，被访者普遍较认同引用的学术动机（如陈述前人研究、证明研究意义、列举拟借鉴的理论方法以及评价被引文献等），并对关系动机中展示专业性、树立学术权威的认可度较高。其次，在论文的研究方法部分，受访者认同率最高的动机为"列举拟借鉴的理论、方法"。除此之外，"指出现有研究的不足"及"当前研究的意义"也是写作者在研究方法部分需要再次重点关注的内容。与引言及文献综述部分相比，此部分中关系动机有所减弱，重点是在学理性上。再次，在论文的研究结果汇报部分，受访者对引用动机的认同度呈现整体下降的趋势，但是，对于关系动机，受访者还是给予了一定程度的肯定，如展示专业性、树立学术权威、展示学术人际圈、凸显被引作者的学术地位、需要被引作者的帮助等。最后，在论文的讨论（及结论）部分，受访者对所列引用动机的认同度与前一部分基本持平，反映出受访者在讨论（及结论）部分的引用动机持续偏弱，但"证明研究意义"和"展示专业性"的认同度较高。Thompson（2005）认为写作者在结论部分倾向于融入所处的学术社区，并与其他学者建立联系。借助引用，写作者在展示专业性的同时，尝试树立学术权威、建立及展示学术人际圈等，以此达到与学术社区交流互动的目的。

基于上述不同章节中的动机分析，本节将对学术动机驱动下建构的四种身份类别的分布进行数据上的统计和分析。由于关系动机驱动下建构的三种身份类别涉及宏观层面的多种因素，很难通过单一话语判定，归入具体章节，且出现频次较少，因此不作数量上的统计，将在第 6 章以案例的形式具体描述其建构方式。

5.2.1 陈述者身份的分布特征

通过数据统计得知，在语言学期刊样本的 1 890 处引用中，陈述者身份共出现 1 220 次，占比 64.6%。其中，引言及文献综述部分为 933 次，研究方法部分为 76 次，研究结果汇报部分为 44 次，讨论（及结论）部分为 167 次（见图 5 - 1）。

(次)

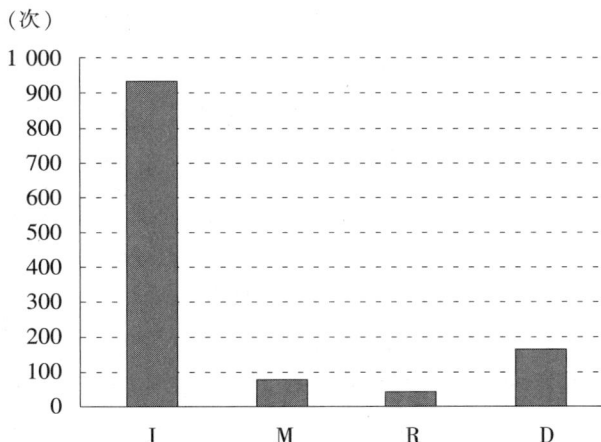

图 5 - 1　陈述者身份频数在各章节中的分布①

以上数据显示，研究语料中有超过六成的身份建构类型是陈述者身份，陈述者身份是学术论文中写作者最频繁建构的身份类型。陈述者身份的建构主要集中于引言及文献综述部分，占比约为 76%；其次是在讨论及结论部分，占比约为 13.7%；而在其他两个部分仅有零星分布。这一分布特征与建构陈述者身份的动机相一致，即综述前期研究（包括前期研究行为、研究结果、研究结论和研究热点等）、证明研究意义以及列举拟借鉴的理论、方法和工具等。我们在整合 Thompson（2005）、徐昉（2012）和 Harwood（2013）等学者的引用功能分析框架时得出（详见第 3 章 3.3节），写作者在引言及文献综述部分会通过引用指向观点来源的归属、指向其他可参考文献的出处、指向研究涉及理论等的文献源头、向其他研究者致谢以及阐述研究空间。除了"指向其他可参考文献的出处"以外，其他引用功能均与陈述者身份相关。

此外，本书还发现，虽然在其他三个部分中陈述者身份较少出现，但陈述者身份与辩护者身份和评价者身份密切相关，参与建构这两种身份。如例 5 - 21。

---

①　图中的 I、M、R、D 分别指代实证性研究论文的四个主要部分，分别为 Introduction（引言及文献综述部分）、Methodology（研究方法部分）、Results（研究结果汇报部分）以及 Discussion［讨论（及结论）部分］。下同。

例 5 – 21

Children's vocabulary knowledge is a significant contributor to academic reading comprehension（Stahl & Fairbanks，1986；Adams，1990；Bialystock，2002）. Therefore，we were keen to investigate junior elementary school students' vocabulary mastery levels with regard to their home language environment and length of residence.（GL10 – 1 – 44）

此例出现在研究结果汇报部分。可以看到，虽然引述句仅为陈述许多学者认同的观点——儿童的词汇知识可以明显帮助学术阅读理解能力的提升，但是从该句出现的章节以及前后语境可以得知，这一表面客观、中立的陈述是为了证明当前研究设计的合理性。通过下一句中表达因果关系的副词"therefore"可以得出，引述句中对现有观点的陈述是为下文证明研究内容的意义作铺垫，继而间接参与了辩护者（为研究内容的合理性辩护）身份的建构。

5.2.2 评价者身份的分布特征

通过数据统计得知，在所有语言学学科的研究样本中，评价者身份共出现 95 次，其中引言及文献综述部分为 62 次，研究方法部分为 5 次，研究结果汇报部分为 0 次，讨论（及结论）部分为 28 次（见图 5 – 2）。相比陈述者身份，评价者身份出现的频次要低很多，仅为前者数量的 7.8%，但同样也是在引言及文献综述和讨论（及结论）部分相对集中。特别值得注意的是，在研究结果汇报部分没有出现任何的评价者身份建构，可能是由于这部分内容主要为描述、对比实验结果，属于述实性陈述。通过进一步细分可以发现，与评价者身份相关的评述性话语中，以褒奖和补充居多，直接表达批评或质疑的较少。此外，研究还发现不同写作者和不同期刊建构的评价者身份数量也有较大差异，有的研究论文通篇都没有直接表达评价的话语，而有的研究论文多达 8 处。

（次）

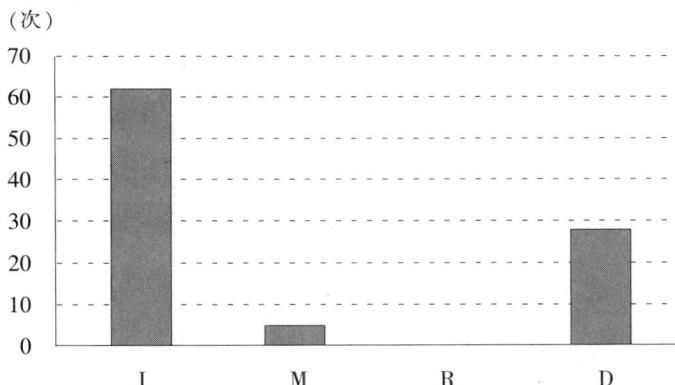

图 5 - 2　评价者身份频数在各章节中的分布

　　由于写作者在建构评价者身份的过程中需要显性地表达对现有研究或学者的评判，其中，负面评价还可能威胁到被引作者的面子，因此评价者身份的建构通常较为谨慎，常与当前研究的核心内容相关。也就是说，只有在论证当前研究空间的创建、研究话题的意义、研究设计的合理性和研究论点的可信度等核心问题时，写作者才会选择建构评价者身份。具体来说，评价者身份在以下语轮中出现的可能性较大，包括确立新的研究空间、占据研究空间、阐释研究设计、解读研究结果和论证研究结论等。

5.2.3　引导者身份的分布特征

　　通过数据统计得知，在所有语言学学科的研究样本中，引导者身份共出现 346 次。其中，引言及文献综述部分为 179 次，研究方法部分为 61 次，研究结果汇报部分为 30 次，讨论（及结论）部分为 76 次（见图 5 -3）。

(次)

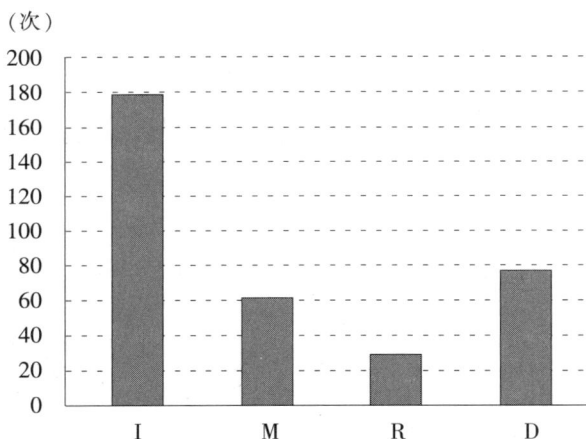

图 5 – 3　引导者身份频数在各章节中的分布

同陈述者身份类似，引导者身份也是写作者频繁建构的身份之一。这可能是因为引导者身份与研究背景陈述密切相关，而研究背景的陈述往往需要大量文献支撑，而限于篇幅写作者无法将所有相关文献列出，特别是无法一一展开讨论，因此便选择使用简洁的介词短语、名词性短语或是拉丁语简写等方式简要罗列可进一步参考的文献。如例 5 – 22。

例 5 – 22

These include the interactive alignment proposal with its immediate priming and delayed use of "full common ground" (Pickering & Garrod, 2004); the dual process hypothesis (Bard et al., 2000; Bard & Aylett, 2000), in which automatic processes (such as articulation) are considered to be obligatory and therefore not influenced by audience design; and the perspective adjustment account (including Horton & Keysar's, 1996 monitoring-and-adjustment model for production and Barr & Keysar's, 2002 anchoring and adjustment heuristic for comprehension) in which a fast-acting, inflexible, "egocentric" stage precedes a slow-acting, inferential, partner-specific stage (see also Brown & Dell, 1987). (GL1 – 3 – 19, GL1 – 3 – 20)

本句较长，包含四处引用，其中后两处建构了引导者身份。通常非融入式引用中出现大段补充性文字是用于引导读者参阅其他相关文献，多以"e. g.""see also"或"cf."开头（如 GL1 - 3 - 20）。然而在第一处引用中，这些标志性的引导话语并未出现，写作者使用介词"including"引导的短语对正文观点作进一步补充，并通过引用表示补充内容的来源，为读者提供了拓展信息的方式，增加了观点的可信度。

5.2.4 辩护者身份的分布特征

通过数据统计得知，在所有语言学学科的研究样本中，辩护者身份共出现 590 次，大致呈现前低后高的走势。其中，引言及文献综述部分为 45 次，研究方法部分为 190 次，研究结果汇报部分为 62 次，讨论（及结论）部分为 293 次（见图 5 - 4）。与前三种身份类别的分布特点不同，辩护者身份在引言及文献综述部分出现的频次非常低，仅为 45 次，占全部辩护者身份频次的 7.6%，大部分的辩护者身份建构出现在研究方法（设计、工具）、研究结果汇报和结论部分，特别是讨论和结论部分。

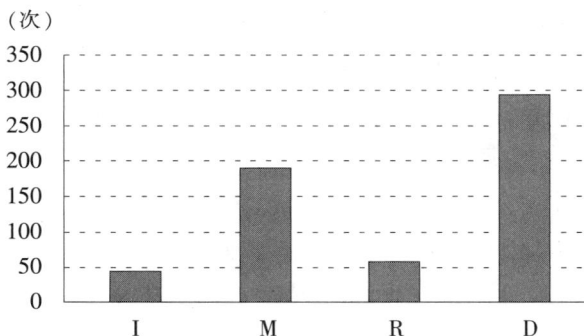

图 5 - 4 辩护者身份频数在各章节中的分布

结合 Yang 和 Alison（2003）以及 Kwan 和 Chan（2014）对学术论文中的语轮展开的研究，特别是针对结论和讨论部分的语轮，可以得出，辩护者身份的建构较常出现在展示研究方法、重述研究背景、陈述研究结果、评述研究结果、总结研究结果、总结整体研究、评价当前研究以及当前研究延伸等语轮中。此外，从数据还可得出，写作者在创建研究空间时也会选择辩护者身份加强立论。

辩护者身份是写作者证明当前研究意义和研究成果价值的重要资源和手段，在建构过程中也会涉及对前人研究的评判，但通常较为隐晦，其犀利程度不及评价者。研究样本的数据显示，为了成功"辩护"，写作者通常会同时建构引导者身份，罗列多个支持文献，增加观点的说服力。如例5-23。

例 5-23

However, as in several other studies (e.g., Segalowitz, Poulsen & Komoda, 1991; McMillion & Shaw, 2009a), the participants in this study had lower test scores than their English L1 peers, which is probably due to their slower reading in English. (GL9-2-56)

此例出现在论文的讨论部分，用于解释研究数据中受试成绩偏低的结果，是典型的辩护者身份和引导者身份同时建构的示例。通过引用，写作者为当前研究结果辩护，指出类似研究也得到相同结果，当前研究结果并非个例。同时还使用"e.g."列举了多个文献，引导读者进一步思考和探究，建构了引导者身份。

综上，对上述四种身份类别分布特征的分析进一步验证了身份建构受宏观和微观语境要素制约，如话题是否具有争议、学者的学术地位是否显赫、章节对引用量的需求是否庞大、语步对所述内容的完整性的要求是否达到等。量化地呈现身份的分布虽不能全面展示身份建构的全貌，但为后续进一步分析身份建构的特征奠定了基础。

5.3 学术引用参与建构的语用身份类别呈现的特点

通过对语料的分析，本书发现学术引用参与建构的身份类别呈现如下特点：多样性、动态性、共时性和差异性。下面将逐一阐述。

5.3.1 多样性

语言同时具有事务性功能和人际性功能（Brown & Yule, 1983）。通过分析可以看出，学术引用参与建构的身份类别以陈述者身份为主，占比64.6%，其他身份类别同时广泛分布于论文的各个章节，并随着语篇的展开，在各章节中呈现不同的分布特征。

这一方面验证了陈述前期研究，为当前研究奠定理论和现实基础是引用的主要动机和功能；另一方面也说明引用不仅参与信息的传递，还参与人际关系的发展，在各章节中均可发挥重要的作用。作为引用行为建构的主要身份，陈述者身份受多种动机驱动，如综述前期成果、证明当前研究意义和列举拟借鉴的理论等，这些动机是论文撰写的基石，造就了陈述者身份的主导地位。从写作者通过话语建构的专家学者、学术友人和圈内人身份可以看出，学术引用不仅涉及事实性或命题性信息的传递，还具有促进人际交往的重要功能，参与协调写作者与读者的角色关系，保存与维持写作者和被引作者的形象。

5.3.2　动态性

交际者使用什么样的身份进行交际是一个动态选择的过程（陈新仁，2018），动态性源于写作者创作时根据所处语境作出的主动选择。这种身份选择可能是有意识的行为，但也可能是一种无意识的默认行为（Tracy，2002；陈新仁，2018）。

具体来说，在引言及文献综述部分，陈述者身份的建构就是在该部分需要大量罗列前人研究成果的背景下作出的选择，某种程度上可视为写作者的默认行为。而细化到文献综述的结尾处，因为写作者需要创建当前研究空间，便可能会对现有研究的内容和结论等展开评论，从而建构了评价者身份。从研究方法部分开始，写作者需要从研究设计、方法、结论等各方面一一论证，为当前研究的合理性辩护，此时辩护者身份便成为主要建构的身份类别，其间虽然也可能穿插信息的客观陈述（看似陈述，实则仍是参与辩护），但辩护者的主体地位不变。从参与研究背景的陈述，到罗列类似研究结果，再到为当前研究的观点背书，引导者身份可贯穿论文始终。再来看专家学者身份、学术友人身份和圈内人身份。这三种身份与人际功能相关，在建构时受制于篇幅长度、学者对文献的掌握程度、学者个人的学术人际背景等，具有一定的随机性。

综上，引用参与建构的身份类别在论文中并非一成不变，而会随着章节、引用目标、写作者资历等的变化呈现动态的起伏。

5.3.3 共时性

通过观察发现，有近半数的引述句建构的身份类别大于或等于两种。也就是说，写作者在同一交际情境下常常会选择建构多种身份来实现交际目的。常见的组合有陈述者和引导者身份，以及辩护者和引导者身份。如例5-24。

例5-24

Previous research has demonstrated that proficiency influences learners' performance on tasks, affects their activation of prior knowledge in instructional interventions, and limits or enhances their availability of attentional resources during tasks (e. g., Carrell, 1991; Kormos, 2000). (GL4-1-1)

此例出现在引言及文献综述部分，是论文的第一处引用，用以阐述研究的宏观背景。通过"Previous research has demonstrated that"可以看出，本句是对现有研究内容的客观陈述，从引用的内容上看，其建构了陈述者身份。然而，仔细观察非融入式引用括号的内容可以发现，写作者使用"e. g."提示读者可参阅与 Carrell 和 Kormos 相关的两份文献，建构了引导者身份。

类似的情形还出现在含有辩护者身份的示例中。如例5-25。

例5-25

The purpose of calculating the synthetic planar gradient is to emphasise signals that are strongest directly underneath a given sensor (see Bastiaansen & Knosche, 2000). (GL6-2-50)

此例出现在研究方法部分，用于为当前研究设计中的计算方法提供支撑。通过对引用内容的分析可以得出，句中有明确提及讨论的是当前研究"The purpose of calculating the synthetic planar gradient is to..."，而非陈述已有研究结果，因此判定其建构的是辩护者身份（为研究设计辩护）。而括号

中的动词 "see" 则用于提示读者可供查阅的文献，帮助建构了引导者身份。

5.3.4　差异性

最后要讨论的身份特点是差异性。研究过程中，我们发现不仅引用的格式和内容会依据不同期刊和不同学者而变化，学术引用参与建构的身份数量和类别也会随着期刊和学者的不同而呈现不同特征。例如期刊 *Journal of Fluency Disorder* 刊登的文章不但短小精悍（最少只有 1 480 字），建构的身份也以陈述者或辩护者等单一类型为主。与之相反，期刊 *Studies in Second Language Acquisition* 刊登的文章篇幅较长（平均每篇 13 000 字），每篇引用约为 100 处，其中近半数引用参与建构了多种身份（两种或三种）。

此外，我们还发现来自不同学术文化背景的写作者建构的身份也不同。总的来讲，来自核心学术文化圈（Inner Circle，具体可参见 Kachru，1985）的学者的引用比较到位，需要用文献作证的观点都按格式要求列出文献，引用的技巧使用得比较熟练，身份的分布也比较稳定。而来自非核心学术文化圈的学者常常会 "过度引用"，引用时格式或文献的数量也可能有偏差，如在陈述研究的宏观背景时引用量少，而在非主要观点陈述时加入大量引用，引用行为和建构的身份更具有随意性。

通过对学术引用参与身份建构时呈现的四种特征的分析可以看出，受到写作者身份建构动机的影响，学术引用行为较为复杂。写作者在撰写学术论文时实施的引用行为并非只是客观陈述前人的研究成果，而是兼具信息和人际意义，建构的身份类别也分为学术和关系驱动两大类，呈多样特征。同时，引用行为会随着语篇的展开而发生动态变化，变化的过程具有一定的规律性，参与建构的身份也相应具有一定规律，如在文献综述部分的开头较常出现陈述者，在研究设计部分较常出现评价者和辩护者等，并且有些身份类别还常常同时出现，如陈述者和引导者。此外，受学科差异、期刊差异以及写作者所处学术圈和学术地位等因素影响，引用行为也存在个体和群体特征。因此，在分析引用行为时，应抱以动态的眼光，立足语篇，特别是引用行为发生的具体语境，结合写作者的具体动机综合判定。

5.4 讨 论

　　以上分析表明，写作者在撰写学术语篇时，为满足写作中的特定交际需求，会参照语境因素（如语篇结构、学科特征等），进行特定的语用身份选择。学术引用作为学术语篇的核心特征，参与写作者的语用身份建构。本章在文本语料分析的基础上，结合对写作者引用动机的分析，依次探讨了学术引用参与建构的七种身份类别、这些身份类别在各章节中的分布以及呈现的特点。研究参照 Paul（2000）的观点，认同引用行为具有多样性、修辞性和语篇依赖性。通过分析引述句出现的语篇位置和使用的话语特征，本书对具体的引用行为背后的动机进行判定，然后依据引用动机确定写作者在具体语境下建构的身份类别。

　　研究发现，学术引用参与身份建构的过程不仅受到学术动机的驱动，还受到关系动机的驱动，体现为写作者通过引用行为参与身份建构的双重性（信息与人际）。此外，研究还发现身份的建构过程与语篇的展开紧密相关，兼具普遍性和特殊性。下面将就这两点展开讨论。

　　首先，针对第一个研究发现，与引用的学术动机和关系动机相对应，写作者通过引用建构的身份具有明显的信息和人际意义（具体参见附录3：作者语用身份划分示例表）。通过对两种动机驱动下建构的身份数量统计发现，在语言学期刊样本的 1 890 处引用中，学术动机驱动下建构的身份共出现 2 251 次[①]，而关系动机驱动下建构的身份共出现 499 次，两者比例约为 4.5∶1。可以说，学术动机驱动下建构的身份是写作者的主体身份，体现为写作者在学术社区范式的规约下，借助引用展开论证的过程，是写作者重点建构的核心身份类别；而关系动机驱动下建构的身份是一种偏离身份，这种身份超越了信息意义驱动下建构的主体身份，体现为写作者借助引用融入学术社区、与社区成员建立联系的过程，是写作者为了达到写作目的而建构的辅助身份类别。这些辅助身份类别虽然数量较少，但广泛分布于文章的各个章节，是写作者建构的主体身份的重要补充。写作者通

---

　　① 由于一处引用可同时出现多种身份类别，因此身份频次总数大于引用频次。

过这些偏离身份的建构，强化了自身学术社区成员的身份，并与读者尽可能地建立联系，为进一步说服读者接受文章论点提供必要的支持。

引用的学术动机，亦可称为文献动机，大都与被引文献的学术观点和研究方法相关，如研究领域的渊源和最新进展、理论框架、研究工具等。学术动机的实现是写作者将已有文献（或称被引文献）融入当前文本，旨在加强论证和观点，借此提升当前研究价值和意义的过程。具体的学术动机与参与建构的身份类别关系如下：首先，在描绘、归纳研究背景和研究进展等引用动机的驱动下，学术引用参与建构了陈述者身份，具体包括对前人研究观点的陈述、对前人研究行为的陈述、对前人研究方法（工具、理论模型）的陈述以及对新近出现的研究焦点的陈述。其次，在对前人观点进行评价的引用动机的驱动下，学术引用参与建构了评价者身份。依据评价的结果可以划分为支持性评价、补充性评价和反驳性评价；依据评价的显隐性可以分为显性评价和隐形评价。再次，在提示其他参考文献的引用动机的驱动下，学术引用参与建构了引导者身份。依据标记性话语出现位置的显隐性分为提示性话语出现在非融入引用括号内的隐性建构和提示性话语出现在文中正文部分的显性建构。最后，在证明研究设计和意义等引用动机的驱动下，学术引用参与建构了辩护者身份。依据辩护的内容可以分为两类：为当前研究辩护和为被引文献辩护。

引用的关系动机，亦可称为非学术动机，大都与引用行为本身或是写作者与被引作者的关系相关，如自引需要、多文献展示、向被引作者致敬等。关系动机的实现是写作者将自己以及当前的写作行为放置于大的学科背景中进行定位，并与学术社区建立联系的过程。从本质上讲，关系动机与学术动机相似，同样是通过引用强化当前研究的价值和意义，只不过实现的路径不同。具体的关系动机与参与建构的身份类别关系如下：首先，在展示专业性和树立学术权威动机的驱动下，学术引用参与建构了专家学者身份。其次，在展示学术人际圈动机的驱动下，学术引用参与建构了学术友人身份。最后，在展示机构身份和展示学术人际圈动机的共同驱动下，学术引用参与建构了圈内人身份。

针对第二个研究发现，研究结果印证了语用身份论（陈新仁，2014，2018）中提出的观点，身份的建构会随着交际推进而变化调整，交际目的、需求和情境都会影响身份建构。一方面，对于身份建构的普遍规律而言，依据研究论文的语篇发展特征，不同章节通常会与特定的身份类别建构相对应。第一部分（引言及文献综述部分）通常会陈述研究的缘起和现有研究成果，进而指出研究缺口。与之相应，陈述者身份、引导者身份和评价者身份是这一章节中引用行为主要参与建构的身份类别。陈述者身份的建构主要与研究背景的综述、具体研究观点和行为相关；引导者身份的建构则为读者提供了更多可参考的文献来源，同时也展示了写作者的学术广度；评价者身份多用于指出目前研究的不足和提出研究空间。第二部分（研究方法部分）往往包含对当前研究使用的理论、研究方法和研究工具等的解释。因此，辩护者身份是这一章节中引用主要参与建构的身份类别，其建构为当前研究的学理性、合理性以及研究价值提供了支持。第三部分（研究结果汇报部分）主要是客观地描述实验的结果，涉及的引用行为数量较少。辩护者身份是这部分建构的主要身份类别，目的在于为研究结果的合理性进行论证。最后一部分（讨论及结论部分）是研究论文的核心，这一章节重点陈述通过分析研究结果得出的观点，是证明研究意义的重要位置。写作者通过引用文献支持自己提出的观点或对被引文献进行证实或证伪，佐证研究观点的合理性。与之相应，辩护者身份是这一章节建构的主要身份类别。

另一方面，就身份建构的特殊性而言，写作者会在身份建构普遍性的基础上，依据当前语篇发展的需要，对身份建构的位置和建构的类别进行调整和变更。例如，写作者通常仅会在第一章节陈述研究背景，但有时还会选择在文章的其他部分，如研究方法或讨论部分，重述研究背景。因此，用于综述研究背景而建构的陈述者身份有时也会出现在这些章节中。此外，关系动机驱动下建构的身份类别通常都具有一定的特殊性，这是由于这些身份类别的建构受制于特定的情景和资源，因此建构的过程具有不确定性，不总是可以预判的。

综上，学术引用参与建构的身份类别的判定需要结合具体语境和引用动机，综合考虑引用行为背后的信息和人际意义。对于建构的身份类别的分析不仅要考虑语篇普遍性，还应考虑随着交际进展而产生的动态性。

5.5　本章小结

　　本章重点关注的是引用行为参与建构的身份类别、分布及特点，具体内容也是按照这三个核心词展开。首先，分析在文章的不同章节中写作者通过引用行为参与建构的身份类别，并分析各个身份的建构过程。其次，基于文本分析的结果，对学术引用参与建构的身份类别在论文不同章节的分布数量进行了描述。再次，总结出引用参与建构的身份类型呈现的四项特征：多样性、动态性、共时性和差异性，并逐一阐释。最后，综合讨论了本章的研究结果，并对提出的观点进行了引申。

第 6 章

学术引用参与身份建构的
话语方式

上一章我们讨论了引用动机驱动下的身份建构问题，描述了学术引用建构的身份类别、分布和呈现特征，本章将探讨这些不同的身份类型是如何通过具体的引用方式实现的。本章将讨论在学术语篇中写作者通过引用选择建构特定语用身份时所采用的话语实践方式，内容涉及话语实践方式的类别分析、各类别在各章节中的分布情况，以及这些方式建构各身份类别的过程。随后，强调从语用身份视角分析这些话语实践方式的特点，即注重话语方式的交际价值，并对话语实践参与身份建构过程中呈现的特点进行分析。

6.1　学术引用参与身份建构的话语方式类别

虽然手势、体态、服饰等非言语手段可以体现身份，但交际中个体主要是通过话语有意或无意地建构身份（陈新仁，2018），学术语篇中更是如此。写作者通常没有机会与读者面对面交流，所有交际行为均通过书面话语完成。引用是构成语篇对话性的重要手段，交际者选择不同的引用方式，产生的交际效果也会不同（辛斌，2010）。下面，我们将围绕学术语篇中的引用行为展开讨论，探析引用中使用的话语实践方式的类别及特征。

Verschueren（1999）认为语言使用具有变异性，这一特性为交际者提供了多层次的选择，不同的选择具有不同的交际价值。在分析身份建构时，我们要特别关注特定话语中体现身份的话语特征以及这些话语特征产生的语用意义或效果（陈新仁，2018）。如前文所述，与身份建构相关的话语实践类型包括语码选择、语体选择、语篇特征选择、话语内容选择、话语方式选择、言语行为选择、称呼语选择、语法选择、词汇或短语选择、语音特征选择和副语言特征选择，可以从宏观和微观两方面进行分析。我们将借助具体语料分析不同的引用方式是如何建构语用身份的。需要指出的是，在建构身份的话语选择上，写作者可以用不同的方式建构相同的身份，也可以使用不同的方式建构不同的身份，且往往涉及多个层面的选择。为了清楚地展示这一较为复杂的过程，我们将从宏观和微观话语层面对学术引用建构身份的方式展开分析［对宏观和微观话语层面的分析可参见陈新仁（2018）］。

6.1.1 宏观话语层面上参与身份建构的方式

从宏观话语层面看，学术引用参与身份建构的方式包括语码、语体、语篇特征、话语内容和话语方式等。结合当前研究，我们将这些话语特征细化为论文语言的选择、语体的选择、学术论文语篇特征、引用内容的选择和引用的直接方式。由于本书针对国际顶尖学术期刊发表的学术论文展开，所有语料均为书面语，因此话语实践类型不包含语音特征选择和副语言特征选择。

6.1.1.1 语码、语体和语篇特征

首先，本书的语料在下述三种实践方式上具有一定共性：①语码选择：所有语料均使用英语。经过长期发展，英语已经是学术发表的国际通用语，具有短时间内难以撼动的地位，无论写作者的背景如何（研究语料中的写作者不仅有英语为本族语者，还有来自日本、德国、法国、西班牙、韩国等非英语国家的学者），均需要使用英语完成论文。研究收集的语料显示，所有60本期刊虽然研究话题和专长各异，但全部使用英语作为学术传播语言。②语体选择：均为书面正式语体。研究样本均为国际期刊中的研究论文，以书面形式为基本形态，所有语料均为书面语。所有语篇遵循严格的学术规范，表述严谨，大量使用长句、复句和学科专业术语，布局层次分明，逻辑关系严谨，属于正式语体。③语篇特征：均为IMRD结构的实证性论文。由于学术引用在不同章节中的分布和特征具有明显差异，因此本书选择了具备相似宏观结构的实证性论文作为样本，用以揭示不同章节中身份建构的差异。所有样本均以对研究领域现状的描述开头（引言及文献综述），继而引出研究空间，陈述当前研究设计及方法（研究方法），接着陈述分析实验结果（研究结果），最后论证研究得出的结论（讨论及结论）。

6.1.1.2 引用内容的选择

引用内容的选择是引用行为差异化的重要手段。研究重点关注的类别有学科核心文献的引用、自引、引用中的补充性话语和内容类别四项。

1. 核心文献

首先，从狭义上讲，核心文献是指写作者明确使用"首次""最有影响"等话语凸显在学科内具有原创性、开创性或较高价值的文献。从广义

上说，核心文献是指所有对学科发展有重大价值的研究成果，如知名专家或著名机构的研究成果。由于广义的核心文献没有固定的形式特征加以识别，本书仅对狭义定义下的核心文献进行数量上的统计，广义的核心文献通过案例分析加以阐释。对于核心文献，写作者有两种方式强调其中心地位，一是通过形式体现，二是通过内容体现。通过观察语料，我们发现在形式上，有时写作者会同时使用融入式和非融入式两种引用方式，体现被引文献的重要价值（例 6 - 1）。在内容上，写作者较常使用下列词或短语凸显核心文献，如 first、only、the most influential 等，可以归为三大类。第一类为表达"唯一""第一"或"首次"等意义的副词、代词或形容词，这一类别的话语形式以"only"和"first"为代表，如"first proposed by""Sb. was the first to"等；第二类为表达"最"的形容词或副词最高级形式，具体表达形式多样，如"the most influential""the most notably""the best known model"等；第三类为表达重要性的名词性短语，形式同样多样，如"groundbreaking work""primary evidence"等。

例 6 - 1

The problem is somewhat similar to Sorace's groundbreaking work on the acquisition of unaccusative verbs (Sorace, 1993a, b; see also Montrul, 2005).

可以看出，此例中写作者不仅在句末使用非融入式引用列出被引文献的相关信息，还在句中提及被引作者姓氏，用"开创性"（groundbreaking）这一字眼形容被引研究，这样做不仅显示了这个文献的重要地位，还间接证明了写作者引用行为的重要性。

广义上的核心文献主要包括在研究领域做出开创性研究的学者，学术成果丰硕、影响力大的学者，以及知名机构等个体或机构的研究成果。学科内的开创性研究成果通常经过较长时间的沉淀，从文献的年份看，可能远超过学界普遍认可的近十年发表的研究，但由于这些研究对学科发展奠定了基础或引出了新的重大的研究方向或理论框架，被学界普遍接受，继而形成文献与话题的默认相关（default）。相关的示例如提出系统功能语法的韩礼德、提出关联理论的 Sperber 和 Wilson、学术写作研究领域的 Ken Hyland 等。如例 6 - 2。

例 6 - 2

In ordinary conversation, the literal meaning of words is just one of many cues to a speaker's communicative intent (Sperber & Wilson, 1986; Clark, 1996; Bloom, 1997). (GL4 - 2 - 1)

这篇文献发表于 2014 年，但此处援引的三篇文献均为二十世纪八九十年代的研究，距本文发表已有 20 年左右，但因为这三篇文献在意义理解研究领域的重要地位，仍属于写作者应关注的核心文献。这些文献即使年代较久，也是写作者必须提及的经典著作，此时引用就可能成为半自动化插入的行为，Swales（2014）称之为"引用的半自动性"。

下面我们将对一篇发表于 *Bilingualism* 期刊题为"Eventive and stative passives in Spanish L2 acquisition：A matter of aspect"（论文编号 GL4 - 3）的论文中核心文献的引用情况进行分析。

通过文末引用列表可知，该论文共引用 79 篇文献，其中有 11 篇为 Antonella Sorace 独著或合著完成，占比约为 14%。全文 72 处引用中，有 13 处共 20 次（同一处引用可包含一个或多个 Sorace 撰写的文献）。通过使用 Web of Knowledge 检索发现[1]，Antonella Sorace 现任职于爱丁堡大学哲学、心理学和语言科学部，从 1985 年至 2018 年共有 57 篇文献被 WOK 检索收录，其中 2011 年独立完成并发表于 *Linguistic Approaches to Bilingualism* 期刊题为"Pinning down the concept of'interface'in bilingualism"的论文以 170 次被引用频次入选"领域中的高被引论文"（语言学领域）[2]。可以看出，Antonella Sorace 在语言学界，特别是双语研究领域，具有很高的造诣，其发表的成果无论是在数量上还是质量上均处于领先地位。写作者在此大量引用其研究结果不仅是研究叙事的需要，更是为了通过大量引用这些核心文献展示自己的学术专业性。

2. 自引

引用内容选择的第二项为自引，即写作者（在此指作者栏列出的包括通讯作者在内的所有参与论文撰写的学者）引用之前已经发表、正在审稿

---

[1]　检索日期为 2018 年 2 月 9 日。

[2]　根据 WOK 官网的解释，高被引论文是指到 2017 年 9 月/10 月为止，根据对应领域和出版年中的高引用阈值，本论文受到引用的次数可将其归入其学术领域中最优秀的 1% 之列。

或待出的研究成果。研究发现（Hyland，2003），自引并不仅仅是对文献的客观陈述，而是一种修辞策略（常使用情态动词，见 Thompson & Ye，1991），强调写作者对本领域研究的贡献，强化专业知识的构建，增加研究的可信度，树立写作者在专业领域的权威。一方面，自引同其他引用行为相同，为当前研究提供理论、方法和实践支持；另一方面，自引还展示了当前研究是放置于大的研究背景下的，体现了研究的连续性。对于自引，写作者通常有两种处理方式：一种为隐性地使用文献，以所述观点为焦点，不作特别注明，即在正文中不提及被引文献与写作者的关系。在这种情况下，如果读者不刻意检索，很难发现自引现象。另一种为显性地实用文献，以研究者行为为焦点，在正文中着重提及被引文献与当前研究和写作者的关系。这时，自引现象很容易识别。

通过对写作者姓氏的逐一检索，我们发现研究语料中的语言学期刊的 30 篇文献中，有 19 篇包含自引现象，比例约为 63.3%，共有 127 处引用包含自引现象，可见自引是写作者较常使用的一种话语实践方式。如例 6 – 3。

例 6 – 3

Based on a systematic grouping classification scheme, we estimated individ-ual students' reading skill mastery probabilities by applying the most recent devel-opment of cognitive diagnosis modeling（CDM）（e. g., Jang, 2005; Rupp & Templin, 2008; Rupp, Templin & Henson, 2010）to over 120,000 Grade-6 students in Ontario schools.（GL10 – 1 – 6）

本例出现在论文的引言部分。写作者将第一人称代词"we"放置在主位，这种表达高度直接，显性地表达了写作者前期研究的成果，建构了较完整的研究体系，帮助建构专家学者身份。

3. 补充性话语

引用内容选择的第三项为引用中的补充性话语。补充性话语是指引用行为发生时写作者用于解释被引文献的内容、功能或对被引文献进行评价的话语。补充性话语的长度可以仅为一个单词（如前文在讨论引导者身份时提及的拉丁语缩写"e. g."和"cf."），也可以是大段表述（如例 6 – 1）。在本书的语言学语料中，有 365 处引用使用了补充性话语，约占全部

1 890处引用的19%，也就是大约每五处引用就有一处添加了补充性解释话语。

根据补充性话语的内容可以分为七类：第一类是用于解释被引文献与当前研究的相关点；第二类是对被引文献进行分类（通常涉及多个文献）；第三类是对被引文献进行评价；第四类是引导读者参阅被引文献，如e. g. 、cf. 、see、see also、see…for a review/discussion/details/similar examples/similar methods、…and among others、such as、but see；第五类是解释被引文献目前的发表状态，如to appear、in press；第六类是用于指出被引文献的来源（如示例的来源和转引文献）；第七类适用于显示观点来源为写作者与被引作者的私人交往，具有明显的人际意义。例6-4至例6-10分别对应第一至第七类。

例6-4　解释相关点

The confederate partners actually performed the matching task and so had an authentic need to communicate with the subjects (following Kuhlen & Brennan, 2013's recommendations about using confederates in dialogue experiments). (GL1 -3 -33)

例6-5　分类

To the extent that these "convenience manipulations" do not interact strongly with the effect of interest (for repetition, see Fig. 10 in Levelt et al., 1999; for familiarization, see Alario et al., 2004; for both, see Navarrete, Mahon & Caramazza, 2010) they are typically not considered in detail. (GL3 -2 -8)

例6-6　评价

Finally, in this postprocess era (see contributions in Kent, 1999, and Atkinson, 2003), we must acknowledge an important theoretical limitation of our research: Like all studies that are purely cognitive in orientation, ours can be seen as a contribution to our understanding of what actions L2 writers engage in while they try to produce a text. (GL10 -2 -148)

例 6 - 7　引导

It remains to be seen how these variables map onto the neurocognitive corre-
lates of learning that we report here（see Bond et al. , 2011, for a first attempt
to link individuals' specific language aptitude and non-verbal reasoning ability
with L2 ERP effects）.（GL4 - 1 - 56）

例 6 - 8　发表状态

Scholars have recently suggested that the difficulty lies at those points where
the computational system must interface with other systems, both internal, such
as the syntax/morphology or phonology/morphology interfaces, and external, in
particular the interface between syntax and the conceptual-intentional system
（White, to appear）.（GL4 - 3 - 37）

例 6 - 9　文献来源

Whether form or content is prioritized seems to be mediated by the learner's
level of L2 proficiency, with more proficient learners benefiting in terms of clarity
of content（Lynch & McLean, 2001, quoted in Ellis, 2005a）.（GL10 - 2 - 36）

例 6 - 10　人际交往

Elicited imitation tasks have also been developed in Korean and Portuguese,
and these are expected to be available in IRIS shortly as well（Ortega, personal
communication）.（GL5 - 1 - 52）

　　从上述分类可以看出，补充性话语是写作者在引用时大量使用的一种
话语实践类型，可以完成建议、宣告、表扬、批评等多种信息和人际功
能，对学者的身份建构具有重要意义。

　　4. 内容类别

　　引用内容选择的第四项为引用的内容类别。内容类别是指引用中使用
的话语内容，可包括六类，分别为研究课题/内容、概念/定义/名称、理
论/模型/工具、研究方法/思路、研究结果和研究观点等。

　　研究课题/内容是指被引文献的内容与当前研究拟涉及话题相关，为

当前研究提供理论和实践背景支持，可以仅提及被引作者的研究行为或描述宏观的研究方向，也可以为具有代表性的具体观点（如例 6 – 11）。概念/定义/名称类的引用是指写作者在界定或阐释某一概念或术语时参考了已有的文献，特别是来自顶尖学者或研究机构的具有权威性的观点（如例6 – 12）。理论/模型/工具类的引用是指写作者在研究设计中选择借鉴的已有理论模型，通常会根据当前研究特点修订后使用，或是在实验或结果分析阶段参考使用已有的分析工具（如例 6 – 13）。研究方法/思路类的引用主要和当前研究的设计思路相关，常用于解释、论证当前研究思路的合理性和可行性（如例 6 – 14）。研究结果类的引用主要用于解释当前研究结果，分为结果一致和结果相悖两类，显然，结果一致的引用可以很好地证明研究的有效性和意义，但有时结果相悖的引用可以更好地论证当前研究的原创性（如例6 – 15）。最后是研究观点类的引用，这一类引用之所以单独列出，是要与第一类中的观点引用区别。第一类中的观点引用是聚焦于被引文献，陈述领域已有成果，而这一类研究观点引用的焦点是当前文献，此时引用是为了证明研究设计或观点的有效性，与之前有很大的差别（如例 6 – 16）。

例 6 – 11　研究课题/内容

Research in English for academic purposes（EAP）has typically conceived of its environments in one of two ways：Either it takes place in what may be called the immersion environments that students encounter in countries such as the UK or the US（e. g. , Eckstein, Chariton & McCollum, 2011；Terraschke & Wahid, 2011）or it takes place in environments where English is a foreign language（e. g. , Tatzl, 2011, for Austria；Yayli, 2011, for Turkey）. （GL9 – 2 – 1, GL9 – 2 – 2）

例 6 – 12　概念/定义/名称

Proficiency has been defined broadly in the field, for example, as "a person's overall competence and ability to perform in L2"（Thomas, 1994）. （GL5 – 1 – 7）

例 6 - 13　理论/模型/工具

The analysis was performed with the EEGlab toolbox (Delorme & Makeig, 2004). (GL3 - 2 - 32)

例 6 - 14　研究方法/思路

Scoring followed the Ortega (2000) criteria and was based on the quantity and quality of idea units that were repeated back (4 points maximum per sentence for a perfect repetition; see Table 2 for scoring criteria), with a maximum score on the test of 120. (GL5 - 1 - 41)

例 6 - 15　研究结果

This achievement finding is consistent with other research that supposes that given sufficient time and support, immigrant students in multilingual language environments outperform English monolinguals (Coehlo, 2005; OECD, 2006; McGloin, 2011). (GL10 - 1 - 50)

例 6 - 16　研究观点

The clear and critical finding from our study is that ELLs' language development is greatly shaped and influenced through interaction within concentric circles of multiple settings including students, families, and schools, as well as communities and socio-political environments (Neugebauer, 2008). (GL10 - 1 - 76)

　　上述六类引用内容基本是随着论文的语篇结构一一展开的，有些内容类别和章节关系密切，有些内容也可能横跨多个章节，以上内容在各章节的分布将在下一小节中重点阐述。

6.1.1.3　引用的直接方式

　　引用的直接方式与写作者在引用时选择表达思想的直接或间接程度相关。研究发现，写作者在引用时可以有多组直接或间接的话语实践方式选择，如引用形式上的融入式与非融入式的选择，核心文献表达中的话语标记与内容的选择（即选择直接通过话语建构核心性还是选择通过文献本身的重要性体现，具体示例可参见核心文献的相关讨论部分），评价文献时被引作者姓氏是否凸显的选择（在正文中出现还是在非融入式引用的括号内出现）等。详见例6-17。

例6-17　融入式（直接）

However, **based on Robb and Smith's** (2002) **findings that** the voicing and devoicing gestures become more stable with age, it can be concluded that these stored motor plans are refined over development. (GL7-2-21)

例6-18　非融入式（间接）

There are several reasons for these inconsistent results, with the most likely related to the fact that the measures used were obtained from speech samples that by their very nature are subject to both linguistic influence (e.g., utterance length and syntactic complexity, prosodic variation) (**Stepp, Hillman & Heaton**, 2010) and the idiosyncratic dialectical pattern and articulation rate of the speaker. (GL7-2-4)

对比例6-17和例6-18，前者使用融入式引用，明确表示观点"the voicing and devoicing gestures become more stable with age"是由 Robb 和 Smith 提出，写作者在此没有原创观点的表达，只是借鉴参考。而后者将被引文献信息放在正文之外，强调的是写作者对观点的贡献，而弱化被引作者与观点的直接关系。

　　综上，虽然写作者在不同的写作阶段使用直接方式的情况会略有不同，但仍可以归纳为两大类：一类是由引用的位置决定的直接性，按照直接性依次递减的顺序依次为被引信息同时出现在正文和括号中（如例6-19），被引信息仅出现在正文中，被引信息出现在括号或备注里，以及被引信息出现在核心句之外（写作者在提出负面评价时，有时会在评价结束后罗列文献，用以降低对被引作者的面子威胁）；另一类是是否明确使用话语标记语，通常为出现话语标记语是凸显，反之弱化。

例6-19

Schucht et al. proposed that the acceleration of ongoing arm movements that they observed were due to stimulation of NMAs (Schucht et al., 2012). (GL3 - 1 - 11)

6.1.2 微观话语层面上参与身份建构的方式

从微观层面看，话语实践类型可包括言语行为、称呼语、语法、词汇或短语等。结合引用行为的特点，我们认为在微观话语层面，可供写作者选择的话语形式有言语行为、语法、转述动词的选择以及多文献引用和直接引用的方式选择。

6.1.2.1 言语行为

首先，我们来看引用建构过程中涉及的言语行为选择。美国哲学家 Searle 在著名学者 Austin 研究基础上提出的言语行为的五种分类受到学界广泛认可，分别为：阐述类/断言类（representative/assertives）、指令类（directives）、承诺类（commissives）、表达类（expressives）和宣告类（declarations/declaratives）（详细内容参见 Searle，1975，1979a，1979b，2002）。引用时，上述言语行为类型并非全都会参与写作者的身份建构。在学术写作中，写作者可根据语境通过引用陈述观点、汇报已有研究或证明当前研究结论（阐述类/断言类），使用“see...for a review”引导读者参阅文献（指令类），使用具有评价意义的话语褒奖或批评已有观点（表达类）等进行言语行为的选择。如例 6 - 20。

例 6 - 20　阐述类

The procedures for measuring F0 onset and F0 offset closely paralleled those of Watson (1998) and Robb and Smith (2002). (GL7 - 2 - 17, GL7 - 2 - 18)

此例出现在研究方法部分。这句中的引用陈述了写作者参照了两个文献，展示了实验测量方法的来源（同时，“closely paralleled”显示了写作者严谨的学术态度），佐证研究设计的合理性，属于阐述类行为。

例 6 - 21　断言类

We examined perceptually fluent utterances in the present study; this is important to note given the observation by Sacco and Metz (1986, 1989), that compared to normally fluent adults, adults who stutter showed significantly greater period-byperiod F0 onset variability when utterances containing disfluencies were combined with similar fluent utterances within the same sample. (GL7 – 2 – 27)

此例出现在讨论及结论部分，是写作者对当前研究的总述和观点的升华。句子以第一人称代词作主语，表达了与读者交流的意愿，并且显性地承担了观点的责任，后半句写作者使用 "this is important to note…, that" 结构，表达了后面从句（即当前研究的主要内容）的重要性，属于断言类行为。在这样的语境下，引用行为 "given the observation by Sacco and Metz (1986，1989)" 参与了对当前研究重要性的判定。

例 6 – 22　指令类 1

The second reason this question is important is because intonational boundaries in the sentence processing literature have traditionally been studied with the goal of understanding whether intonational boundaries disambiguate syntactic structure; with the assumption that these prosodic boundaries can be detected by listeners using bottom up acoustic cues (see Wagner & Watson, 2010 for a review). (GL1 – 1 – 24)

此例出现在引言及综述部分。类似的示例在讨论引导者身份时我们已经见过许多，在此我们重点关注的是引用的言语行为选择。本例中写作者使用了 "see…for a review" 的祈使形式，指引读者转向 Wagner 和 Watson 的文献，了解更多、更全面的有关 "语调边界" 的观点。可以看出，这里的引用可归入指令类言语行为。但我们还应注意，写作者需要通过读者传播学术观点，因此这里的指令更多的只是一种建议，没有强制性。又如例 6 – 23。

例 6 – 23　指令类 2

However, we **need to keep in mind** that Negueruela et al. (2004) reported no such shift for either group of L2 speakers (Spanish and English) examined in their research. (GL5 – 2 – 86)

此例出现在讨论部分。通过谓语部分的表述 need to keep in mind 可以看出，写作者的表达比较强势，旨在强调从句内容的重要性和自己的专业性。

例 6 - 24　表达类

Although studies by Ferris and colleagues（referred to above）have reduced theirs to five broad categories, the effectiveness of this approach is nevertheless questionable.（GL8 - 1 - 40）

此处引用出现在引言及综述部分。写作者使用让步状语从句陈述了 Ferris 和同事对其研究作出的修订，但显然写作者对于这些修订并不完全赞同，仍然对其方法的有效性提出了疑问（questionable）。

6.1.2.2　语　法

在引用中，语法选择主要包括引用句法形式的选择（融入式或非融入式）、主语的选择和时态的选择。其中，与身份建构关联密切的是前两者。时态的选择①因其随机性较强，且受语法规则制约，在此不作深入探讨。

前文多次提到，John Swales 最早于 1990 年提出融入式与非融入式引用的划分，我们在分析核心文献、直接方式时也对这两种形式作了粗略的分析，但因为融入式与非融入式的选择是多种话语实践方式的构成要件，之前的讨论并未全面涵盖这两种引用形式的特性，且融入式与非融入式对于引用中的身份建构具有非常重要的意义，因而在此单独列出。在研究语料中，融入式引用与非融入式引用的比值约为 3∶7。根据 Hyland 和 Jiang（2017）的研究，在过去五十年中，非融入式引用数量的上升幅度超过三分之一，在其研究样本中占比约为 85%。可以看出，写作者在引用时更倾向于将被引信息放置主句之外，弱化被引文献。如前文所述，两种引用方式不仅仅有形式上的区别，两者在功能和修辞效果上也存在差异。本研究认同 Thompson（2005）的观点，非融入式引用强调观点，融入式引用聚焦

---

①　学术引用中使用的主要时态有过去时、现在完成时和一般现在时。引用中的时态使用会依据被引文献的位置和引用方式而变化，具有一定的随机性，没有固定的公式可以参考，如 Malcolm（1987）对引用中时态的研究，单项准确率最高仅为 74%。但有学者认为（如 Malcolm，1987；Swales，1990），现在时常用于对现有研究的概括性表述，过去时一般用于对单一、具体研究的评价或陈述。

研究者行为。两种方式均可用于陈述已有研究事实，但也存在差异。在陈述已有研究时，非融入式引用是写作者意图加入自持观点时常选取的方式，而融入式引用结合转述结构的使用，是写作者在意图评价文献时的重要手段。同时，融入式与非融入式选择中被引作者信息的显隐也为写作者身份建构中的显隐提供了选择。

此外，句子的主语是传递人际意义语气结构的重要成分（Halliday，1994），引述句的主语有助于发现学术语篇中人际意义的特点（鞠玉梅，2016）。在第 3 章中，我们已经对引述句的主语进行了探讨和划分。按照引述句的主语是否为写作者或指代当前研究，可以分为两大类：一类以"I""we""our results""ours""the author，the present research"等指称写作者或当前研究的表述方式为代表，突出写作者对于观点的贡献和责任（如例 6-25）；另一类以"he""they""the previous studies"或是被引作者姓氏等指称被引研究相关内容的表述方式为代表，弱化写作者与观点的联系，倾向表达客观的事实陈述（如例 6-26）。

例 6-25

We represented facilitated performance by fitting planned contrasts with weights -1.75，-0.75，0.25，1.25，0.25，1.25，0.25，-0.75 with the minimum at the $0°$ heading（see also Greenauer & Waller，2008）.（GL1-2-59）

此例出现在研究方法部分，用于解释写作者的研究行为。这里使用了第一人称代词的复数形式"we"，拉近了读者与写作者的距离，表达了交流的意愿，同时写作者还在引用时使用标记语"see also"引导读者参阅相关文献，证明研究方法的可靠性。

例 6-26

Two of the previous studies（Özyürek，2002；Stam，2006）limited the scope of their research to speakers of a V-Language（Turkish in Özyürek's study and Spanish in Stam's study）speaking in L2 English.（GL5-2-51）

此例出现在引言及综述部分，用于陈述前人观点。这里选择的主语为非人称表达"Two of the previous studies"，用研究名词作主语，人际交往意愿较弱，突出了陈述的客观性。

6.1.2.3　转述动词的选择

转述动词是转述结构研究的一个重要分支，也是写作者表达立场和态度最直接的手段。按照活动类型，转述动词可分为三类：研究行为、认知行为和话语行为（Thompson & Ye，1991；Thomas & Hawes，1994；Hyland，2004）。Hyland（2004）与 Thompson 和 Ye（1991）的观点类似，都认为写作者在引用时可以明确表达个人观点立场，或为被引作者划分一种观点立场。在此，我们主要参考 Hyland（1999，2004）以及 Hyland 和 Jiang（2017）的研究中有关转述动词评价意义的划分类别，将写作者对前人研究的转述方式分为正面汇报（acknowledge、point out、establish）、负面汇报（fail、overlook、exaggerate、ignore）或中立，不表明明确立场。前两种汇报方式无论是正面还是负面均表达的是被引文献作者的观点，与事实陈述相关；而第三种方式看似中立，实际上是写作者表达评判的重要场所（Hyland & Jiang，2017）。通过转述动词的使用，写作者可以赋予被引作者特定的观点立场，将他们的观点描述为正面（advocate、argue、see）、中性（address、comment、look at）、试探性（allude to、believe、suggest）或批判性（attack、object、refute）。纵观转述动词的大类和各子类，大部分转述动词都参与对前人研究的陈述，只有写作者在通过赋予被引作者特定立场的过程中的正面或负面表述，间接地完成了陈述、评价等行为。请参见以下示例。

例 6 - 27　正面

This **has been confirmed** by a considerable body of literature，dealing with topics such as the extent to which English has become the default language of research publications（e. g.，Ammon，2001），how this affects scholars' careers（e. g.，Flowerdew，2007）and also other languages used for research publication and dissemination（e. g.，Hamel，2007）。

例 6 – 28　正面

Byrnes et al.（2006）**argue** that exposing students to a variety of genres in this manner has the potential to strengthen learners' awareness of the discourse-level features that relate to the communicative purpose of each genre；this increased awareness assists students in writing competently in various situations beyond the classroom.（GL8 – 2 –43）

例 6 – 29　批判

However，Cole et al.（2010）**did not directly manipulate** listener expectations of intonational boundaries.（GL1 – 1 –22）

例 6 – 30　批判

In other words，studies on genre-based approaches **tend to overlook** questions about what learners learn，how they learn it，and whether the necessary learning takes place in the genre-based framework of teaching and learning writing（Watson Todd，2003；Cadman，2005；Tardy，2006；Cheng，2006，2007；Dovey，2010）.（GL8 – 2 –43）

例 6 – 31　陈述

In addition，Flege（1988）**found** that Mandarin speakers did produce longer vowel duration before final［b］than before［p］.（GL1 – 3 –41）

对于使用转述动词表达立场的判定，因为转述动词的具体形式繁多，且受到写作者个体写作风格和语境影响较大，不能简单地依照某一列表划分，而应放置于语境中，结合多维度因素综合判断。

6.1.2.4　多文献引用和直接引用

多文献引用和直接引用都是引用形式分析的新话题（如 Hyland & Jiang，2017）。研究语料平均每处引用中的文献个数为1.7 个，有585 处引用的文献数超过1 个，最多一处达到31 个。同一处引用中使用一个还是多个文献对于引用的事实的成立没有实质影响，但会对写作者表达立场的强弱程度产生影响，因而认为多文献引用可以帮助写作者展示学术积累，体现专业性。

直接引用是写作者直接使用被引文献中原文进行叙述的一种形式，按照引用内容的长度，可以分为"词语短句引用"和"缩进引用"。根据《美国心理学会（APA）出版手册》（2010）的规定，直接引用原文超过40 个词时需要使用缩进引用形式（block quotation）。研究语料中直接引用共出现 148 处，占比不足 10%，其中缩进引用仅出现 14 处，说明写作者在使用直接引用，特别是缩进引用时非常谨慎。按照引用格式要求，直接引用不仅要使用引号凸显引用的话语，还需注明原文的页码，以备读者参考。无论是从形式还是内容看，直接引用都将被引文献和被引作者推至前台，而写作者则退居幕后，显性程度很低。

至此，我们从宏观和微观两方面对引用行为发生时写作者可能用于身份建构的话语实践方式进行了梳理。可以看出，写作者在引用时有多层次、丰富的话语方式可选择。这些具备各自特性的方式不仅使得引用具有多样性，同时也为写作者通过引用表达立场和身份提供了可能。

6.1.3　对于学术引用参与身份建构的说明

陈述者身份和引导者身份的建构基本可以通过分析引述句本身直接判定。然而，其他身份类别不能通过引述句本身建构，通常需要结合上下文语境以及背景信息等综合考量。因此，大多数情形下，引用行为是参与身份的建构，而非直接建构身份。如评价者身份和辩护者身份因为不仅涉及被引文献内容，还包含写作者的观点，内容较多，较难直接通过引述句本身建构，常需要结合上下文文本，共同完成建构。下面我们来看示例。

例 6-32　参与评价者身份建构示例

One of the most common of such methods, largely inspired by studies of oral production (e. g. , Goldman Eisler, 1972; Holmes, 1984, 1988), involves the analysis of pauses writers make when composing, on the assumption that their duration and position will allow the researcher to make inferences about the complexity and nature of the processes in which the writer is engaged (Matsuhashi, 1982; Caccamise, 1987; Dansac & Alamargot, 1999). **This procedure, however, does not say much about what goes on in the mind of the writer**

155

when planning. Given our research focus, we opted for concurrent protocols in the belief that this method would allow us to obtain a more "accurate" picture of our participants' online processing given that, as defended by Ericsson (1998), concurrent verbal reports (a) offer the closest connection between thinking and its verbalization and (b) are more valid than other forms of verbal report because of the absence of a time interval between the occurrence of a thought and its verbal report. (GL10 – 2 – 79, GL10 – 2 – 80, GL10 – 2 – 81)

本例出现在研究方法部分，旨在论证当前研究的数据分析方法的合理性。前两处非融入式引用主要用于陈述现有研究中对类似数据的分析方法惯例以及相关假设。在后一句（粗体格式为本书作者添加）中，写作者对现有的分析方法提出疑问，指出现有的操作方法忽视了对作者心理的分析。可以看到，如果单独分析，前两处引用建构的是典型的陈述者身份，但是结合第二句中的评述性话语，可以看到在陈述客观信息的同时，前两处引用还参与建构了评价者身份。如果再向后延伸，可以看到本例中的第三句提出改进后的分析方法并给出解释，参与建构了辩护者身份。这种论述结构在研究方法部分较为典型，可归纳为"陈述 + 评论 + 辩护"模式。

此外，还有一种评价方式更为隐晦，写作者对现有研究内容、方法等作出较为负面的评价，但含有评价表达的句子中并不出现具体文献，而是在后续论证中逐一列出相关文献，这种情形也属于引用间接参与评价者身份建构的情形。

例 6 – 33　参与辩护者身份建构示例

Many second language learners produce L2 pronunciations that are notably unlike those of native speakers, often showing a heavy influence of L1 sound inventory and sound patterning (e. g., Flege & Eefting, 1987; Hancin-Bhatt, 1994; Best, McRoberts & Goodell, 2001; Clements, 2001; Brannen, 2002; White & Mattys, 2007; Eckman & Iverson, 2013; Sirsa & Redford, 2013). Our experimental design took advantage of the fact that ambiguities arise when non-native speakers fail to make necessary contrasts in the target language. (GL1 – 3 – 27)

此例出现在研究方法部分的开头。此处引用陈述了相关研究结论，并且在非融入式引用的括号中列举了 8 个文献，是典型的陈述者和引导者身份建构示例。但是结合引用出现的章节可以发现，这些陈述和引导的目的是证明当前研究设计的意义和合理性，为当前研究辩护。这一点可以从接下来的一句中看出：写作者使用 "our experimental design…" 清晰地表明前一句所述观点是当前研究设计的参考和依据。前后两句属于同一语步，均为验证研究方法，因此可视为参与建构辩护者身份的示例。

除了上述示例，我们在分析过程中还看到大量引用行为参与身份建构的情形，特别是在讨论和结论部分，许多辩护者身份都是通过引用行为的参与而完成建构的。即使是建构频次最高的陈述者身份，在许多情形下也需要结合语境分析写作者的建构动机，排除评价或辩护等可能性。因此，本书将学术引用行为在写作者身份建构过程中的角色描述为参与身份建构，而非直接建构。

6.2　学术引用参与身份建构的话语方式的分布特征

在上一节对引用中的话语实践方式进行梳理的基础上，本节将对宏观和微观层面上身份的建构方式在学术语篇各章节中的分布情况进行分析。但由于引用中有些话语实践方式并没有固定的话语标记语与之对应，很难进行数量上的统计（如广义的核心文献、直接方式等），因此本节的分析将会参照数量分布和性质特点综合阐释。

6.2.1　宏观话语层面上的分布特征

如前文所述，在宏观话语层面，语码和语体两项受到学术语篇规范的制约，写作者无法自主选择，只能接受英语作为国际学术交流通用语的学科规范，使用书面正式文体撰写论文。由于研究选取的语料均为符合 IMRD 结构的研究论文，因此语篇特征在此也不作讨论。下面将就话语内容和直接方式（话语方式）中的细项分布展开讨论。

与引用行为相关的话语内容包括核心文献的选取、自引现象、补充性话语和内容类别。含有明确话语标记的核心文献，即狭义的核心文献，在研究语料中出现的频次不高，仅在 6 篇论文中出现 12 次，但特别值得注意的是，所有含有 "first" "only" "the most influential" 等标记话语的核心文献引用全部都出现在引言及文献综述部分。引言及文献综述部分是学者阐述研究背景、指出研究空间、创建新的研究空间以及证明当前研究意义的重要场所，是研究论文的重要组成部分。基于这些特性，写作者可以通过引用学界重量级的研究成果加大论述的力度和强度。在肯定被引文献学科地位的同时，写作者也向读者展示了自己对学科背景的熟悉程度和专业水准。对于广义的核心文献，通过被引文献的年份、被引作者的成果数量以及语境等要素共同分析，我们发现这类核心文献的数量多，且分布范围广。对于当前研究重点参照的被引作者的研究常常会连续、多次引用，且从引言综述到研究结论探讨均可见到这类文献。这两种核心文献的分布特征从一定程度上说明，写作者更倾向于使用隐性的方式，从内容上认可被引文献的核心地位，而在使用明显的话语标记语时比较谨慎，只会对学界认同度较高的文献采取显性的引用方式。

自引现象在研究语料中共出现 127 处，在不同章节中的具体分布数量为引言及文献综述部分 61 处，研究方法部分 20 处，研究结果汇报部分 7 处，讨论及结论部分 39 处。与各章节的引用总数（分别为 1 059、268、107 和 456）的分布进行对比（见图 6-1），可以发现两者的比值为 11 至 17 之间。自引数量的分布与引用总数的分布相似，第一部分和第四部分最多，其次是研究方法部分，研究结果汇报部分分布最少。可见，虽然自引会受写作者自身学术成就和主观意愿影响，但自引现象仍受到章节特点的制约，呈现一定的规律性。

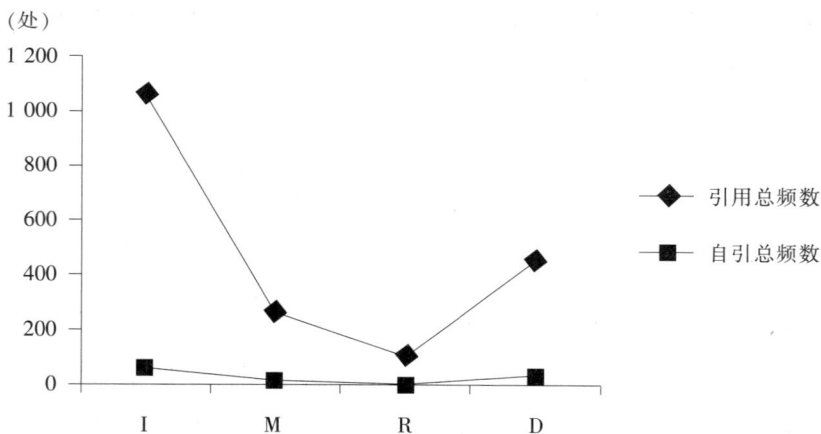

图 6-1　各章节中引用总频数与自引总频数分布图

　　下面讨论的是补充性话语的分布情况。补充性话语共出现 365 处，在各章节中的分布数量分别为 187 处、69 处、26 处和 83 处，约占总引用数量的 19%，如前文所述，大约每五处引用就有一处使用补充性话语，比例很高。同样与各章节中的引用总数对比，两者的比值在 3.9 至 5.6 之间，较为稳定。可以看出，补充性话语是引用中使用较为稳定的一种话语实践方式。从前文的讨论可以得知，补充性话语具有人际和信息等。依据不同章节的特点，补充性话语可用于解释被引文献与当前研究的关系，对文献进行分类、评价，引导读者参阅或对比文献等多种功能。具体选择依据语境而定，与章节有一定的相关性，但并不固定。

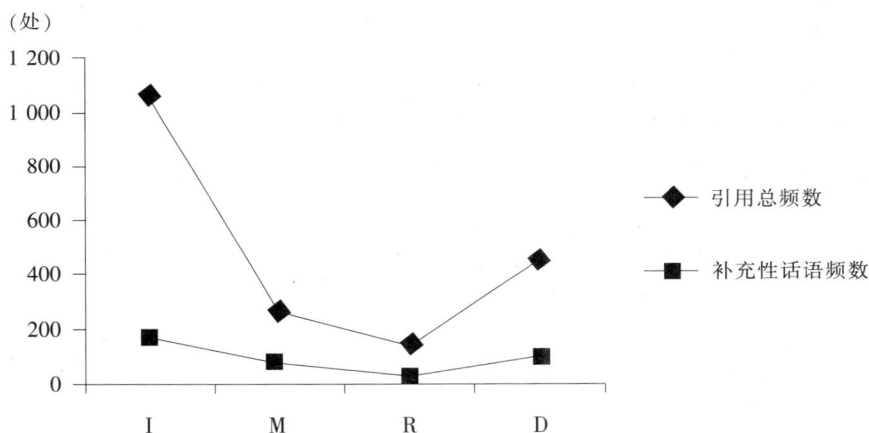

图 6 – 2　各章节中引用总频数与补充性话语频数分布图

　　按照前面的讨论，内容类别包括研究课题/内容、概念/定义/名称、理论/模型/工具、研究方法/思路、研究结果和研究观点等。总的来说，这些内容类别与论文的各章节相对应，按照语篇的展开，依次出现在四个章节，但也会有一些重叠。通过分析语料发现，研究课题/内容多见于引言及文献综述部分，概念/定义/名称可分布于引言或研究方法章节，理论/模型/工具和研究方法/思路因为与研究设计相关，多用于研究方法和研究结果汇报部分，研究结果出现的章节较集中，多为研究结果汇报部分。研究观点常见的章节为讨论及结论部分，但有时作者为了创建研究空间，证明当前研究的价值，也会在引言部分提出自己的观点。

直接方式涉及的三部分内容，其中核心文献已经在上述讨论中涵盖，在此仅对融入式/非融入式引用的分布和评价文献时被引作者姓氏的位置选择进行讨论。首先，所有语料中共出现引用 1 890 处，其中融入式引用 577 处，非融入式引用 1 313 处。有学者（如 Hyland & Jiang，2017）认为，虽然近年来随着信息化的普及，写作者越来越容易查找文献，引用的数量逐年递增，但是在融入式和非融入式引用的选择上，学者更倾向于使用非融入式引用借用观点。但通过对研究语料的分析，可以看到非融入式引用的优势会随着章节的转换而变化。参照图 6 - 3 中对比非融入式引用和融入式引用在论文各章节中的分布数值，可以看出，在引言和文献综述部分以及研究方法部分，写作者更多地选择使用非融入式引用。特别是在引言和综述部分，非融入式引用具有绝对优势，但两者的差距逐渐缩小；在研究结果汇报部分，两种形式的数量基本持平；而在讨论及结论部分，融入式引用超出非融入式引用 140 处。可见，章节对于两种引用形式的选择具有较大影响。

（处）

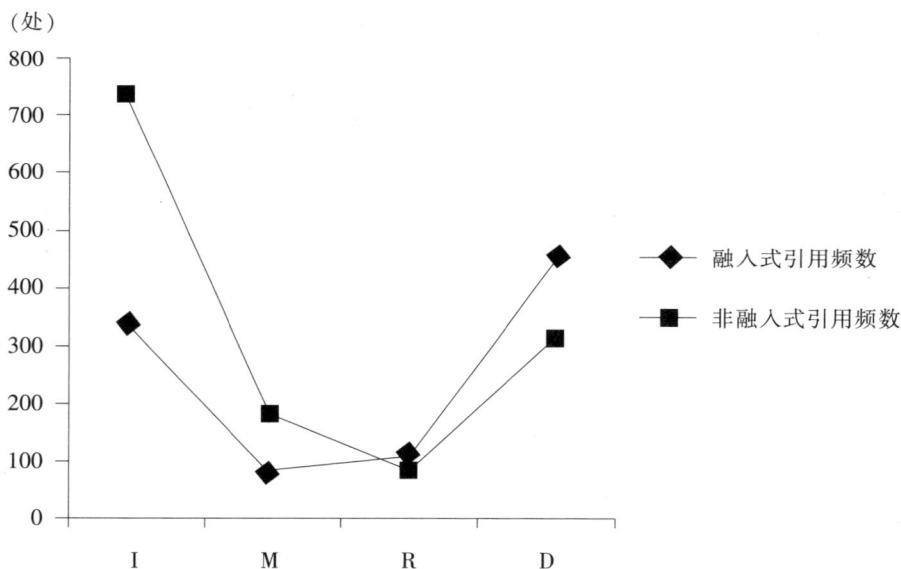

图 6 - 3　融入式引用与非融入式引用在各章节中的分布

Coffin（2009）曾指出两种引用形式的选择或与对观点讨论的开启或

结束有关。具体来说，非融入式引用通常表达写作者接受被引观点，关闭了讨论通道，而融入式引用限定了文献的来源，开启了讨论的可能。前两章，写作者主要通过引用陈述研究背景信息和创建研究空间，被引作者的研究和观点等是陈述的重点，所引内容大多为写作者接受或认同的观点，通过非融入式引用形式实现，写作者退居幕后。而后两章，特别是第 4 章是整个研究最重要的章节，写作者需要证明研究结果和结论，因而加入了大量的学术讨论，通过融入式引用可以邀请被引作者加入讨论，而写作者本人也从幕后转到台前。

　　下面，我们来看评价文献时被引作者姓氏的位置情况。研究语料中所有含有评价性话语的引用仅有 95 处，由于数量较少，如果从量上分析此类引用在四个章节中的分布特征，结论不具有说服力，因此我们对此类引用形式的分析不按章节划分，而是与评价内容关联。如果仅从被引作者姓氏的位置判断，位于主句内和位于括号内的数量几乎持平；评价文献选取的引用方式与评价内容有很大的相关度，如果从评价内容看，约三分之二的含有肯定和补充性评价内容的引述句将被引作者姓氏包含在主句内，而仅有约五分之一的含有批评或否定评价内容的引述句将被引作者的姓氏包含在主句内。可见，写作者倾向于弱化含有负面评价的引用与被引作者的关联，强化含有肯定评价的引用与被引作者的关联。但我们也应注意到，还有相当数量的引用范例没有弱化这种关联，而是选择将被引作者包含在负面评价的引述句内，如前文所述，融入式引用限定文献的来源，创建了讨论空间，这种写作方式也可反映出写作者对文献的准确把握和学术自信。

6.2.2　微观话语层面上的分布特征

　　在微观话语层面，参与身份建构的引用形式有言语行为、主语选择、转述动词等。与引用行为相关的三种言语行为（阐述类/断言类、指令类和表达类）与陈述者身份和辩护者身份、引导者身份以及评价者身份紧密相关，而与章节的相关性不大，具体可参见下一节有关身份类别与建构方式的论述。引述句主语和转述动词的选择主要受制于具体建构的身份，将会在下一节身份与方式选择的关系中详细阐述。因此，微观话语层面的分析将集中探讨多文献引用和直接引用的分布。

　　多文献引用是写作者综合展示前人研究的重要手段。在本研究中，有超过 30% 的引用包含多个文献，平均每处使用的文献个数为 1.65，在各章节中的具体个数为 354、76、27 和 128（如图 6-4）。通过计算发现，引言及文献综述部分包含多文献引用的比例最高，达到 33.4%，而研究结果汇报部分的比例最低，为 25.2%。Hyland 和 Jiang（2017）通过历时分析发现，近五十年来写作者越来越倾向于使用多个文献概述前人研究，为强调和释义文献提供便利。这一结论可适用于解释第 1 章中多文献引用的高频出现。而研究结果汇报部分通常涉及的被引文献较具体，仅为与当前研究近似的研究，背景陈述较少，可能造成多文献引用数量相对较少。

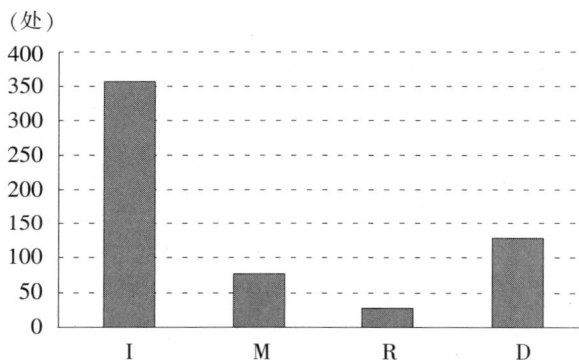

图 6-4　多文献引用在各章节中的分布

直接引用是写作者比较谨慎选择的引用方式，通常只有当文献原文是对观点的最佳呈现方式时，写作者才会倾向于使用原文，特别是长直引的使用更是如此。研究语料中直接引用共出现 148 处，其中长直引为 14 处。直接引用在各章中的分布为 81、18、5 和 44 处（见图 6-5）。从总数上看，仅有不到 8% 的引用会使用原文直接引述被引作者的术语、示例或观点，而且分布集中于第 1 章和第 4 章。长直引的分布更能体现这一特点，14 处长直引全部出现在第 1 和第 4 章，8 处出现在第 1 章，6 处出现在第 4 章。

（处）

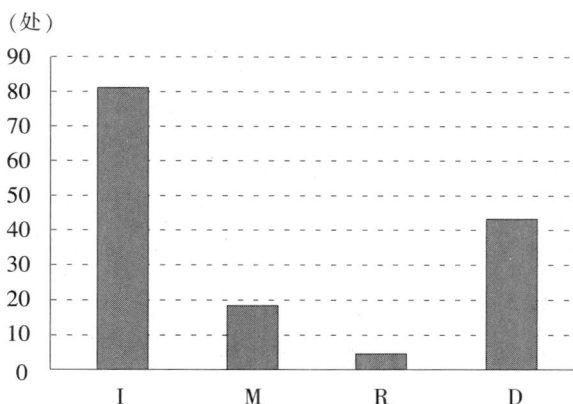

图 6 - 5　直接引用在各章节中的分布

　　以上，我们从宏观和微观两方面讨论了参与建构身份的话语实践方式的分布特征，可以看到，有些方式的分布与章节特征联系紧密，而有些方式则需联系引用内容等多种因素进行综合分析。

6.3　引用方式参与不同类型身份建构的方式

　　至此，我们对引用行为涉及的话语实践类型的具体方式和分布进行了探讨，但是这些方式与身份建构有怎样的关联，呈现何种特征？这些问题将在本节展开讨论。下面，我们将对引用动机驱动下建构的七种身份与引用方式的关系进行分析。

6.3.1　建构陈述者身份时的引用方式

　　陈述者身份通过写作者对前人文献的描述和归纳而建构，是分布最为广泛的身份类别。本书将写作者通过引用行为陈述宏观微观研究背景、进展、热点、已有研究行为、具体观点、研究方法、工具等内容过程中建构的身份归为陈述者身份。在宏观话语方面，写作者可以使用的方式有内容类别（引用研究课题和内容、引用观点/解释）、补充性话语（解释与当前研究的相关性、对文献的分类、解释发表状态）和直接方式（融入式与非融入式）。在微观话语方面，可使用的方式有言语行为选择（阐述类）、句法选择（融入式与非融入式）、主语选择（在讨论部分使用非当前研究作主语，参与辩护者身份建构）、转述动词（研究行为等类别）和直接引用。这些话语方式通常不会单一出现，而是呈现一定程度的关联。

在陈述者身份的建构过程中，首先，写作者根据章节特点进行内容类别的选择，有的内容可出现在几乎所有章节，有的具有特定章节属性，只出现在某一特定章节。如前文所述，大约80%的陈述者身份出现在引言及文献综述部分，占比约为76%。根据 Swales（1990）的 CARS 模型，研究论文的引言及文献综述部分包含三个语轮，分别是提供研究背景、确立新的研究空间以及占据研究空间。据此，陈述者身份在引言综述部分较常选择的内容类别有引用研究课题/内容、引用概念/定义/名称、引用理论/模型/工具以及引用观点/解释。在其他三个章节，内容类别的选取分别为：在研究方法部分主要为引用概念/定义/名称、引用理论/模型/工具和引用研究方法；在研究结果汇报部分主要为引用研究结果；在讨论及结论部分主要为研究观点/解释。此处的言语行为类别为阐述类，汇报已有研究。

其次，写作者根据是否凸显被引文献作者在融入式引用和非融入式引用中作出选择，并确定引述句的主语（被引作者姓氏、指代非当前研究的代词或名词短语等）、转述动词、补充性话语和是否使用直接引用。其中，融入式和非融入式的选择分别对应被引作者的显隐。根据 Swales（1990，2014）对融入式引用的分类，被引作者可以直接作主语、作施动者、出现在附属成分（介词短语、附属从句）、出现在名词性从句中（所属格、施动结构）或其他形式。在融入式引用的类别中，与主语选择相关的是被引作者姓氏或包含被引作者姓氏的名词性短语，这两种形式都可强化被引作者与观点的联系；反之，非融入式引用常使用"he""the previous studies"等指代非当前研究的词或短语作主语，弱化被引作者与观点的联系。

最后，写作者在确定了引用的句法形式和主语之后，还可以选择是否使用转述动词。多样化的转述动词为写作者陈述前人观点提供了多种可能。在陈述者身份建构中，表达研究行为的动词（如 discover、find、show、analyze、calculate 等）、表达认知行为的动词（如 believe、suspect、view 等）以及表达话语行为的动词（如 discuss、hypothesize、state 等）是写作者使用的主要类别。这些动词通常都不表明写作者立场，只是客观陈述研究行为或内容。

补充性话语是对引用内容的进一步解释说明，在陈述者身份建构中可用于解释被引文献与当前研究的相关性、对被引文献进行分类以及解释发表状态等。此外，直接引用也是参与建构陈述者身份的方式之一，写作者还可以在词汇、短语层面的引用和长段引用中进行选择。

下面，我们通过实例来看陈述者身份的具体建构过程。

例 6 - 34　引言及文献综述部分的陈述者身份建构

Research in applied linguistics and education has suggested for some time that the amount of education immigrant adults receive in their native languages in their sending countries is a strong predictor of the effectiveness of English language training and, subsequently, of their acquisition of English in the United States (Reder & Cohn, 1984; Earl-Castillo, 1990; Alcala, 2000; Condelli & Wrigley, 2003; Strom & Young-Scholten, 2004; Condelli, 2006; Condelli, Wrigley & Yoon, 2008). (GL10 - 3 - 1)

此例是论文的第一处引用，出现在引言及文献综述部分，归属于提供研究背景的语轮，建构的身份类别为陈述者身份。在此，写作者选择的引用内容为引用研究课题，采取非融入式引用的呈现方式，主语 "research" 为指代非当前研究的名词，概括陈述了多个文献内容。写作者选择使用转述动词 "suggest" 表达被引作者的认知行为。

例 6 - 35　研究方法部分的陈述者身份建构

Bach et al. (1986) found that the average number of correct answers (to paraphrase questions) was 1.68 for the 2-verb Dutch construction and 1.66 for the 2-verb German construction (maximum 2), and the average for non-embedded versions of the sentences were 1.82 and 1.80 for Dutch and German respectively. (GL6 - 2 - 44)

此例出现在研究方法部分，是数量不多的研究方法部分建构的陈述者身份示例。本句出现的背景为解释研究材料选择的合理性，引用的内容为研究观点，采取了融入式引用方式，用被引作者姓氏作引述句主语，呈现特定作者的观点，具有很强的观点可追溯性。此例也使用了转述动词，"found"是典型的表达研究行为的动词。

例 6 - 36　研究结果汇报部分的陈述者身份建构

Kita and Özyürek（2003）have analyzed narrations of scene 3 produced by L1 speakers of English，Japanese，and Turkish.（GL5 - 2 - 77）

此例为研究结果汇报部分陈述者身份建构的示例。本例中写作者引用了被引文献研究内容，采用了融入式引用方式，用被引作者姓氏作主语，使用表达研究行为的转述动词"analyze"。虽然陈述者身份在此部分的建构形式上与第一部分（引言综述部分）相类似，但这里的陈述者身份实则参与论证研究结果，而非单纯地陈述已有研究行为。

例 6 - 37　讨论及结论部分的陈述者身份建构

The awareness of choices could be interpreted as an awareness of constraints，but as Hyland（2004）argued，choice can be facilitated by constraint，and "the ability to create meaning is made possible by awareness of the choices and constraints that the genre offers"（Hyland，2004）.（GL8 - 2 - 76，GL8 - 2 - 77）

讨论及结论部分通常是写作者陈述总结观点、建构辩护者身份的重要位置。陈述者身份在此通常是参与辩护者身份的建构，具体过程将在 6.4 节中探讨。可以看到，这里写作者选择引用的内容为被引文献的具体观点，形式上结合了融入式和非融入式，在"as"引导的状语从句中，被引作者姓氏作主语，转述动词选择了"argue"表达认知行为。特别是，本句中还使用了直接引用，将被引文献的原文加入当前论述中。

以上我们探讨了陈述者身份建构中写作者可以选择使用的引用方式，并通过示例分析了在论文的不同章节中陈述者身份的建构过程。

6.3.2　建构评价者身份时的引用方式

评价者身份是写作者论证观点的重要身份类别，从宏观话语方式上看，可使用的方式有补充性话语（评价）、引用内容中可涉及评价的类别以及直接方式（融/非融、评价显隐）；从微观话语方式上看，可使用的方式有言语行为（表达类）、句法（融、非融）以及转述动词（评价意义）。评价者身份主要出现在引言综述和结论部分，论证研究方法合理性时也有少量出现。在各章节中，评价者身份的话语实践方式类似，通常都包含具有评价意义的表达，差异主要体现在引用内容的类别。如在引言部分，写作者常常在论证研究空间时建构评价者身份，通过对前人研究的方法、内容、话题和结果等表示肯定、提出疑问或补充来导出当前研究。在研究方法部分，评价者身份的建构常与写作者对前人研究方法的设计、对象、操作等的评判相关。在讨论及结论部分，被引文献的具体观点通常为引用的重点。从第 5 章的身份分布可以知道，研究方法部分没有出现评价者身份，这一现象可归因于这一章节中的内容主要与当前研究相关，且主要为对事实的客观陈述，不需要加入主观判断。

此外，写作者可以通过融入式和非融入式、被引作者的位置、具有评价意义的转述动词等话语实践方式凸显或隐藏评价者身份。融入式引用因为可将观点与具体学者相联系，属于凸显评价者身份的引用方式。相应地，非融入式引用通过括号将观点与学者分隔开，属于隐藏评价者身份的引用方式。当被引作者充当主语，或出现在正文的名词属格结构（如 the findings of A）或是介词短语［如（the study）by A］，且包含这些结构的分句同时含有评价表达时，写作者通常意在建构显性的评价者身份（如例 6 - 38）。而当这些结构与含有评价表达的分句不同时出现在同一分句时，写作者倾向于建构隐性的评价者身份（如例 6 - 39）。最后，含有评价意义的转述动词（如 support、criticize）和补充性话语（如 the contribution of A）也可能成为评价者身份建构显隐的选项。

下面我们来看具体示例。

例 6 - 38

It should be recalled, however, that both Hanaoka（2007a）and Qi and Lapkin（2001）investigated only two learners, making it difficult to confirm that proficiency, and not some other individual difference, was responsible for the results.（GL5 - 3 - 102, GL5 - 3 - 103）

本例出现在讨论及结论部分。这里写作者引用被引文献的研究方法，指出因为样本数过少，只有两位学习者，因此结论具有诸多局限性。在言语行为上，写作者选择表达类行为，使用"only""making it difficult"来表达对被引文献的负面评价。在引用句法形式上选择使用融入式引用直接对特定文献进行评价，被引文献的作者作从句的主语，建构了显性的评价者身份。虽然这种引用方式会威胁被引作者的面子，但同时会增加写作者观点的可信度，表明评价并非空穴来风。此处，写作者还选择使用转述动词（investigate），类别为表达研究行为的动词。

例 6 - 39

Although the findings of Fathman and Whalley（1990）offer positive evidence of the value of corrective feedback, it should be noted that their post-test only required a revision of the pre-test rather than the writing of a new text.（GL8 - 1 - 5）

此例出现在研究背景陈述部分。引用的内容为研究结果，使用了融入式引用，将被引作者姓氏加入名词属格结构整体充当状语从句的主语，而含有评价性表达的结构（副词"only"）位于主句中，指出被引文献的研究设计中的不足。这种先扬后抑的方式不仅成功建构了评价者身份，而且通过评价行为与被引作者分离弱化了负面评价的效果。

例 6 - 40

While phonological processing presumably involves memory retrieval, the processes occurring during this time window have not been explored in much detail in this task（although see Laganaro, Python & Toepel, 2013, and related work）.（GL3 - 2 - 49）

此例包含了两处评价，正文内的"have not been explored"以及非融入式括号内的"although see"，其中与引用行为相关的是后者。可以看到写作者在正文部分指出现有研究的不足，而在括号中通过连词"although"和动词"see"肯定了被引文献在弥补不足方面的贡献。

6.3.3　建构引导者身份时的引用方式

引导者身份的建构在各章节中的分布与总引用频次的分布基本成正比，分布较均匀。参与建构引导者身份的话语实践方式较简单，在宏观上可包括补充性话语（以引导类为主），在微观上包括指令性言语行为和融入/非融入式的选择。其中，补充性话语和指令性言语行为帮助确定引导者身份类别，融入与非融入式引用帮助实现引导者身份的显隐。详见例6–41。

例6–41

See also Kaan and Vasic (2004), for evidence of increased reading times at the first verb of Dutch three-verb crossing constructions relative to the two-verb constructions. (GL6–2–14)

例6–42

Once the error has been noted, indirect feedback has the potential to push learners to engage in hypothesis testing—a process which Ferris (2002) and others (**see Doughty & Williams**, 1998) suggest may induce deeper internal processing and promote the internalization of correct forms and structures. (GL8–1–19)

例6–41和例6–42分别使用了融入式引用和非融入式引用。在此，融入式引用与非融入式引用的差别不仅体现在句法结构上，还因为被引作者名的位置不同而被赋予了不同的关注期待。前者通过在正文中使用"see also"这一指令性话语建构了显性的引导者身份，而后者在括号中使用"see"这一具有引导含义的补充性话语建构了较隐性的引导者身份。

6.3.4　建构辩护者身份时的引用方式

辩护者身份是写作者重点建构的身份类别之一，相应地，建构中涉及的话语实践方式也较多样化，建构过程也较复杂。在宏观话语方式上，可包含几乎所有引用内容类别；在微观话语方式上，阐述类/断言类的言语行为、融入式与非融入式引用以及主语的选择都为写作者提供了可能的选项。

随着文本写作的发展，写作者需要从研究边界的划定、研究方法的设计、研究结果的分析等多方面论证当前研究的意义和合理性，因此辩护者身份建构中涉及的引用内容也呈现多样化的特性。通过语料观察可以看到，在引言综述部分，辩护者身份出现的频次较低，内容主要涉及已有文献的研究课题和研究内容；在研究方法部分，主要涉及的内容有理论/模型/工具和研究方法；研究结果汇报部分，主要涉及的内容为引用研究结果；在讨论及结论部分，主要为引用观点和解释。可参见例 6 - 43 和例 6 - 44。

辩护者身份建构的一个重要特征是主语通常为与当前研究者或当前研究相关的表达，如 "we" "the present research" "in our current study" 等。这也是辩护者身份和陈述者身份的区别性特征之一。对于同样包含阐述类/断言类言语行为的引述句，如果写作者只是阐述已有文献内容，而不与当前研究相关联，则可判定为单纯的事实陈述，归为陈述者身份建构；如果写作者在阐述已有文献内容的同时，还与当前研究相关联，或对比，或借鉴，则可归为辩护者身份建构。

例 6 - 43

The project was motivated by a growing interest in the notion of genre and the potential pedagogical value of genre-based writing pedagogies that has been addressed by a number of composition scholars (e. g. , Swales, 1990；Belcher, 1994, 2004；Paltridge, 1996, 1997, 2001, 2002, 2004；Johns, 1997, 2002, 2003, 2008；Hyon, 2001, 2002；Flowerdew, 2002；Matsuda, Canagarajah, Harklau, Hyland & Warschauer, 2003；Hyland, 2003, 2004, 2007；Gentil, 2005；Tardy, 2005, 2006, 2009；Byrnes, Crane, Maxim & Sprang, 2006；Cheng, 2006, 2007, 2008a, 2008b；Martin & Rose, 2008；Byrnes, 2009；Dovey, 2010). (GL8 - 2 - 1)

此例出现在引言综述部分，是在第一部分出现的为数不多的辩护者身份建构示例。引述句的主语为 "the project" 指代当前研究，通过谓语 "was motivated（by）…" 阐述了选题的缘起并选择非融入的方式，罗列了多个相关文献，证明选题的重要性。

例 6 – 44

To obtain information about students' previous writing experiences, the two background questionnaires developed by Kobayashi and Rinnert (2002, about writing in Japanese) and Sasaki and Hirose (1996, about writing in English) were used. (GL8 – 2 – 44, GL8 – 2 – 45)

此例出现在研究方法部分，用于解释当前研究中拟使用的背景调查问卷的来源。该引述句的主句使用了被动语态，隐藏的主语为当前研究，真正的主语为"the two background questionnaires"，凸显了问卷在本句的核心地位。同时，融入式引用将两份被引文献以显性的方式展现了问卷的来源，并通过补充性话语描述了两份问卷的差异，增加了当前研究的可信度。

6.3.5 建构专家学者身份时的引用方式

如前所述，引用的关系动机驱动下建构的三种身份与章节的相关性不强，可随机分布在全文各处。专家学者身份建构的方式，在宏观层面上有引用核心文献、自引和补充性话语，在微观层面上有指令性言语行为、多文献引用和直引等。最常见的专家学者建构方式为多文献引用，其次依次为自引、直引、核心文献引用和指令性言语行为。

专家学者身份一方面是通过展现自身已有成果而建构，另一方面是通过展现对学科历史和发展的精准掌握而建构。其中，与第一种直接相关的方式便是自引，其余方式均可归入第二种。自引中显性的呈现方式为在正文中明确提及学者的前期相关研究，隐性的呈现方式为通过非融入式引用在括号中呈现前期成果。多文献引用是写作者高频使用的一种建构方式，通过数量和补充性话语的进一步阐释，树立专家学者形象。其余方式，如核心文献引用、直引等，均体现了写作者对学科发展和相关文献的精准把握。此外，专家学者身份很少单独被建构，而是多与其他身份类别同时出现，如陈述者、辩护者等，这一点将在下文的案例分析中加以呈现。典型示例如下。

例 6 – 45

Laboratory research conducted to understand this process has made a widespread use of the picture naming task. Participants are presented with visual objects, usually one at a time, and they are asked to produce overtly the corresponding name (Glaser, 1992; Bock, 1996; Alario et al., 2004), an instruction that is presumed to trigger the activation of the semantic-to-lexical pathway above-described. (GL3 - 2 - 2)

这是一个隐性的自引示例，出现在文章的第一段，归属文献综述部分。本处引用用于陈述目前研究中广为使用（widespread）的研究方法——识图法，并通过非融入式引用列举了三个相关文献。其中第一个文献由本文写作者之一参与完成，显示了当前研究具备的研究基础，通过隐性的方式体现了写作者的专业性。在此，写作者同时建构了专家学者身份与陈述者身份。

例 6 - 46

In such situations, where people try to achieve mutual understanding or a joint goal, they routinely consider their conversational partner's specific needs, knowledge, or perspective and adjust their behavior accordingly (Clark & Carlson, 1982; Clark & Murphy, 1982; Clark, 1996). (GL1 - 2 - 1)

此例出现在论文的第一段，是全文的第一处引用，用于交代研究背景。在此写作者列举了 Clark 独著或与他人合著的三份文献。Herbert Clark 是斯坦福大学的心理学教授，因提出的"共识理论"（Common Ground）而为学界熟知，学术成果颇丰，其中不乏知名专著和高引文章（如 1986 年与 Deanna Wilkes-Gibbs 合著的论文被引频次高达 802 次）。从上述事实可以看出，Clark 教授是本书研究领域的知名学者，其观点具有较高的认可度，因此写作者选择引用 Clark 教授的文献，不仅可以提高观点的可信度，更是体现了自己对学科发展的了解和对核心文献的把控。

6.3.6　建构学术友人身份时的引用方式

学术友人身份是指写作者与学术权威、同行或读者之间通过学术和私人交往建立的联系。学术友人身份的建构具有一定的随机性且通常较为隐

172

蔽。显性的话语方式主要为补充性话语中表达私交的类别（如 personal communication、to appear 等）。这种引用形式不仅将最新的观点和学术成果纳入引用范围，还可显示写作者与这些被引作者（通常为学界的顶尖学者）的学术交往（如例 6 - 47）。此外，写作者还可通过引用自己熟知的学者已发表的成果体现友人身份，但这种方式因为没有明显的话语标记，属于隐性的建构方式（如例 6 - 48）。

例 6 - 47

Recently several researchers（Filiaci, 2003；Serratrice, Sorace and Paoli, 2004；Sorace and Keller, 2005；Tsimpli, Sorace, Heycock and Filiaci, 2005；Valenzuela, 2005；Sorace, to appear）have suggested that interfaces, that is, areas in which the modules of the grammar intersect with other modules, may be the locus of difficulty not only in second language acquisition but also in simultaneous bilingualism and attrition, leading to optionality and fossilization.（GL4 - 3 - 3）

此例出现在引言部分，是显性建构学术友人身份的示例。写作者通过使用补充性话语 "to appear" 向读者展示了文献的时效性，同时还表明与被引作者的学术联系。

例 6 - 48

For example, partners in a conversation typically come to entrain on the same terms in referring to an object, a way of marking that they believe they share a conceptual perspective on it（Clark & Wilkes-Gibbs, 1986；Brennan & Clark, 1996；Metzing & Brennan, 2003）.（GL1 - 3 - 14）

此例是隐性建构学术友人的示例。非融入引用括号内的被引作者 Brennan 为本研究论文的作者之一，通过分析文末引用可发现，Brennan 与 Clark 有多篇合作完成的论文，证明了两人之前的学术合作，因此可推测引用 Clark 发表的学术成果（第二个被引文献）一方面是学术相关性的需要，另一方面也是学术交际的需要。

6.3.7　建构圈内人身份时的引用方式

与学术友人身份相类似，圈内人身份的建构和分布也较随机。显性的建构可通过在引用内容（通常为交代当前研究背景）中明确说明当前研究是受某一学术机构资助，或是某一学术研究项目的成果之一（如例 6－49）。隐性的建构方式可通过引用写作者所在或认可的学术圈内学者发表的文献来实现。

例 6－49

This study was part of a larger project that aimed to describe and compare the reported strategic behaviors of test-takers with different levels of L2 proficiency and study（graduate and undergraduate）when responding to the TOEFL iBT speaking tasks（Swain et al. ，2009）.（GL2－2－41）

此例出现在研究方法部分，用于介绍当前研究背景，写作者通过引用建构了显性的圈内人身份。从文末引用可知，被引文献由 Swain、Huang、Barkaoui、Brooks 和 Lapkin 共同完成，是托福考试系列研究的一部分，标号为 TOEFLiBT－10，该文献由托福考试的研发机构（教育考试服务，ETS）出版。从本处引用可明确得知，当前研究是上述系列研究的子课题，旨在描述和比较参加 TOEFL iBT 口语测试的受试的策略行为。当前研究的完成人中有四人（Swain、Barkaoui、Brooks 和 Lapkin）参与被引文献的撰写。通过此处引用，并借助文末引用信息，可以看出这些学者共同、多次参与了 ETS 组织的有关托福测试的系列研究，形成了较为稳定的学术圈。

例 6－50

Finally，bilateral pre-motor and motor areas，as well as the inferior frontal gyri，are engaged for articulatory planning and articulation（for review see Damasio et al. ，2004；Indefrey & Levelt，2004；Indefrey，2011；**Llorens，Trébuchon，Liégeois-Chauvel & Alario**，2011；Price，2012）.（GL3－2－3）（粗体格式为本书作者添加）

此例是隐性建构圈内人身份的示例。通过对比发现，加粗体的文献与当前论文同出自四位学者（Llorens、Trébuchon、Liégeois-Chauvel 和 Alario）之手，发表年份分别为 2011 年和 2014 年。此处引用不仅体现了研究的连续性，还表明四位作者长期进行学术合作，以及对彼此学术研究的认可，隐性地表明了写作者归属的特定学术圈。

至此，我们讨论了写作者通过引用行为参与建构的七种身份类别的建构方式，依次分析了特定身份与引用方式之间的联系。可以看到，在引用时，写作者可以使用的宏观或微观话语方式多种多样。这些话语方式与特定身份之间存在着一定关联，即特定的引用方式常常对应特定的身份类别，但是这种对应关系并非唯一、固定不变，写作者会根据身份建构的需要，在这些引用方式中进行选择，组合使用。有些话语方式可参与建构多种身份类型，如通过调整补充性话语的陈述内容，写作者可以分别建构陈述者、评价者和引导者等多种身份类别。因此，无论是使用引用方式建构身份，还是通过身份类别解读引用方式，都应结合语境，综合考虑宏观和微观因素。

6.4　讨　论

以上讨论关注学术引用行为中体现身份的话语特征及这些话语特征在引用行为中的使用以及产生的效果。通常学术引用特征的研究集中在对引述句的句法结构、引用内容、引用功能和引用动机等单一因素的考察和分析，本书从语用身份的视角出发，将可选择的各种话语特征视为写作者为实现交际目的而选择使用的话语资源，研究焦点从话语选择本身转向话语选择所具有的交际价值。

从研究语料可以看出，任何一种身份的建构都是在具体语境下作出的多样化、多层次和个性化话语选择的集合。

首先，身份建构过程中可以使用的话语实践方式除了引用研究中较常涉及的（非）融入式引用、转述动词、主语形式等选择类别外，还涉及核心文献引用、补充性话语、内容类别、言语行为、时态/语态、自引、多文献引用和直接引用等多种话语选择类别。丰富的话语选择类别为引用行为的多样化提供了基础，也为引用行为参与建构多样化的身份提供了可能。

其次，基于语用身份论中有关话语实践方式的分析（陈新仁，2018），交际者建构语用身份时不是在单一层面作出选择，而是在多个层面挑选适合的话语类别。学术引用参与身份建构过程中选择使用的话语方式可以从宏观和微观话语两个层面进行分析，分别与学术语篇建构的社会（学术社区）语境因素和写作者态度、资源等认知语境因素相对应。单一层面的话语选择有助于引用参与建构某一特定的语用身份，但未必能唯一地建构该身份，大多数情况下，身份的建构都会涉及多层次、多种类的话语选择。

最后，引用行为参与身份建构时作出的话语选择并不总是固定不变的，也就是说，某一种特定的身份并不总是由某一种（或多种）特定的话语选择建构，建构过程和方式往往带有具体语境和写作者的印记。例如，陈述者身份建构时常使用的话语实践方式有补充性话语（解释本引文献与当前研究的相关性，对文献进行综述和分类等）、引用内容（包含与当前研究相关的话题、观点和解释等）、言语行为（阐述类）和直接引用等。但是，这些话语方式并不会同时出现，写作者会根据语篇发展和话语建构的需要选择一个或若干个组合使用，体现了身份建构的个性。同时，本研究还显示，个别身份类别和特定话语方式具有较强的相关性。例如，引导者身份的建构较为单一，常常由补充性话语（引导类）、指令性言语行为和融入式或非融入式句式构成。

通过语料分析还可以看出，话语实践方式的类别参与身份建构过程的显隐性表达。写作者在语篇建构的不同阶段会产生不同的交际需求，有些需求是显性的、持久性的，而有些是隐性的、临时性的。与学术引用相关的各种话语方式可以帮助写作者实现这些交际需求。与显性需求相对应，写作者倾向选择能够显性表达身份的话语实践方式；反之，写作者会选择隐性表达身份的话语实践方式。常见的显性表达方式有融入式引用、直引、具有明确褒贬含义的转述结构、明确表明写作者与被引作者的关系（甚至是同一人，即自引的情况）等；常见的隐性表达方式有非融入式引用、被动语态（隐藏真正的主语"当前研究"）、引用写作者自己或学术友人的文献（仅罗列文献，不强调人际关联）等。例如，在建构评价者身份时，如果写作者使用融入式引用，用被引作者姓氏作主语，则是显性地将学术观点与学者相联系，凸显自己评价者身份的一种实践形式。但需要注意的是，同一种话语方式的显隐性会根据语境和建构的身份类别而不同。例如，对于将被引作者的姓氏放在主句中的引用方式，也就是使用融入式引用的情形，在建构陈述者身份时，这种方式明确表达了研究观点或研究行为是由被引作者发出，写作者只是陈述事实，因此可被视为一种显性建构身份的方式。然而，在建构评价者身份时，同样的引用方式则凸显了对于研究的评价来自被引作者，而非写作者，写作者退到幕后，因此可被视为一种隐性建构身份的方式。

综上，学术引用参与身份建构过程中可选择的话语方式具有多样性、多层次性和个体差异性，并且参与身份建构的显隐性表达，为身份类别和建构过程多样化提供了选择。

6.5　本章小结

本章重点关注的是各身份类别建构过程中使用的引用方式。首先，在语用身份论中与身份建构相关的话语实践方式的基础上，结合引用行为的特征，提出了宏观和微观话语视角下的引用方式类型，并分析了各引用方式的特点。其次，基于研究语料，重点关注引用方式在各章节中的分布情况。再次，将第 5 章提出的引用建构的身份类别与引用方式相结合，分析了各身份通过引用方式建构的过程。最后，对引用的话语实践方式呈现的特点进行了讨论。

第 7 章

不同学科中学术引用参与的身份建构

在学术语境下，不同学科在认识论立场、研究方法、数据和意识形态上存在的巨大差异被称为学科文化（Gnutzmann & Rabe，2014）。语言与学科的认识论框架和学者的世界观紧密相连（Hyland，2013），学科文化一直是学术写作和学术出版研究中的重要话题。本章将从学科文化差异的视角出发，探讨在计算机（硬学科）与语言学（软学科）学科背景下，学术引用在参与身份建构上的异同。本章首先聚焦不同学科中引用参与建构的身份类别的对比。其次，重点分析不同学科中的身份建构方式。再次，对身份建构过程中呈现的特点进行分析。最后，对身份建构过程中呈现差异的原因进行解读。

7.1　不同学科中引用行为参与建构的身份类别的对比

本书选取的学科对比语料来源为计算机学科（人工智能方向）的十种知名期刊近十年内发表的研究论文。与之前分析的语料相比，计算机学科的语料在文章结构、引用频次、形式等方面均有一定特质。下面将从计算机语料的总体特征、建构的身份类别和分布三个方面展开陈述。

7.1.1　语料的总体特征对比

与之前的语言学语料相比，计算机学科的语料在形式和内容上都有比较大的差异，下面将首先对比两个学科语料的基本数据，然后对分析后的身份类别进行类别统计和特征陈述。

引用频数和引用密度常用于描述学科间或体裁间文本的差异，可以呈现引用行为的总体情况（Swales，2014）。通过对语料的分析和统计，计算机学科的 30 篇研究论文中共出现引用 1 492 处，相比语言学论文中的引用频数 1 890 处，数量少 398 处，语言学论文中的引用频数是计算机论文的约 1.27 倍。两个学科语料中的引用在各章节中的频数分布对比可参见图 7 - 1。两个学科语料中的引用密度在每篇论文中的分布可参见图 7 - 2。

(处)

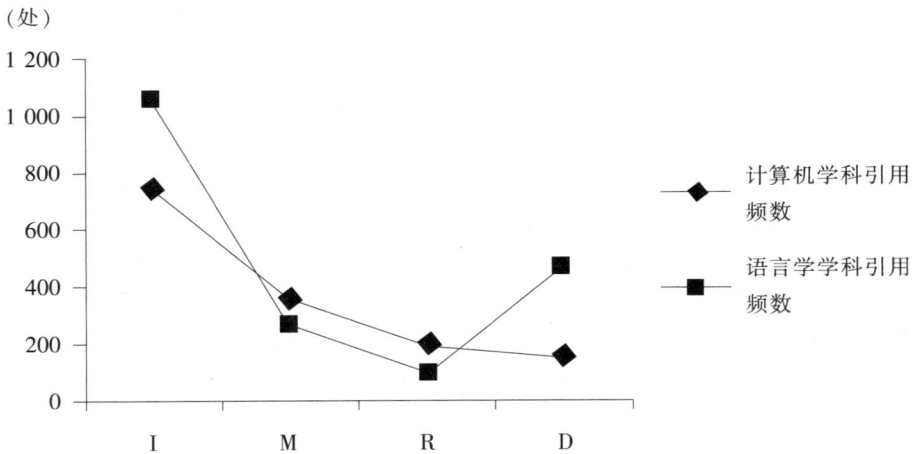

图 7-1　计算机与语言学学科的引用在各章节中的频数分布折线图

从图 7-1 可以非常清楚地看出，在论文的不同章节，两个学科分别呈现不同的特征。语言学学科的引用分布大致呈现 U 形分布，在引言综述和讨论及结论两部分相对集中，多于计算机学科，而在研究方法和研究结果汇报部分引用数量有明显的下降。计算机学科中的引用行为随着论文章节的展开，呈现数量逐步减少的趋势。

(处/千字)

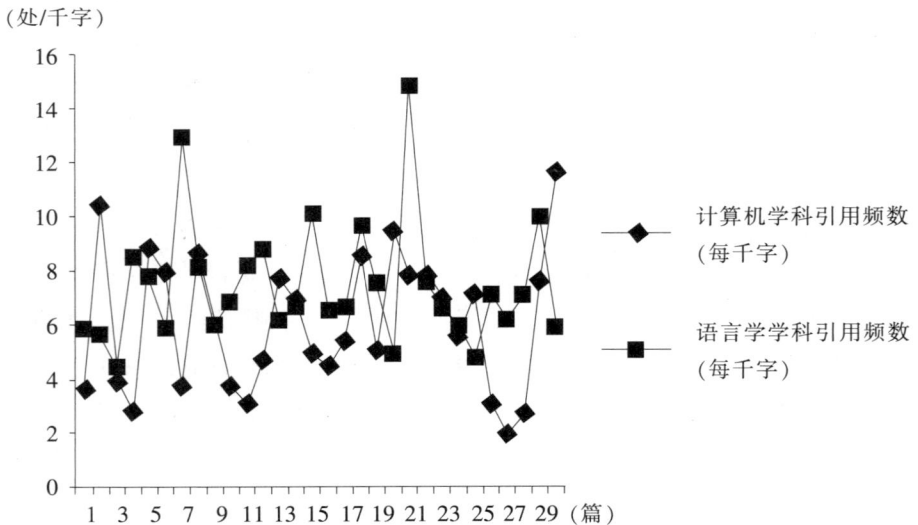

图 7-2　计算机与语言学学科引用密度折线图

图 7 - 2 对比了两个学科语料中的引用密度。可以看到，虽然个别论文的引用密度较低，但语言学论文的引用密度整体高于计算机学科，语料库中引用密度最高值（14.9 处/千字）和次高值（12.9 处/千字）均为语言学论文。这些结果符合已有研究结果，即与硬学科相比，软学科的研究论文引用密度较高（Hyland，2000b）。这一结果可能与不同学科的知识陈述方式相关，社会科学更强调知识的传承，认为当前研究是在前人研究的基础上一步步完善得来，而自然科学更趋向于强调当前研究的创新性和时效性，对于前人研究更多的是借鉴研究方法，而不强调传承。

此外，我们还发现如下现象：①与语言学学科语料中的引用内容相比，计算机学科语料大量引用研究方法和研究结果，并且出现新的引用内容类别，引用（算法/模型）的应用（如例 7 - 1）；②强调被引研究的时效性，大量使用 recent（ly）这类表示时效性的形容词或副词（如例 7 - 8）。

例 7 - 1

In addition to the communication and control purposes for the disabled patients, the proposed high-speed BCI technology can also be combined with traditional human-computer interfaces to improve behavioral performance of healthy people.[49,50] （AI2 - 2 - 66）

此例出现在讨论部分中的"其他应用"小节中，引用行为用于证明当前研究提出的技术的应用范围。

例 7 - 2

A novel methodology to evaluate AR on GPU with the purpose of reducing the computational time was **recently** presented in [18]. （AI5 - 1 - 48）

此例出现在引言及综述部分。Brooks（1985）指出自然科学的研究者，更趋向于时效性，而社会科学研究者更强调论文的说服引用和肯定引用，而时效性只排第三。例 7 - 8 使用 recently 来强调被引文献为新近出版的成果，正是印证了上述观点。

7.1.2 身份类别的对比

根据第 5 章的分析，我们按照引用的学术动机和关系动机将引用建构的身份类别分为陈述者、评价者、引导者、辩护者、专家学者、学术友人和圈内人七类。下面将计算机学科语料中出现的身份类别进行陈述，并与语言学学科的语料进行对比分析。

从建构的身份类别上看，与语言学学科相同，计算机学科语料中的引用行为也建构了陈述者、评价者、引导者、辩护者四种与引用的学术动机相关的身份类别。对于关系动机驱动下建构的身份类别，可直接通过显性的话语实践方式判定的身份类别有专家学者，不能通过显性的话语实践方式判定的身份类别有学术友人和圈内人，但后两种身份可通过被引文献的来源分析判定。

7.1.2.1 陈述者身份

计算机学科中的陈述者身份共出现 987 次，频次较高。陈述者身份大都用于综述或描绘前期研究、列举拟参考的理论（方法/示例）或证明当前研究意义等。从类别上看，语言学的引用动机基本相同，但在细节上，拟参考的被引文献内容以及文献的时效性会有差异。根据学科特点，计算机学科论文涉及的参考内容范围更广，不仅会引用拟参考的理论、方法、示例等，还会引用算法、术语定义、应用、公式、定理等。另外，前期研究的选择也更注重时效性，由于学科成果更新较快，除被引文献为某领域的开山之作或不可忽视的重要成果可适当放宽时限外，被引文献大都集中于新近五年内发表的学术成果。见例 7 - 3 和例 7 - 4。

例 7 - 3

To uncover the underlying mechanisms of collective behaviors, various mathematical or physical models have been proposed [1] – [11], [18], [19], [21], [23], [24], [26], [28], [34] – [36], [40], [41]. (AI6 - 2 - 2)

此例出现在引言综述部分，是一个较典型的陈述者身份建构示例，通过非融入式引用，写作者引用了 22 个文献用于罗列对特定研究问题（群体行为的背后机制）所展开的现有研究。

例 7 - 4

AVI data have been used with great success in some systems in the US for real-time travel time estimation [4 - 6]. （AI9 - 3 - 3）

此例同样出现在引言综述部分，被引文献用于证明 AVI （自动车辆识别）数据库在实时路况同行预测上的成功应用。

7.1.2.2　评价者身份

评价者身份也是计算机学科学者建构的主要身份类别之一，在本研究自建学科语料库中共出现 129 次，多于语言学学科语料库中的评价者身份建构频数（95 次）。建构评价者身份的主要动机有评价前期研究和证明研究意义，在引用动机上两个学科没有明显差别，但在评价的内容和评价方式上略有差别。在评价内容上，计算机学科涉及的范围更广，如研究内容、研究设计、算法应用范围、计算指标等。在评级方式上，与语言学学科的写作者通常较委婉的评价方式相比，计算机学科的写作者大部分的评价为正面肯定，如被引研究方法适用性广泛，是广为接受（如 "well-known" "the most popular" 等，参见例 7 - 5）的研究方法等，但有时也会相当直白苛刻（如 "a severe problem in practice" "lose accuracy" 等，详见例 7 - 6 和例 7 - 7）。在使用的具体话语实践方式上也有一些词或短语被频繁使用，如 "widely used" "well-known" 等。但总的来说，对于评价者身份的建构，特别是对于涉及负面评价的身份建构，写作者通常非常谨慎。通过访谈得知，由于在发表前匿名评审阶段期刊很有可能会将论文发到被批评的作者手中评审，除非是学界已经对这一观点有了普遍认可的负面评价，否则要尽量避免直接批评，以免论文被拒。

例 7 - 5

From them, linear discriminants are **the most popular** in BCI systems because they provide **accurate** and robust classification with very low computational requirements.[51,73,81] （AI2 - 3 - 46）

这是一个出现在研究方法部分的典型评价者身份建构示例。写作者通过引用证明采取的研究方法是被学界广泛认可，并且经过验证的。

例 7 - 6

They often have a higher false alarm rate, which can be **a severe problem** in practice [4]. (AI5 - 2 - 4)

例 7 - 7

For instance, all the studied problems in [27] **lose accuracy** with the increase of the number of strata. (AI5 - 1 -72)

上述两个示例都是写作者通过直接的批评性话语指出被引文献的研究方法存在问题，"a severe problem""lose accuracy"都是语气较强的表达方式，在形式上两处引用分别使用了融入式和非融入式表达。

7.1.2.3 引导者身份

计算机学科语料中出现的引导者身份频次较少，仅为 63 次。这可能与计算机学科大量使用数字加括号的引用形式有关，因为这种极简的引用方式使得写作者无法过多补充文本。但通过观察分析，我们还是在句中和句末括号内发现了一些引导者的建构示例。计算机学科语料中建构的引导者身份按照引用形式可分为两种，即通过融入式引用和通过非融入式引用建构引导者身份。前者是指写作者在正文中通过使用融入式引用，指出如果希望了解更多的相关信息，读者可以参阅的文献来源，如"for more details, one may refer to..."或"some other studies can be found in..."；后者是指写作者使用非融入式引用，引导读者参阅其他文献，如"see... (for more details)"或"see, e. g."等。总的来说，计算机学科语料中建构的引导者身份数量更少，形式更简单、趋同。详见例 7 -8 至例 7 -10。

例 7 -8

A detailed interpretation of these measures is provided in [33, 49]. (AI5 - 1 -5)

例 7 – 9

Being independent of the detector inputs is often beneficial as an increased diversity typically improves the accuracy（see e. g. ［5, p. 295］）.（AI5 – 2 – 5）

例 7 – 10

Instead of ± 1 in Eq.（2）one may also use the class proportions in the terminal node of the respective tree；this may allow achieving the same accuracy of h_i with a smaller number of trees（c. f. p. 285 in ［19］）.（AI 5 – 2 – 21）

上述三个示例展示了计算机学科语料中引导者身份建构的不同方式。其中，例 7 – 8 是写作者使用融入式引用，在正文中通过使用"is provided in"引导读者参阅标号为 33 和 49 的文献。例 7 – 9 和例 7 – 10 均使用非融入式引用，在括号内通过使用"see e. g."和"c. f. + page number + in"的形式引导读者参阅或对比相关文献，完成引导者身份建构。

总的来讲，计算机学科中引导者身份的建构方式与语言学学科中的建构方式类似，但种类较单一，一般仅包含"see"或"cf."等简单地表示指示的动词或拉丁语简写，不涉及语言学中广泛使用的补充性话语，在引导的同时对被引文献进行分类，甚至是评价。

7. 1. 2. 4　辩护者身份

计算机学科语料中建构的辩护者身份共计 419 频次，重点分布于研究方法和研究结果汇报部分。与语言学学科的语料相似，计算机学科语料也大量使用引用以证明当前研究方法、结果等的意义和有效性。但不同的是，计算机学科因为学科特性偏重实验、数据和算法分析，辩护的内容也相应集中在研究方法和研究结果汇报部分，而讨论及结论部分相对重陈述、轻论证。通过分析和归纳，按照内容可将写作者的辩护者身份建构分为以下几类：研究方向、研究方法、算法、定理、研究结果、结果应用等。详见例 7 – 11 和 7 – 12。

例 7 – 11

The HMDB51 data set is a quite challenging data set；however, our method can still provide relatively good recognition rates on three split settings based on

[46] (see Table Ⅳ). (AI6 – 3 – 48)

此例出现在研究结果汇报部分,写作者通过融入式引用了编号为 46 的文献,借用其提出的分析方法,证明当前研究提出的方法具有较好的识别率,实验结果良好。

例 7 – 12

It can be obtained from the proof of Lemma 2. 1 in [34] that if we replace H1) by the following H1), then the results R1) and R2) are also satisfied. (AI6 – 1 – 23)

此例出现在研究方法部分,写作者使用融入式引用,借用编号为 34 的文献提出的辅助定理 2.1 证明当前研究设计思路的合理性。

7.1.2.5 专家学者身份

同语言学学科类似,计算机学科语料中专家学者身份的建构和判定都较复杂,需要综合考虑语篇语境、学科语境、话语方式等多种因素,因此分析时没有进行量化统计。专家学者身份是写作者证明研究意义的重要资源,不仅有助于展示当前研究从构思、设计到结果的专业性,还有助于树立自身的学术地位和威望。计算机学科语料中的专家学者身份建构可通过宏观上遵循学科规范和学科语篇特点进行引用,微观上可使用自引、多文献引用、核心文献选取等手段实现。与语言学学科的语料相比,计算机学科的语料更注重研究设计和过程的述实描述。除了宏观上引用行为符合学科规范等要求,微观上专家学者建构的方式以自引和多文献引用为主,而核心文献的引用出现较少。下面我们看一些示例。

例 7 – 13

Nakanishi et al.[17] reported an ITR of 95 bits/min in an 8-target system. (AI2 – 2 – 9)

Nakanishi 为论文的作者之一,在此例中,写作者使用融入式引用以较显性的方式汇报了 Nakanishi 之前的一项相关研究,是一个典型的自引范例。

例 7 – 14

Some preliminary ideas related to the notions of proposed framework for adaptive BCI systems have been previously introduced in a recent paper.[50] （AI2 – 3 – 17）

基于计算机学科具体期刊引用格式的要求，本引文献的作者姓氏并不出现在正文部分，而是以文末参考文献中的数字代替。在这种情形下，加上非融入式引用，自引的表达就显得非常隐性。在此，写作者以上角标的方式引用了编号为 50 的文献，通过查阅文末列表以及作者栏信息，得知这篇文献由三位学者共同完成，其中两位参与了当前研究。但观察句子的表述可以看到，写作者并没有就此隐藏此处自引，而是通过使用"Some preliminary ideas…have been previously introduced in a recent paper"提示读者或评审，写作者已初步完成相关前期研究，并已发表成果。

7.1.2.6　学术友人身份与圈内人身份

学术友人身份与圈内人身份是学者游走于学术交际圈的方式和证明，在语言学学科的语料中，我们看到写作者会在正文中提及在学术或私人场合进行的学术交流来印证学术友人身份，或是提及所属的研究机构来表明学术圈，但这种现象在我们收集的计算机学科语料中并未发现。更多情况下，学者之间的交际是通过学术成果的共同完成和发表体现的。通过分析写作者和文末参考文献作者可以发现，因为有着共同的研究兴趣或学术平台，学者倾向于共同、连续地完成一系列学术成果。文末参考文献中常常可以看到三四位学者共同完成多篇研究论文撰写，体现了学者在学术圈的人际交往。

至此，我们分析了计算机学科语料中建构的身份类别，并与语言学学科的语料进行了对比。可以看到，两个学科在学术动机驱动下建构的身份类别有着更多的共性，类别相同，建构方式相似，但在具体的身份类别上也存在差异，如建构数量的差异以及建构方式的类别和选取。在关系动机驱动下建构的身份类别，只有专家学者是两个学科均使用标记话语建构，而学术友人和圈内人不能通过话语判定，仅可通过引用信息等推测。

7.1.3　身份类别分布的对比

上述讨论是针对计算机学科语料中的身份建构类别分析，并作了学科对比。与前文讨论身份分布的方式类似，由于关系动机驱动下建构的身份大量依赖语境信息，无法通过显性的话语标记判断，因此下面我们将探讨学术动机驱动下建构的身份类别在不同章节中的分布特点。

7.1.3.1 陈述者身份的章节分布

图7-3展示了语言学学科和计算机学科语料中陈述者身份出现的频次，总体来讲，计算机学科中的陈述者身份的频数要低于语言学学科（如引言及综述、研究方法和讨论部分）。但特别值得注意的是，在研究方法部分，计算机学科的陈述者身份建构（156次）明显比语言学学科（76次）活跃，绝对数值是后者的两倍还多。考虑到计算机学科的总引用频数相比语言学学科大约少20%的背景，这一结果凸显了在研究方法部分计算机学科学者的高频数引用行为。这可能与硬学科注重研究方法的严谨和传承有关，写作者将更多的注意力放在陈述已有研究中使用或验证过的方法等，也可能与前文提过的引用内容的多样性有关。语言学的研究方法部分一般仅涉及理论（框架）、软件、操作步骤等的引用，而计算机学科包含的面更广、更细，如算法、公式、定理等，因此造成了研究方法部分陈述者身份建构数量的增加。

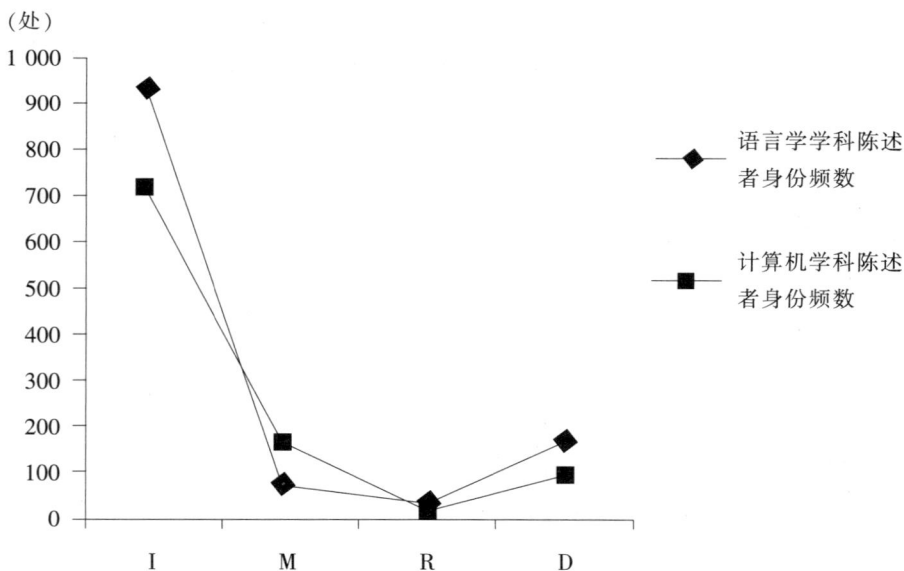

图7-3　陈述者身份频数分布的学科对比折线图

7.1.3.2　评价者身份的章节分布

计算机学科的学术引用行为建构的评价者身份分布较广，在四个部分均有出现，而语言学学科语料中的研究结果汇报部分没有出现评价者身份。研究结果汇报部分出现评价者的可能原因是计算机学科①应用性较强，在提出新的算法或研究路径后通常会进行验证，并与之前的研究结果进行比对，这一过程常会涉及评价话语。

从分布的整体趋势上看（参见图 7 - 4），语言学学科语料中的评价者身份明显呈现两头高、中间低的 U 形分布形态，显示出在引言综述和讨论结论部分写作者较强的评价意愿。而在研究方法和研究结果汇报部分，评价行为频次整体走低，特别是结果汇报部分仅注重陈述事实结果，不作评价。而计算机学科语料中评价者身份的建构呈现逐级下降的态势，较为稳定，各部分中的评价者身份频数与各部分总引用频数的比值保持在 0.81 ~ 0.97 之间，即各部分中平均每 10 ~ 12 个引用参与建构评价者身份。

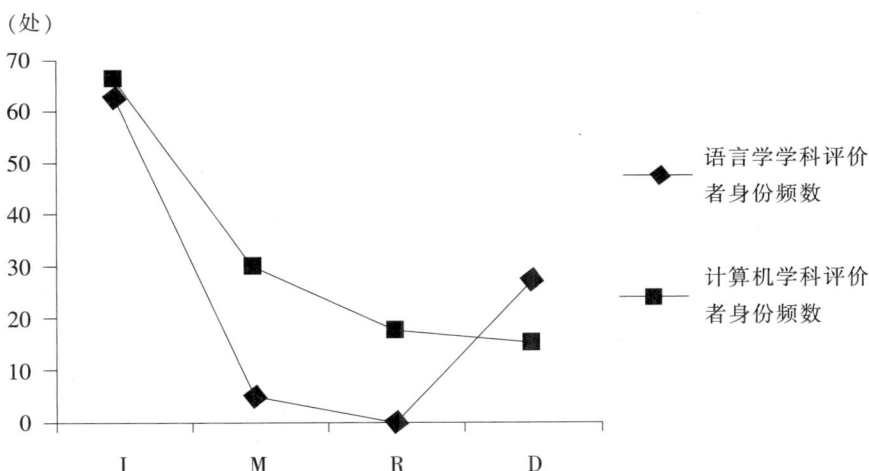

图 7 - 4　评价者身份频数分布的学科对比折线图

7.1.3.3　引导者身份的章节分布

通过统计发现，计算机学科中的引导者身份建构数量较少，总数仅为

---

①　特别是我们选取的人工智能方向属于计算机应用领域。

语言学学科中引导者身份数量的六分之一强。这一现象可能与计算机学科的引用格式相关，数字加括号的方式使得写作者很难加入补充性话语，这也造成了在建构为数不多的引导者身份时，有约三分之一参与建构引导者身份的引用采用了融入式引用，即在正文中明确指向读者可参考的文献。

通过图7-5可以看出，语言学学科语料中的引导者频数分布仍大致呈现U形分布，与各章节中的引用总频数相关；而计算机学科语料中的引导者身份频数分布呈现阶梯式，前两部分高，后两部分低。语言学学科由于重视知识的传承，文中大量使用引用，从引言综述部分对研究背景等的描述，一直到结论讨论部分对数据的解释和观点的论证都与引用密切相关，因此，引导读者参阅或对比文中没有详细展开的文献也随着引用行为贯穿始终。反观计算机学科，特别是应用领域，注重试验方法和结果的更新。除了在前两部分会通过引用陈述研究背景、试验方法等之外，其他部分，特别是结论部分几乎没有一个引用，内容仅为陈述当前研究结果和结论，因此造成了阶梯式分布的走势。

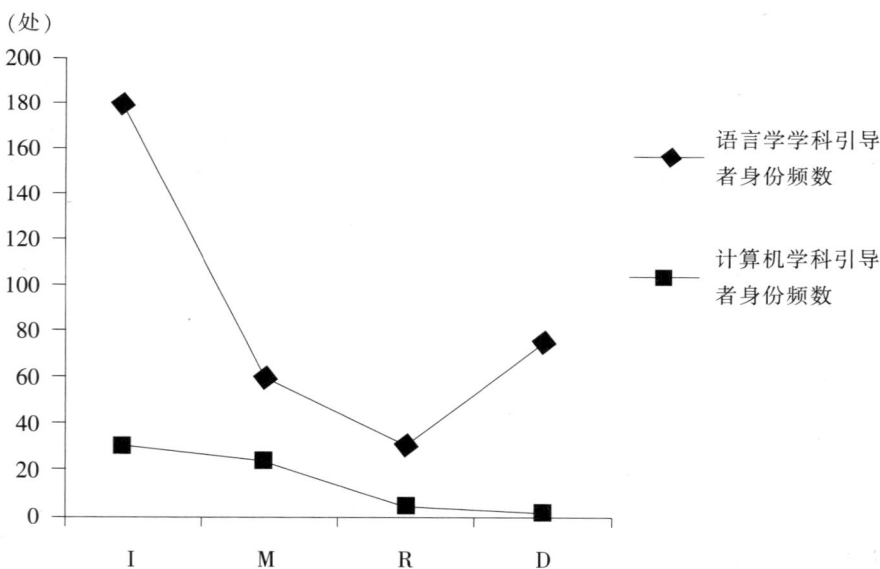

图7-5 引导者身份频数分布的学科对比折线图

7.1.3.4 辩护者身份的章节分布

无论是语言学学科还是计算机学科，写作者的论述核心都是说服读者

（评审）接受自己提出的研究方法、结果或观点，因此辩护者身份是写作者重点建构的身份类别。从辩护者身份的总频数看，语言学学科是 590 次，计算机学科是 419 次，前者是后者的约 1.4 倍，但考虑到两个学科在引用总数上约有 26% 的差异，可大致认为两个学科中辩护者身份的建构密度相当。具体到不同章节的分布，通过图 7 - 6 可以看出，语言学学科中的辩护者身份频数呈 N 形分布，在研究方法和讨论结论部分占比较大；而计算机学科中的辩护者身份频数呈倒 U 形分布，集中在研究方法和研究结果汇报部分。

（处）

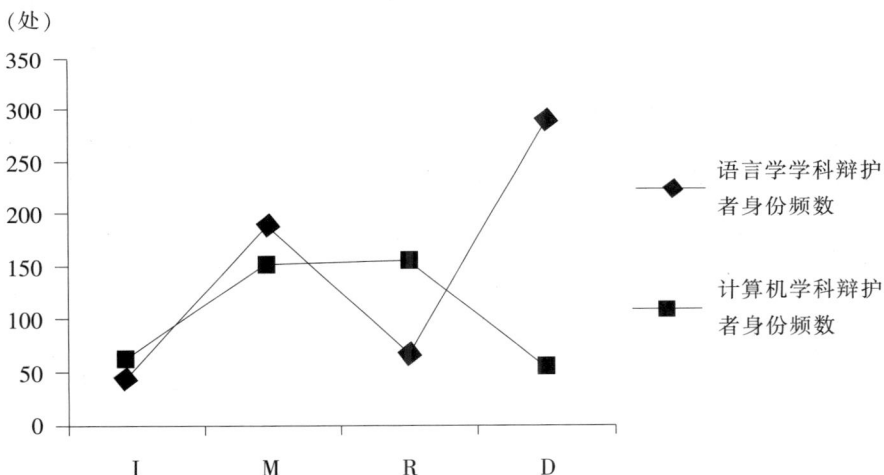

图 7 - 6　辩护者身份频数分布的学科对比折线图

　　这些分布特征与学科的语篇建构方式具有很大的关联。语言学学科论文的篇章建构大致为第一部分陈述研究背景，以描述前人为主，仅在章节末尾创建研究空间时会加入与当前研究的设计和实施等相关的内容；第二部分研究方法的论证是整个研究的核心，有大量的与当前研究紧密相关的内容，如借鉴或摒弃了哪些研究方法、使用了哪些工具等；第三部分基本是研究结果的述实性陈述，引用较少，相应建构的身份也少；第四部分是全文的落脚点，是证明整个研究行为意义和价值的核心，因此这一部分有大量的与当前研究直接相关的引用出现，如对比研究结果、通过结果进行推论等，这些行为反映在身份建构层面，也就不难解释为何在这部分辩护者身份高频出现。计算机学科论文的第一部分与语言学学科类似，以陈述前人研究为主，直接涉及当前研究的引用较少。但在接下来的两部分中，无论是研究方法还是研究结果汇报都与当前研究密切相关，特别是研究结果汇报部分通常会夹叙夹议，即在描述研究结果的同时进行讨论，也就是把语言学第四部分的内容前移至第三部分，因此辩护者身份在这一部分的数量几乎与研究方法部分持平。而最后一部分结论的篇幅通常仅为一个自然段，鲜有引用出现。

通过上述分析可以看出，两个学科除了陈述者身份频数的分布大致类似外，其他三类身份的分布都具有各自的学科特点，这些分布特征受学科语篇建构方式和引用认知的影响，值得关注。

7.2　不同学科中学术引用参与身份建构的话语方式对比

通常认为软学科分类下的研究论文具有引用密度高、融入式比例高和直引比例高的特点，而硬学科分类下的研究论文倾向于淡化个人色彩，引用方式和表达方式更加中立（Hyland，2000b）。这些特征影响着两个学科中学术引用参与身份建构的话语方式的种类和数量。下面，我们还是从宏观和微观话语层面分析计算机学科论文中的建构方式，然后进行学科比较。

7.2.1　宏观话语层面上身份的建构方式对比

如前所述，宏观话语层面上参与身份建构的方式包括论文语言的选择、语体的选择、学术论文语篇特征、引用内容的选择和引用的直接方式。首先在语码、语体和语篇特征方面，计算机学科与语言学学科的研究论文基本相同，均选择英语作为媒介，使用正式书面语体，论文基本符合IMRD 结构。但有一点区别值得注意，计算机学科论文的讨论及结论部分常使用的小标题仅为结论，而没有讨论，讨论部分的内容一般合并在研究结果汇报，不单独列出。

与引用内容相关的选择包括学科核心文献的引用、自引、引用中的补充性话语和内容类别四项，这些选项在计算机学科语料中均有涉及。首先是对核心文献引用的分析。核心文献的引用大都围绕核心术语的提出或界定、具有开拓性或突破性的重要研究成果或者是学界被广泛认可的观点。与语言学的分析过程相同，本书将含有明显的标记话语的核心文献称为狭义的核心文献，将写作者通过文献年份、被引作者的成果数量以及语境等要素标记的核心文献称为广义的核心文献。鉴于广义的核心文献的定义较为宽泛，在此仅对狭义的核心文献进行数量统计。狭义的核心文献在计算机学科的语料中数量较少，共出现 20 次，全部出现在引言及文献综述部分。从形式上，写作者通过使用融入式引用凸显文献的核心地位；从内容上，常使用表达首次的副词（短语）（如 first defined、originally）和表达学界认可的名词性短语（如 popular example、well-known、widely accepted）构成。参见例 7 - 15。

例 7 - 15

In 1973，Vidal presented the **first** BCI system and described that "the major problem in EEG research was the enormous amount of raw data that was being produced".[38]（AI2 - 3 - 7）

其次，自引是计算机学科语料中引用建构身份时重点使用的一类话语实践方式。自引在语料中出现的总频数为 207 次，占所有引用频数的 13.8%，即约每 10 处引用就有 1.4 处包含写作者自己发表的文献（参见图 7 - 7）。这一百分比在语言学学科的语料中仅为 6.7%。计算机学科中自引的形式受引用格式的影响与语言学中的自引形式差异较大。其中，隐性的自引可以为用数字编码代表文献或作者姓氏出现在非融入式引用的括号内，在正文中没有提及。显性的自引可以为数字编码代表文献，但正文中明确提及该文献为写作者完成并与当前研究相关，或是使用融入式引用将被引作者姓氏纳入正文部分（如例 7 - 16）。

（处）

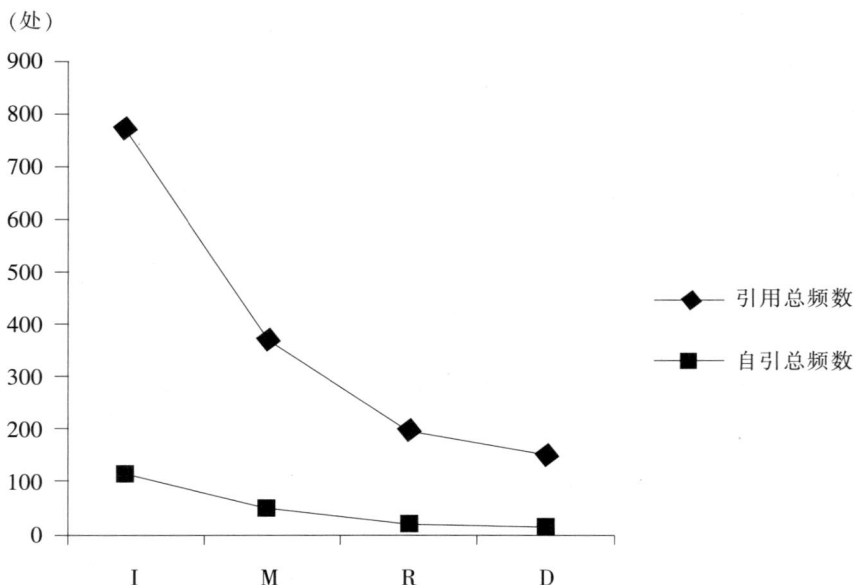

图 7 - 7   计算机学科语料各章节中引用总频数与自引总频数分布图

例 7 - 16

After consulting several references and based on **our** previous experimental works, [66-69] model order and update coefficient have been set to six and 5e-3, respectively. （AI2 - 3 - 35）

此示例使用了数字上标的方式引用文献，通过参阅文末引用和论文作者列表，确定编号为 66 的文献为本文作者完成。并且通过文内的表述"based on **our** previous experimental works"，一方面可以明显得知编号为 66 - 69 的文献内包含本文作者发表的文献，另一方面可以得知当前研究是作者系列研究的一部分，拥有前期研究基础。

再次，与自引的大量使用不同，受制于引用格式，计算机学科语料中引用行为包含的补充性话语数量很少，仅出现 62 次，占全部引用频数的 4.2% （参见图 7 - 8），相比语言学学科的 19% 差距较大。补充性话语可出现在文内正文部分，也可出现在非融入式引用的括号内。由于计算机学科大量期刊使用数字编码的方式引用，出现在正文中的补充性话语比例约为四分之一。从内容上看，一般仅为引导读者参阅被引文献或用于解释被引文献与当前研究的相关点，较为单一。如例 7 – 17。

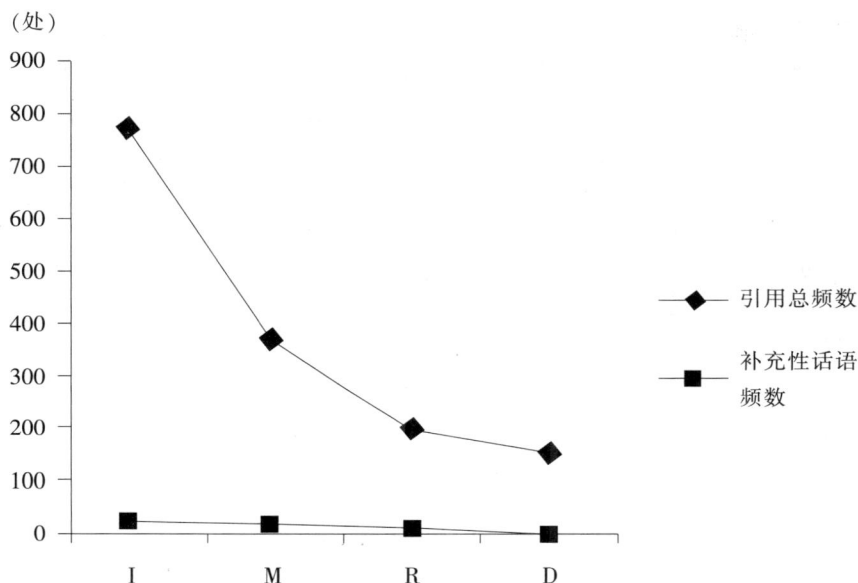

图 7 – 8　计算机学科语料各章节中引用总频数与补充性话语频数分布图

例 7 – 17

The present method used correlation coefficient instead of the canonical correlation （see Ref. 25 for more details） as features. （AI 2 – 2 – 53）

此例使用非融入式引用引导读者参见第 25 条文献，是较为典型的计算机学科的补充性话语表现形式。

例 7 – 18

While fuzzy logic has an intuitive appeal，important issues still exist concerning its theoretical foundations and how to specify the fuzzy logic model （see ［2］ for a statistician's perspective on issues concerning fuzzy logic modeling）. （AI9 – 1 – 16）

此例使用非融入式引用引导读者参阅编号为 ［2］ 的文献，还指出参阅的重点为与模糊逻辑模型相关的数据统计方法，具有一定的针对性。

引用内容选择的最后一项为内容类别，除了讨论语言学学科语料时涉及的研究课题/内容、概念/定义/名称、理论/模型/工具、研究方法/思路、研究结果和研究观点六类，计算机学科语料引用的内容还包括第七类——研究结果应用（如例 7 - 19）。理论/模型/工具项下新出现的细类有算法、定理和公式等（如例 7 - 20）。

例 7 - 19

Besides, it has been also applied in the treatment of several mental disorders.[37]（AI2 - 3 - 21）

例 7 - 20

LARS is an efficient algorithm for finding the best variables for linear models.[48]（AI2 - 3 - 53）

下面我们来看宏观话语选择中的直接方式。如前文所述，可供写作者选择的直接或间接表达的话语实践方式有：引用形式上的融入式与非融入式的选择、核心文献表达中的话语标记与内容的选择以及评价文献时被引作者姓氏的位置选择等。在计算机学科的语料中，融入式和非融入式的比例约为 1 : 2（见图 7 - 9），可以看出写作者在引用句法形式上倾向于通过间接的方式罗列被引文献，表达方式较隐性，特别是根据格式规范，许多文献仅以数字形式出现在文中，更是弱化了被引作者的形象（如例 7 - 21）。一方面，核心文献的陈述中可以显性地使用含有明确表达学者学术地位或重要性的话语表达，也可通过引用核心文献从内容上凸显重要性。另一方面，核心文献还可以隐性地通过多次引用凸显。评价文献时可以使用的直接方式将被评价文献的作者包含在引述句的主句中，有针对性的评判（如之前使用过的例 7 - 7），也可通过非融入式以隐性的方式评判被引文献，这两种方式在计算机学科的语料中均有所体现。

（处）

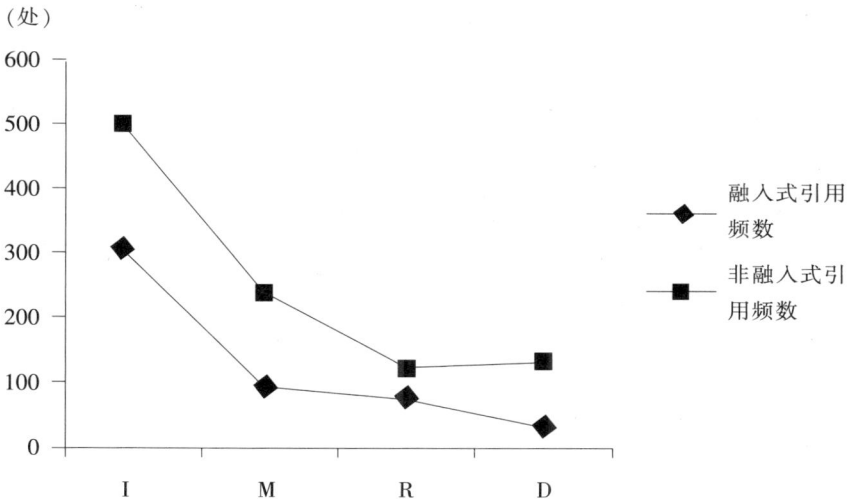

图 7-9　计算机学科语料中融入式引用频数与非融入式引用频数在各章节中的分布

例 7-21

With respect to the window size, we have used the standard 1s window of EEG data, as in other previous research works.[39,44,70,71]（AI2-3-36）

此例是典型的计算机学科中的非融入式引用范例。可以看到被引文献均以数字代替，位于句子之外。这种引用方式可凸显写作者的观点，弱化被引信息的影响。

以上讨论从宏观话语层面上对计算机学科语料中参与身份建构的引用话语实践方式进行了分析，包括论文语言的选择、语体的选择、学术论文语篇特征、引用内容的选择和引用的直接方式等。

7.2.2　微观话语层面上身份的建构方式对比

如前文所述，从微观话语层面看，话语实践类型可包括言语行为、语法、多文献引用和直接引用等。首先从言语行为方面分析，与语言学类似，计算机学科论文的写作者也实施了阐述类/断言类、指令类和表达类言语行为，分别用于陈述（已有）观点或证明当前研究结论，引导读者参阅相关文献，评价现有研究等（具体可参见前文陈述者、引导者、评价者和辩护者等身份建构示例）。

语法项下的主语选择也可以根据是否为指代当前研究者或相关研究内容划分为两类：一类与当前研究者或研究内容相关，如 the proposed methodology、we 等；另一类与被引文献作者或研究内容相关，如 most of the existing techniques、the BCI technology 等。虽然与语言学学科语料相似，都可以划分为上述两类，但计算机学科语料中大量出现主语为被引文献具体研究内容的情形（如具体的公式、算法等），直接指代被引研究本身的示例较少（如 the previous research）。

三类转述动词（研究行为、认知行为和话语行为）在计算机学科的语料中都有所体现，表示研究行为的动词如 investigate、study、find、obtain 等；表示认知行为的动词如 believe 等；表示话语行为的动词如 measure、propose、report、provide 等。但在数量上，表示研究行为的动词明显占据多数，写作者倾向于建构中立的观点陈述者形象。与语言学学科语料相比，虽然类型相同，但种类明显更单一，更集中分布于一个子类。特别值得注意的是，与语言学学科语料不同，计算机学科的写作者不擅长使用转述动词表达评价，仅有的示例仅为动词前加副词进行修饰限定，如 widely used，而几乎不使用可直接表达态度的评价性动词如 advocate、overlook 等。

多文献引用在计算机学科的语料中较为普遍，出现的频数为 300 次，即约有 20% 的引用含有大于一个文献，平均每处引用文献的数量为 4.04 个（详见图 7-10）。从比例上看少于语言学的 31%，但每处平均的文献数大于语言学的 1.7 个。计算机学科语料中的多文献引用大部分集中在第一部分——引言及综述，特别是超过 10 个文献（如例 7-22）的引用全部集中在这一章节，但通常数量仅为一处，用于陈述研究背景、暗示研究话题的热度和重要性，其余章节中多文献引用的数量依次递减。

（处）

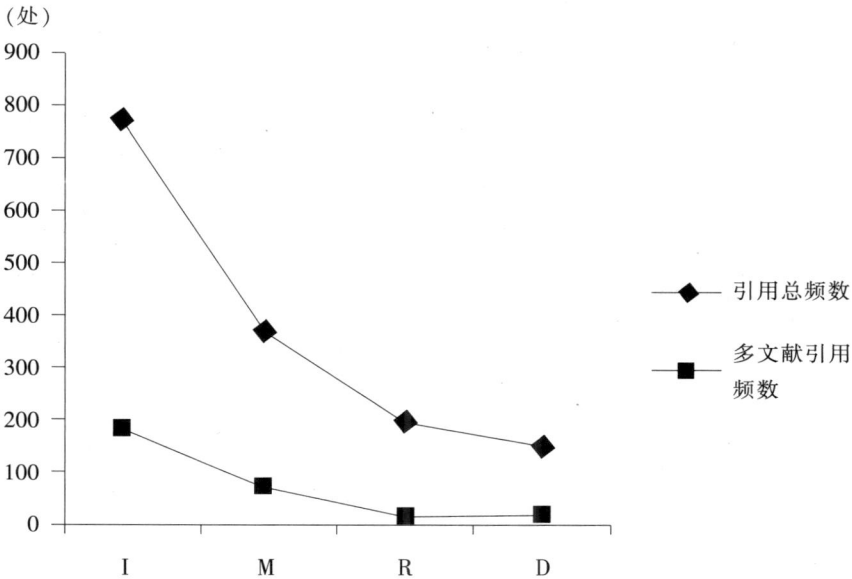

图 7 - 10　计算机学科语料中引用总频数与多文献引用频数分布图

例 7 - 22

To uncover the underlying mechanisms of collective behaviors, various mathematical or physical models have been proposed ［1］ - ［11］, ［18］, ［19］, ［21］, ［23］, ［24］, ［26］, ［28］, ［34］ - ［36］, ［40］, ［41］. (AI6 - 2 - 2)

此例出现在文献的引言部分，为全文的第二处引用。该处引用以数字编码的方式引用 22 个文献，证明了相关研究受到较高关注，成果颇丰。

直接引用即写作者直接使用被引文献的原文进行叙述，与语言学期刊论文的直引相比，计算机学科论文极少出现直接引用（如例 7 - 23）。计算机学科语料中的直引从形式上均简化，仅用引号标出，不出现页码。通过访谈得知，这可能是由于在投稿过程中，如果稿件被发现与已发表文献有两句以上相同，则会被判为剽窃，所以写作者通常都会非常谨慎。

例 7 - 23

According to the widely accepted definition given by Wolpaw,[31] a BCI is "a communication system that does not depend on the brain's normal output pathways of peripheral nerves and muscles". （AI2 - 3 - 6）

此例中写作者用引号表明"a communication system that does not depend on the brain's normal output pathways of peripheral nerves and muscles"是 BCI 的定义，出自 Wolpaw 发表的文献，但语言学的指引方式不同，并没有标明被引文字出现的页码信息。

至此，我们从宏观话语和微观话语方式讨论了两个学科语料中引用建构身份时可选择的话语方式，可以看出计算机学科选择的方式可使用语言学语料的分析框架，但在具体细项上存在种类和数量的差异。

7.2.3 话语建构方式上的学科差异

通过上一小节的分析，可以看出计算机学科和语言学学科的语料在引用建构身份的话语实践方式上存在诸多共性，但在具体细类和数量上存在差异。两个学科在实践方式上的共性体现在话语方式的类别在两个学科分布的普遍性。无论是宏观话语方式，还是微观话语方式，两个学科的语料中都对这些方式有所体现，如宏观方式中的核心文献、自引、补充性话语等；微观方式中的三类言语行为、非融比、主语类别、转述动词使用、多文献引用等。几乎所有话语实践方式在两个学科中均呈现有选择性地使用。

两个学科在实践方式上的差异体现在细类和数量上。在宏观话语方式上，存在差异的细类包括补充性话语和内容类别；在微观话语方式上，存在差异的细类包括转述动词和直接引用。我们先看宏观话语方式中的细类差异。首先，语言学语料中的补充性话语可以分为七类，分别为解释研究相关点、文献分类、评价文献、引导参阅、发表状态、文献来源以及人际信息。然而在计算机语料中，受制于引用格式（数字标注以及上标），仅出现引导参阅其他文献和解释研究相关点两种形式。其次，语言学学科语料中的内容类别可涵盖下述六类，分别为研究课题/内容、概念/定义/名称、理论/模型/工具、研究方法/思路、研究结果和研究观点。计算机学科语料还出现第七类——研究结果应用，用于证明或解释研究结果在实验中的应用情况。并且，对于第三类和第四类中的具体内容，计算机学科语料中的类别更加丰富，除了语言学中常见的术语、研究工具和理论框架外，还包括算法、定理、公式等。

微观话语方式上的细类差异首先体现在转述动词的选择上。首先，计算机学科中出现的转述动词类别集中在研究行为动词和话语行为动词，表达认知行为的动词较少，特别是直接具有评价意义的转述动词（如 overlook）几乎没有出现，在实践中会转而使用具有评价意义的副词表达态度，而动词本身通常为中性（如 use）。而语言学学科的文章中包含大量且多样的评述性转述动词，这一点与 Hyland（2004）的研究结果一致。其次，直接引用在语言学学科语料中多次出现，还可分为词语短句引用和长直引，而计算机学科语料中直接引用的使用频次极低，且不包含被引文献的页码，严格意义上讲，没有符合语言学中直接引用标准的示例出现。

不仅在细类上，两个学科语料在话语实践方式数量上也有明显差异，体现在宏观方式中的自引和补充性话语，微观方式中的主语和多文献。

在宏观话语方式上，计算机语料中的自引数量占比为 13.8%，是语言学语料中自引占比的 2 倍还多。这一现象可归因于以下几个因素：一是引用自己发表的文献可以提高自己文献的被引率，有助于学术地位的提升和学术考核的通过；二是计算机学科研究具有连续性，通常一个项目会有多篇文章发表；三是计算机学科论文的作者数量通常较多，有时可多达六人，增加了被引文献的选择范围。计算机学科中的补充性话语数量也明显少于语言学学科的数量，前者占比仅为后者的四分之一。

微观话语方式上的数量差异首先体现在主语的选择上。与语言学学科语料中经常出现指代当前研究（者）或被引研究（者）的代词（如 we）或名词短语（the previous research）不同，计算机学科语料中大量使用具体描述研究内容的名词（如术语、公式、研究方法简称等），表达更客观，内容更详细。计算机学科语料中的多文献引用的比例（20%）虽然小于语言学学科语料（31%），但平均文献个数（4.04）明显大于语言学学科语料（1.7）。这一结论可以看出计算机学科论文中的多文献引用较为普遍，并且引用使用较为集中。

7.3 不同学科身份建构过程中呈现的特点

通过上述对两个学科中引用建构的身份类别和建构方式的分析，可以得出如下共性和特性。

首先，对于身份类别，两个学科的语料均在学术动机驱动下建构了陈述者、评价者、引导者和辩护者身份，在关系动机驱动下建构了专家学者身份，建构的方式也较为类似。而对于关系动机驱动下建构的圈内人和学术友人身份类别差异较大，计算机学科语料中没有标记性话语直接建构这两种身份类别。

此外，这些身份类别的数量和分布呈现明显的学科特点。除了陈述者身份的建构较为稳定外，评价者、引导者和辩护者的分布均有不同。计算机学科语料中建构的评价者身份数量为 129 次，多于语言学学科语料的 95 次，数量随文本展开逐渐递减。这一结果显示，计算机学科论文并不总是客观陈述事实，避免主观评价，而是充满了写作者的个人介入，甚至有些评价非常尖刻（如 severe problem）。计算机学科语料中建构的引导者身份数量总体低于语言学学科语料，各个章节中分布较平均，且通过正文建构引导者身份的比例高于语言学学科。计算机学科语料中辩护者身份建构的频次为 419 次，语言学学科为 590 次，考虑到两个学科总引用频次的差异，两个数值比较接近。在分布上，计算机学科论文强调研究方法和研究结果的论证，因此辩护者身份的分布呈现倒 U 形；语言学学科论文强调研究方法和结论的论证，因此呈现 N 形分布。

其次，在建构的直接性上，两个学科的语料均存在学术引用行为直接建构和参与建构身份的形式。根据前文讨论中的界定，对于需要参考出现在同一语步，而不是直接通过引述句本身建构身份的情形，我们认定为身份的间接建构。前文中讨论的主要是计算机学科语料中引用行为直接建构身份的示例，下面我们看一个间接建构的示例。

例 7 – 24

Very close to this work, in Gupta et al. (2011), authors combined condi-

tional random fields with wavelet-based textural features and support vector ma-
chine classification to segment the fetal envelope on 2D fetal ultrasound images.
However, no quantitative error measures are reported and it is therefore difficult
to compare our results to theirs. （AI8 - 1 - 63）（间接参与的示例）

此例显示了计算机学科语料中引用间接建构评价者身份的情形。含有
引用的句子陈述了已有研究结果，直接建构了陈述者身份。而陈述者身份
建构的重点并非描述已有研究，而是为了指出这一研究因为缺乏量化错误
分析手段而无法与当前研究结果进行比较，间接建构了评价者身份。

最后，在建构的方式上，两个学科根据学科语篇和内容特点，在具体
的话语实践方式上各有所长。计算机学科更注重内容的丰富性，在引用内
容类别上划分更细，类别更多；语言学学科偏重修辞的多样性，在补充性
话语、转述动词的类别和直接引用等方式上选择形式更多样。

总的来说，虽然学科不同，引用形式也有差别，但两个学科的建构方
式类似。相比之下，计算机学科的建构方式更单一，话语实践方式也较集
中，不突出文采，动词或短语反复使用的情况也较多见。

7.4　讨　论

通过上述分析可以看出，两个学科在身份建构的类别和建构方式上有
共性，亦有差异。共性反映了学术语篇的共享范式在不同学科中的影响，
差异则反映了各学科沿袭的思维方式、语篇组织方式（Becher & Trowler,
2001）和修辞方式（Hyland & Bondi, 2006）的不同。这些差异不是简单
的个体写作风格的差异，而是源自学者对学科知识建构的方式和认知过程
的差异（Hu & Wang, 2014）。以上述两个学科为例，虽然身份的建构方式
大体相同，但计算机学科建构的身份以学术动机驱动为主，关系动机驱动
下建构的身份类别几乎没有。这表明以计算机学科为代表的硬学科重事
实、轻人际的特点。对于不同学科身份建构过程中呈现的差异，可从社会
因素、文化因素和认知因素考虑。

社会因素是本书重点讨论的要素，主要体现为学术社区的规范，具体

到引用行为可细化为学术社区认可的引用规范（格式）、引用内容和引用方式。在引用格式方面，计算机学科期刊的文内引用格式大都为数字，弱化被引作者的形象，突出被引内容。而语言学学科期刊全部采用作者加年份（以及页码）的形式，甚至会出现被引作者的全名，与纯数字的引用格式相比，这一方式明显强化凸显了被引作者的形象。不仅文内引用规范存在差异，计算机学科不同期刊之间的格式差异也较为明显，学科内没有明确的统一格式，各个期刊都有自己的格式要求，自成体系；反观语言学期刊，大都遵循 MLA 或 APA 等引用体例，差异不大。在引用内容方面，计算机学科重事实，引用的内容类别丰富，包括公式、假设、定理等，而语言学类别较少。在引用方式上，计算机学科在评价前人研究成果时更为直接，甚至是尖锐，而语言学学科更注重修辞，表达更委婉。两个学科对于直接引用的态度也不同。计算机学科几乎不使用被引文献原文，因为会涉嫌抄袭，而语言学学科对直接引用较为宽松，只要标明出处，可以使用被引文献的字词，甚至是整段文字。

此外，文化因素与写作者所处的学术文化语境相关，认知因素则与写作者本身的学术发展阶段相关。在本书中，前者体现在不同国别的写作者在引用的频次、密度和分布上的差异。如来自非西方学术文化圈的学者常会出现超高频次的引用，这可能是由于对西方主流学术圈惯例的不确定，通过高频词的引用，写作者意图表明涉猎广泛或摆脱抄袭的可能。引用方式具有国别特征的结果与现有研究吻合（如 Fløttum et al.，2006；Bondi，2009），证明写作者在引用频次、引用密度、章节分布和类型等方面存在差异，本研究则进一步证明引用参与身份建构的话语特征也存在国别差异。认知因素主要体现在写作者的个体差异。如研究语料显示，较为成熟的知名学者在建构评价者身份时，更倾向于使用较为直接、严苛的话语，自引时也更为显性，凸显之前的研究成果。相比之下，新晋学者则较为保守、谨慎。

7.5　本章小结

本章聚焦分别代表硬学科和软学科的计算机学科和语言学学科在引用建构身份类别和方式上的异同，通过语料分析分别对这两个学科中引用行

为建构的身份类别及章节分布的异同、身份的话语建构方式的异同、身份
建构过程中呈现特点的异同以及不同学科身份建构过程中呈现差异的原因
进行了分析,分别对应 7.1 至 7.4 节。结果发现,从总体上讲,两个学科
身份建构的方式和类别大致相同,但依据学科语篇建构的特点,两个学科
在具体身份类别的数量和建构方式上存在差异。

第 8 章

结 语

本书以发表于国际知名期刊的研究论文中使用的学术引用为研究语料，在语用身份论（陈新仁，2013，2014，2018；陈新仁等，2013）的指导下，结合 Vinkler（1987）对引用动机的二分法和 Bhatia（2008）提出的学术语篇中通过话语建构的身份分类，构建了学术语篇中引用建构语用身份的多维度分析框架，分析了语言学和计算机学科的学者发表于国际顶级期刊的 60 篇实证性研究论文中共计 3 382 处引用参与建构的七类身份及其话语实践方式，并对比了学科之间的差异，揭示了学术语篇中学术引用在身份建构中的话语方式、建构过程和身份类别之间的关系。

8.1 本书的主要发现

本书通过自建语料库，辅以访谈、问卷调查等形式，对语言学及计算机学科顶级期刊论文中的学术引用展开研究，先后分析了各种引用行为建构以及参与建构身份的动机、身份类别及分布、相应的话语方式以及建构过程，并通过学科对比，提出学术引用身份建构在不同学科中的异同。研究发现，在引用的学术动机和关系动机驱动下，写作者通过引用行为参与建构了七类身份，这些身份通过多种话语实践方式建构，建构过程和分布受学科认识论和知识陈述体系等多重因素的影响。下面我们依次回顾研究发现。

8.1.1 引用参与建构的身份类别与分布

通过文献整理和语料分析，本书发现，引用参与建构的身份类别包括陈述者身份、评价者身份、引导者身份、辩护者身份、专家学者身份、学术友人身份和圈内人身份，前四类身份对应引用的学术动机，以信息传递为主；后三类身份对应引用的关系动机，以人际信息传递为主。前者数量较多，是写作者通过引用参与建构的主体身份，而后者数量相对较少，起辅助作用，是写作者建构的偏离身份。与引用行为相关的身份建构动机包括学术方面的综述前期研究（如具体观点、研究行为、研究热点等）、证明研究意义、列举拟借鉴的理论和方法、评价前期研究和提示其他可参考文献，以及人际关系方面的树立学术权威、展示专业性、展示机构身份和展示学术人际圈。这些动机根据语境等因素，以不同的组合方式驱动写作者建构符合写作需求的身份类别。

　　这七种身份中，陈述者身份出现的频次最高、分布最广，是写作者参与建构的主要身份类型。从语言学学科语料的数据看，有超过六成的引用参与建构了陈述者身份。陈述者身份在引言及综述部分出现较为集中，其次是讨论及结论部分。引用参与建构评价者身份的数量相对较少，特别是反驳性引用使用频率很低，显示了写作者在实施评价性行为时颇为谨慎。引导者身份也是分布较为广泛的身份类别，在四个章节中出现的频次与引用频次基本成正比，帮助写作者在有限的篇幅内罗列尽可能多的相关文献。辩护者身份的建构频次仅次于陈述者身份，是写作者证明当前研究意义和研究价值的重要资源和手段。按照出现的章节，辩护者身份构建频率大致呈现前低后高的走势，与论证逐级推进相吻合。除了上述受学术动机驱动而建构的身份类别外，关系动机驱动下建构的身份类别凸显写作者的人际互动能力，即写作者通过引证，建立研究网络，与前人研究建立互动关系的能力（徐昉，2016）。这里包括三种身份类别，分别为专家学者身份、学术友人身份和圈内人身份。其中，专家学者身份是写作者重点建构的身份类别，能否成功建构此身份是区分新手和专家的重要标准。学术友人身份和圈内人身份的建构较为机动灵活，依赖写作者的特殊需求（如需要被引作者的学术支持或资金支持）和学术地位等因素。

　　受到学科语篇建构特点、学科引用规范、语篇特征等因素影响，这些建构的身份是写作者动态选择的产物。就出现的位置而言，同一种身份可以是高度集中于特定章节，也可以遍布全文各个章节；就频次而言，同一种身份可以高频出现，也可以仅在特殊语境下出现；就重要性而言，同一种身份可以是语篇建构不可或缺的要素之一，也可以是锦上添花之笔。所有这些特征都是为写作者实施交际行为、建立人际关系、评价已有研究等目的服务。

　　本书发现，学术引用参与建构的这些身份类型呈现多样性、动态性、共时性和差异性的特征。首先，多样性体现在以陈述者身份为主体、其他身份类别为辅的多样化共存体系。其次，动态性体现在引用建构的身份类别随着语篇叙述的展开动态变化的过程。再次，共时性体现在写作者在同一交际情境下常常会选择建构多种身份来实现交际目的。最后，差异性体现在写作者受到学科、期刊或学术文化背景的影响，建构身份的类别和数量上的差异。

8.1.2　学术引用参与身份建构的话语方式

在建构身份的话语选择上，写作者可以使用不同方式建构相同类别的身份，也可以使用不同方式建构不同类别的身份，且往往涉及多个层面的选择。我们从宏观和微观话语层面对学术引用建构身份的话语方式展开分析。从宏观话语层面看，发表于国际顶级期刊的研究论文在语言和语体上均选择英语书面正式语体。根据研究的需要，研究语料中包含的学术论文语篇特征均符合 IMRD 框架，为实证性论文。除此之外，写作者可以在引用内容和引用的直接方式上作出选择，具体细类包括核心文献、自引、补充性话语和内容类别，以及可影响话语表达直接性的融入式与非融入式的选择，核心文献表达中的话语标记与内容的选择以及评价文献时被引作者姓氏是否凸显的选择。从微观话语层面看，写作者可选择的话语形式有言语行为、语法形式、转述动词的选择以及多文献引用和直引的方式选择。可以看出，写作者在实施引用行为时有多层次、丰富的话语方式可选择。这些具备各自特性的话语方式不仅使得引用行为具有多样性，同时也为写作者通过引用表达立场和身份提供了可能。

特定的身份类别通常会有固定的话语标记或句法形式与之对应，根据具体语境以及写作目的，写作者通过引述句从上述话语选择中挑选一个或多个方式显性或隐性地建构所需的身份类别，还有一些身份类别的建构会超出引述句本身，通过结合引述句所处语步的语境共同建构。

8.1.3　学术引用参与身份建构的学科差异

本书选取的对比语料来源为计算机学科知名期刊近十年内发表的研究论文。与之前分析的语言学学科语料相比，计算机学科语料在引用格式、文章结构、引用频次、建构方式等方面均存在一定的差异，因而导致计算机学科中的引用行为参与建构的身份类别和分布，建构的方式和过程呈现一定的特质。

首先，根据学科特点，计算机学科的引用格式基本没有学科固定认可的引用格式，而是根据学会或期刊的要求使用数字代替文献加入正文、上标或是使用被引作者姓氏等方式，基本上期刊间都会存在差异，写作者一般使用期刊推荐的模板或排版软件进行文献管理。其次，文章结构在大体遵循 IMRD 四部分的同时，依据论文内容，写作者常采用突出章节内容的小标题，而非笼统地使用"研究方法"或"研究结果"等作为标题。再次，计算机学科的引用总频次和引用密度整体低于语言学学科，这与不同学科的知识陈述方式相关，社会科学更强调知识的传承，而自然科学更趋向于强调知识的创新。研究发现，两个学科的身份分布，除了陈述者身份的分布大致类似外，评价者身份、引导者身份和辩护者身份的分布都具有各自的学科特点，这些分布特征受学科语篇建构方式和引用认知的影响。最后，在话语建构的方式上，两个学科在话语实践方式的类别上存在诸多共性，但在具体细类和数量上存在差异。

8.2　本书对学术引用研究的贡献

本书基于语用身份论，从身份建构角度发掘学术引用的深层动机，突出与引用行为相关的身份建构的章节属性，阐释特定引用方式的选择动因以及学科方面的差异。研究综合运用了文献、问卷调查、访谈、语料分析等手段，具体考察了学术引用建构以及参与建构的身份类型、分布特征、具体话语实践方式以及学科差异。从理论上看，本书丰富了学术话语研究，建立了学术引用行为和作者身份建构的联系，提出了分析学术引用行为与身份建构的操作性分析框架，拓展了语用身份论研究；从应用上看，本书可帮助写作者提高引用时的身份意识，提高引用效果，并可为学术写作教学提供有益的理论和实践指导。具体来说，研究的主要贡献体现在：

第一，本书提出了学术引用参与建构语用身份的分析框架。以往研究对学术引用大都从句法、语义角度展开，关注引用的句法特征、功能和引用策略等，而忽略了写作者所处的语境以及交际需求，研究多为单向、点状分布。本书将焦点从传统引用研究的重心——引用功能，转向写作者通过引用想要实现的交际目标。本书在语用身份论的指导下，将引用行为纳入写作总需求下，从学术引用的深层动机出发，提出引用行为参与建构的七种身份类别，并对建构这些身份的话语实践方式进行了分析。

　　第二，本书通过学科对比，一方面验证了研究框架的学科普遍性，另一方面验证了学科差异性。本书的研究结果显示，学术引用中作者语用身份的分析框架同时适用于语言学和计算机学科，两个学科中引用行为的身份建构类别基本相同，建构时使用的话语方式类似，只是囿于学科知识陈述方式和学科规范的制约，在数量和细类上存在差异。这一结果为今后将分析框架应用于更多的学科提供了可能。

　　第三，本书扩大了语用身份论的应用范围。目前语用身份论在学术写作方面的应用研究还较少，本书聚焦学术写作中的引用问题，与普通交际行为相比，语体正式，会话组织形式固定，但缺乏称呼语、语音和副语言等特征，交际行为完全依赖书面话语完成，具有一定特性。写作者通过多样化的话语实践方式，依据学科和语篇特点，动态建构了多种语用身份以实现交际目的，进一步验证了语用身份是写作者可以使用的交际资源。

　　第四，本书进一步验证了学术引用行为的主观性。学术引用通常被认为是客观陈述已有观点、不夹杂写作者主观态度的行为，但通过问卷及语料可以看出，学者普遍认同引用具有主观性，在实际操作中，写作者通过建构专家学者、学术友人等身份，在完成信息传递的同时，建立起学术网络，促进学术成果传播。

　　第五，本书提出的多个引用分类框架为今后的研究提供了参考。本书以质性分析为主，在综合前人理论和实证研究的基础上，提出样本章节划分示例表、引用动机分类示例表、作者语用身份划分示例表、引用话语方式分析示例表等多个分类框架，并详细解释各类别的内容和典型示例，深化了引用的相关研究。

　　第六，本书为处于非主流学术文化圈的学者顺利进入"内圈"（inner Circle）（Kachru，1985）提供了重要参考。Gnutzmann 和 Rabe（2014）指出，如果学科的论文体裁较为固定，则不同语言背景的学者较容易进入学术内圈；反之，学者则需要适应圈内语境对于标准语言的判断，融入较难。通过访谈得知，在计算机应用领域有超过一半的研究由华人学者完成，但理论研究领域仍为英美等学术大国的圈地。本书语料显示，在随机抽取的语言学顶级期刊发表的 30 篇论文中，仅有一篇由中国学者（隶属于台湾嘉义大学）与澳大利亚学者共同完成，而反观计算机学科，有 8 篇论文由中国学者（团队）完成。种种事实凸显目前我国学者在软学科研究成果国际化仍有很大的上升空间，需要尽快适应内圈文化，提高学术知名度。本书可在一定程度上帮助学者了解国际学术话语惯例，以便尽快适应和融入。

8.3　研究的不足及未来展望

由于受到研究者能力、时间和所收集语料等因素的限制，本书尚存在一些不足，现总结如下，以期后续改进。

第一，本书在搭建学术引用中作者语用身份的分析框架时存在一定的主观性。本书涉及多项分类，如引用动机、身份类别、话语实践方式的类别等，虽然操作时结合使用了多种方法，如访谈、问卷调查、语料库等，试图从主位和述位多角度描述写作者的身份建构行为，但仍难以完全避免分析过程中笔者的主观性对研究结果的影响。未来研究可以尝试新的方法，进一步降低研究者对结果的自身主观性影响。

第二，本书的具体操作有进一步完善和细化的空间。因为本研究可直接参考的研究较少，因此研究工具的设计和实施尚不十分成熟，处于探索阶段，存在完善的空间。例如对于访谈环节而言，在受访者缺乏语言学术语知识的背景下，如何设计才可以更好地引导被访者描述与身份建构相关的信息；对于问卷，内容和问题形式如何设计才能更好地收集研究所需资料。

第三，本书在语料收集上还有进一步完善的空间。本研究以质性分析为主，受文章篇幅和研究者时间与精力的制约，目前样本规模较小，包含两个学科，60 篇研究论文，共计 3 382 处引用，数据可能具有一定的偶然性。后续研究可在学科门类、期刊种类和论文篇数上进行扩展，增加样本数量。还可考虑与计算机专家学者合作，基于本研究成果，引入云计算，推导出更多学科的引用行为及身份建构特征，为教学、应用和评价提供参考。

第四，本书对引用的关系动机驱动下建构的身份类别讨论尚不充分。专家学者身份、学术友人身份和圈内人身份与写作者的人际交往密切相关，但这些类别的身份在语料中的出现频次不高，因此在本研究中，对这三种身份的分析主要采取了质性分析，后续研究可增加语料数量，尝试加入量化分析。

第五，本书对引用行为建构身份中使用的话语方式的分析尚不充分。由于引用研究涉及的因素非常多，本研究中仅对话语实践方式的主类别进行了讨论分析，忽略了一些细节，如转述结构中的情态动词和时态对身份建构的影响等。后续研究可在这些方面进行完善。

第六，本书未探讨学术引用建构的特定语用身份可能达到的交际效果。语用身份论认为，交际者在交际需求的驱动下，会依据语境选择不同的身份和话语方式，以达成特定的交际效果。虽然本书选取的语料均为发表在国际顶级期刊的研究论文，可以视为达到了预期效果，实现了学术传播的目的，但并不能说明每篇论文的论述和引用行为的使用都是没有瑕疵的，达到了最佳交际效果。因此后续研究可从写作者和读者视角共同入手，分析最佳交际效果达成的路径。

附录 1　样本章节划分示例表

章节	常见标题示例
引言及文献综述 （Introduction）	Introduction，Previous research，Background（Literature），Motivations for the current study，Summary and hypotheses，Related work
研究方法 （Methodology）	The（present/current）study，（Materials and）Method，Experiment，Proposed methodology，Algorithm，Experimental setting/studies，Preliminaries，Problem formulation
研究结果 （Results）	Results，Findings，（Data）Analysis，Simulation examples，Numerical examples
讨论（及结论） （Discussion）	（General/Concluding/Summary and）Discussion，Conclusion（s），Implications，Conclusions and further work

附录2　引用动机分类示例表

大类	细类	内容解释	示例
引用的学术动机（PM）	1. 综述前期研究（PM1）	从宏观和微观视角描绘研究的渊源、新近研究	宏观描绘研究渊源 e. g. , Many studies have identified clear mechanisms extracting contextual regularities from speech and generating expectancies at levels as various as rhythmic, syntactic, semantic or pragmatic aspects〔Schmidt-Kassow & Kotz, 2009; Obleser & Kotz, 2010; Rothermich, Schmidt-Kassow, Schwartze & Kotz, 2010; see for example Friederici（2002）and Kutas and Federmeier（2007）for reviews〕. （GL3 -3 -1）
	2. 评价前期研究（PM2）	可分为支持、补充、反驳等	批评 e. g. , Speakers routinely access spatial memory representations off-line to describe to their partner previously experienced environments, but previous collaborative studies（including Shelton and McNamara's, 2004）have focused only on situations where spatial information is visually accessible to speakers. （GL1 -2 -38） However, Cole et al. （2010）did not directly manipulate listener expectations of intonational boundaries. （GL1 -1 -22）

（续上表）

大类	细类	内容解释	示例
引用的学术动机（PM）	3. 提示其他可参考文献（PM3）	罗列可深入阅读的文献来源	列举可参考的其他文献 e. g. , Research in these instructional settings has shown that the explicit analysis of prototypical texts of a target genre contributed to raising students' rhetorical consciousness and to developing their ability to better contextualize the genre of their writing（see Mustafa, 1995; Gosden, 1998; Hanauer, 1998; Henry & Roseberry, 1998; Hammond & Macken-Horarik, 1999; Sengupta, 1999; Pang, 2002; Tardy, 2009）. （GL8 - 2 - 23） 列举可用于对比分析的其他相关研究 e. g. , As a field of inquiry, written corrective feedback（CF）has been approached from two different theoretical and methodological perspectives: one set found within the field of second language（L2）writing and another within the field of SLA（cf. Ellis, 2010; Ferris, 2010）. （GL5 - 3 - 1）
	4. 证明研究意义（PM4）	指出目前的研究焦点、已有研究缺口，论述当前研究方法和结果的价值和意义	研究意义 e. g. , Neither Stam's（2006）research nor that of Negueruela et al. （2004）found any evidence of a shift for manner of motion. The present study corroborates the findings of these latter two studies. （GL5 - 2 - 96, GL5 - 2 - 97）

216

（续上表）

大类	细类	内容解释	示例
引用的学术动机（PM）	5. 列举拟参考的理论、方法、工具、示例、结论等（PM5）	列举关键术语、理论、研究方法、研究结论等	借鉴前人的研究方法 e. g. , Their proficiency level was established by a placement test based in part on the Spanish DELE and in part on the MLA Cooperative Foreign Language tests (see Duffield and White, 1999, for a description). （GL4 - 3 - 61）
引用的关系动机（CM）	1. 展示专业性（CM1）	使用符合学术社区规范的引用范式、引用核心文献等	核心文献 e. g. , The properties of verbal and adjectival passives were **first** described in detail in Wasow (1977). （GL4 - 3 - 12）（粗体格式为本书作者添加） Regarding timing, perhaps **the most influential** spatio-temporal model of word production has been proposed by Indefrey (2011, and previous versions). （GL3 - 2 - 4）（粗体格式为本书作者添加）
	2. 树立学术权威（CM2）	通过自引等	自引 e. g. , In a pilot study for this project this response was indeed quite frequent (Bruhn de Garavito and Valenzuela, 2005). （GL4 - 3 - 64） Preliminary behavioural evidence for such speechin-speech learning was shown in Van Engen and Bradlow (2007), where listeners performed a sentence recognition task in English and Mandarin babble at two signalto-noise ratios (SNRs). (GL6 - 1 - 16)（此文中，写作者共引用了 5 篇自己参与撰写的论文，总计 22 处）

（续上表）

大类	细类	内容解释	示例
引用的关系动机（CM）	3. 展示机构身份（CM3）	表明写作者的组织机构成员身份	研究受到机构资助 e. g. , This study was part of a larger project that aimed to describe and compare the reported strategic behaviors of test-takers with different levels of L2 proficiency and study（graduate and undergraduate）when responding to the TOEFL iBT speaking tasks（Swain et al. , 2009）. （GL2 - 2 - 41）
	4. 展示学术人际圈（CM4）	通过使用全名等方式展示与学术圈内人的联系	与学者的私人关系 e. g. , Elicited imitation tasks have also been developed in Korean and Portuguese, and these are expected to be available in I-RIS shortly as well（Ortega, personal communication）. （GL5 - 1 - 51）

附录 3　作者语用身份划分示例表

引用动机	身份类别	内容解释	细类
引用的学术动机驱动下建构的身份类别	1. 陈述者（Narrator，NI）	写作者通过对已有文献的描述和归纳而建构的身份	根据具体陈述内容可细分为四种情况： （1）对前人研究观点的陈述 （2）对前人研究行为的陈述 （3）对前人研究中的重要研究方法、研究工具、理论模型等的陈述 （4）对研究领域内新近形成的研究焦点进行归纳陈述
	2. 评价者（Evaluator，EI）	写作者在引用时为了证明当前研究合理性和价值而对被引文献作出评价时建构的身份	根据评价结果和显隐性可分为： （1）评价的判定是支持、补充或是反驳［写作者建构此身份类别时常使用具有评价性的形容词（如 positive、problematic、questionable）、具有评价性的副词（如 only）、含有肯定或否定含义的动词（如 fail、claim、support）、连词（but、neither...nor...）等］ （2）评价的方式是显性还是隐性
	3. 引导者（Academic guide，AG）	写作者通过向读者罗列文中并未深入展开讨论的相关文献而建构的身份	依据提示读者阅读文献的话语的显隐性分为两类： （1）提示性话语出现在非融入引用括号内的隐性建构，常见的表达形式有 e.g.、see（also）、see ... for a review、cf. 等

（续上表）

引用动机	身份类别	内容解释	细类
引用的学术动机驱动下建构的身份类别	3. 引导者（Academic guide，AG）	写作者通过向读者罗列文中并未深入展开讨论的相关文献而建构的身份	（2）提示性话语出现在文中正文部分的显性建构，常见的示例为写作者通过在非融入式引用的括号内罗列多个文献，并使用"see also"或"see … for reference"等表述
	4. 辩护者（Defender，DI）	写作者在为当前研究设计、观点等的合理性辩护时建构的身份	判断时需要结合前后语境综合分析，可以分为两类： （1）为当前研究辩护 （2）为被引文献辩护
引用的关系动机驱动下建构的身份类别	1. 专家学者（Credit Builder，CD）	写作者使用符合学术社区规范的引用内容和方式、学术领域内的核心文献等方式而建构的身份	对于专家学者身份的判定，一方面可以通过具体的标志性话语进行，另一方面需综合分析被引文献的来源、全文的引用方式等进行。典型的建构方式有： （1）严格遵循学术社区和发表期刊的学术规范对引用内容和格式的规约进行引用 （2）使用"first""pioneer"等词凸显被引文献的学术地位，间接证明写作者对核心文献的把握，体现其学术素养 （3）引用写作者自己的前期研究，证明研究的连续性和写作者的学术成就
	2. 学术友人（Relation Builder，RB）	写作者通过引用与学术权威、同行和读者之间在公开或私人场合的学术对话而建构的身份	常见的用于表达交流意愿和印记的方式有： （1）使用被引作者全名以展示私人关系 （2）直接注明观点是来自写作者与被引作者（通常为学术权威）的私人交流

（续上表）

引用动机	身份类别	内容解释	细类
引用的关系动机驱动下建构的身份类别	3. 圈内人（Insider, II）	写作者通过引用能体现特定学术社区、学术机构归属的文献而建构的身份	这种归属可能是出于以下需要，如单纯表明对学术圈或机构的认同、提高当前研究的权威性、解释研究选题的来源等。此身份有助于写作者获得学术或经济上的支持，可通过具体话语内容判定

附录4　引用话语方式分析示例表

细类	内容解释	备注
1. 融入式与非融入式	融入式引用标记为 IN，非融入式引用标记为 N	
2. 多个引用（大于等于二）	如引用中含有多个被引文献，标记为 M；反之，则不作标记	如果有多个引用，标出个数
3. 转述结构	含有转述结构的引用标记为 R	对转述结构中使用的动词进行统计
4. 直引	含有直接引用的引用标记为 D	大段直引加注 L，即标记为 DL
5. 该领域核心文献	含有该领域核心文献标记为 C	加注话语特征
6. 自引	引用写作者的自己撰写的文献标记为 S	
7. 补充性文字	含有补充性文字的引用标记为 E	加注原文内容
8. 内容类别	引用研究课题/内容 C1 引用概念/定义/名称 C2 引用理论/模型/工具 C3 引用研究方法/设计思路 C4 引用研究结果 C5 引用观点/解释 C6 引用研究结果应用 C7	从前六项中选择加注

附录 5　数据分析表模板（单篇）

文章编号：　　引用个数：　　字数：　　密度：　　国别：

编号	出现章节（IMRD）	引用动机	身份类别	具体引用策略							
				融入式与非融入式	多个引用（大于等于二）	转述结构	直引	该领域核心文献	自引	补充性文字	内容类别
1											
2											
3											
4											
5											
6											
7											
8											
9											
10											

附录6　学术引用参与
身份建构的调查问卷

The Questionnaire of Identity Construction via
Academic Citations（QICAC）

本问卷是一项研究的一部分。您的反馈意见仅为学术研究使用，无对错之分。非常感谢您的配合与支持！

本问卷中使用的术语"学术引用"是指学术写作中的文献引用行为。此外，为了便于区分期刊作者和被引文献作者，在此借用 Thompson 和 Ye（1991）的术语，分别将引用者和被引者称为"写作者"（writer）和"被引作者"（author）。

第一部分：

1. 请问您的最高学历为：
A. 大学本科　B. 硕士研究生　C. 博士研究生
2. 请问您的职称为：
A. 讲师　B. 副教授　C. 教授
3. 您的研究方向所属的学科为_____（一级），_____（二级）。
4. 请问您是否在同行评审的英文期刊上发表过学术文章？
没有（请转至第5题）。
有，数量大致为_____篇。
5. 请问您是否担任过同行评审的期刊审稿人？
没有　□。
有，期刊的名称为_____、_____、_____、_____、_____。
以下为问卷的正文，分为四部分，完成时间大致为8分钟。

第二部分：

1. 有人认为，学术引用具有主观性，会加入写作者的交际目的，而不是简单地梳理信息并加以呈现。您是对这一观点的态度是：

同意　□　我认为_____。

不同意　□　我认为_____。

不确定　□　我认为_____。

2. 在论文的引言与文献综述部分，写作者引用文献的动机可能包括（多选）：_____

　A. 综述前期研究　B. 证明研究意义

　C. 列举拟借鉴的理论、方法等

　D. 批判被引文献　E. 支持被引文献　F. 提示其他可参考文献

　G. 展示专业性　H. 树立学术权威　I. 建立学术人际圈

　J. 展示学术人际圈　K. 凸显被引作者的学术地位

　L. 需要被引作者的帮助　M. 增加文献数量

　N. 其他引用动机_____

3. 在论文的研究方法部分，写作者引用文献的动机可能包括（多选）：_____

　A. 综述前期研究　B. 证明研究意义

　C. 列举拟借鉴的理论、方法等

　D. 批判被引文献　E. 支持被引文献　F. 提示其他可参考文献

　G. 展示专业性　H. 树立学术权威　I. 建立学术人际圈

　J. 展示学术人际圈　K. 凸显被引作者的学术地位

　L. 需要被引作者的帮助　M. 增加文献数量

　N. 其他引用动机_____

4. 在论文的研究结果汇报部分，写作者引用文献的动机可能包括（多选）：_____

　A. 综述前期研究　B. 证明研究意义

C. 列举拟借鉴的理论、方法等

D. 批判被引文献　　E. 支持被引文献　　F. 提示其他可参考文献

G. 展示专业性　　H. 树立学术权威　　I. 建立学术人际圈

J. 展示学术人际圈　　K. 凸显被引作者的学术地位

L. 需要被引作者的帮助　　M. 增加文献数量

N. 其他引用动机＿＿＿＿＿＿＿＿＿＿＿＿＿＿＿＿＿＿

5. 在论文的讨论（及结论）部分，写作者引用文献的动机可能包括（多选）：＿＿＿＿＿＿

A. 综述前期研究　　B. 证明研究意义

C. 列举拟借鉴的理论、方法等

D. 批判被引文献　　E. 支持被引文献　　F. 提示其他可参考文献

G. 展示专业性　　H. 树立学术权威　　I. 建立学术人际圈

J. 展示学术人际圈　　K. 凸显被引作者学术地位

L. 需要被引作者的帮助　　M. 单纯需要增加文献数量

N. 其他引用动机＿＿＿＿＿＿＿＿＿＿＿＿＿＿＿＿＿＿

第三部分：

1. 您认为下列两种引用形式在功能上是否存在区别？

例 1　Hyland（2004）also employs this distinction.

例 2　This distinction has been widely employed（e. g., Hyland, 2004; Thompson, 2005）.

没有区别　□　我认为＿＿＿＿＿＿＿＿＿＿＿＿＿＿＿＿＿。

有区别　□　我认为＿＿＿＿＿＿＿＿＿＿＿＿＿＿＿＿＿。

不确定　□　我认为＿＿＿＿＿＿＿＿＿＿＿＿＿＿＿＿＿。

2. 例 3 出现在文章的引言部分，请尝试分析下述引文。

例 3　Recently several researchers（Filiaci, 2003; Serratrice, Sorace and Paoli, 2004; Sorace and Keller, 2005; Tsimpli, Sorace, Heycock and Filiaci, 2005; Valenzuela, 2005; Sorace, to appear）have suggested that interfaces, that is, areas in which the modules of the grammar intersect with other modules，may be the locus of difficulty not only in second language acquisition but also in simultaneous bilingualism and attrition，leading to optionality and fossilization.

我认为，此例中写作者引用的动机为＿＿＿＿＿＿＿＿＿＿＿＿＿＿。

3. 例 3 中写作者在一处引用中引用了六个文献，可能的原因为＿＿＿＿＿＿

＿＿＿＿＿＿＿＿＿＿＿＿＿＿＿＿＿＿＿＿＿＿＿＿＿＿＿＿＿＿＿。

与引用一个文献相比，这样做能达到什么效果？＿＿＿＿＿＿＿＿＿＿＿＿

＿＿＿＿＿＿＿＿＿＿＿＿＿＿＿＿＿＿＿＿＿＿＿＿＿＿＿＿＿＿＿。

4. 例 4 出现在文献综述部分：

例 4　He provided several tests to determine the difference between a participle which has been adjectivized，as in（1），and a verbal participle，as in（2），and these tests have been frequently used in the literature（see Levin and Rappaport，1986，among others）.

请问括号中写作者使用了"see…，among others"，可能的原因为＿＿＿

＿＿＿＿＿＿＿＿＿＿＿＿＿＿＿＿＿＿＿＿＿＿＿＿＿＿＿＿＿＿＿。

相较于去掉这些词语的引用形式（即直接使用作者姓氏和年份），此处引用有何特点？＿＿＿＿＿＿＿＿＿＿＿＿＿＿＿＿＿＿＿＿＿＿＿。

我认为，此例中写作者引用的动机为＿＿＿＿＿＿＿＿＿＿＿＿＿＿。

5. 例 2 和例 4 中，写作者分别使用了 e. g. 和 see 指向其他可参考的文献：

例 2　This distinction has been widely employed（e. g.，Hyland，2004；Thompson，2005）.

例 4　He provided several tests to determine the difference between a participle which has been adjectivized，as in（1），and a verbal participle，as in（2），and these tests have been frequently used in the literature（see Levin and Rappaport，1986，among others）.

您觉得这两种引用方式有何差异？＿＿＿＿＿＿＿＿＿＿＿＿＿＿＿＿＿

＿＿＿＿＿＿＿＿＿＿＿＿＿＿＿＿＿＿＿＿＿＿＿＿＿＿＿＿＿＿＿。

第四部分:

1. 可能会影响学术引用行为的因素有（多选）：_____

A. 学科差异　　B. 体裁差异　　C. 期刊类别差异

D. 学术领域文化差异　　E. 写作者的学术经历

F. 写作者的个人写作风格　　G. 写作者引用意识的强弱

H. 学术水平的高低

J. 其他因素，如_____

参考文献

一、中文

[1] 陈新仁. 语用学研究的社会心理维度 [J]. 中国外语，2009 (5).

[2] 陈新仁. 语用身份：动态选择与话语建构 [J]. 外语研究，2013a (4).

[3] 陈新仁. 批评语用学视角下的社会用语研究 [M]. 上海：上海外语教育出版社，2013b.

[4] 陈新仁. 广告用语的个人化趋向：一项历时研究 [J]. 外语教学理论与实践，2013c (3).

[5] 陈新仁. 公共人物话语解读的语用身份视角：从"我反正信了"说起 [C] // 施旭. 当代中国话语研究：第五辑. 北京：高等教育出版社，2013d.

[6] 陈新仁. 语用学视角下的身份研究：关键问题与主要路径 [J]. 现代外语，2014 (5).

[7] 陈新仁. 语用身份论：如何用身份话语做事 [M]. 北京：北京师范大学出版社，2018.

[8] 陈新仁，李梦欣. 学术语境下的身份冲突及话语策略：基于学术会议主持人话语的分析 [J]. 外语研究，2016 (2).

[9] 陈新仁，袁周敏. 汉语新闻标题中的身份表达：社会心理语用学视角 [J]. 中国社会语言学，2010 (1).

[10] 陈新仁，等. 语用学视角下的身份与交际研究 [M]. 北京：高等教育出版社，2013.

[11] 淳姣，姜晓，刘莹，等. 国外应用访谈法研究引用动机进展及对我国学术评价的启示 [J]. 图书馆论坛，2016 (3).

[12] 何荷. 国外英语学术期刊论文中建议话语的身份建构：一项实

证研究［J］．外语教学理论与实践，2016（1）．

［13］姜晖．元语用视角下的功能性言语探究［J］．当代外语研究，2011（4）．

［14］江晓红，周榕．语用学研究的多元视角：第十一届国际语用学研讨会述评［J］．现代外语，2009（4）．

［15］鞠玉梅．学术写作中引述句的主语特征与身份建构研究［J］．外语教学与研究，2016（6）．

［16］李娟．语用身份视角下的博士论文致谢语研究［J］．外语研究，2016（2）．

［17］李民，肖雁．英语学术语篇互动性研究：以第一人称代词及其构建的作者身份为例［J］．西安外国语大学学报，2018（2）．

［18］马蓉，秦晓晴．基于课堂读写任务的学术英语写作引用特征研究［J］．外国语文研究，2016（2）．

［19］冉永平．语用学传统议题的深入研究　新兴议题的不断拓展：第十届国际语用学研讨会述评［J］．外语教学，2007（6）．

［20］任育新．学术建议中的身份建构［M］．天津：南开大学出版社，2014．

［21］孙莉．语用身份论视角下中国研究生的元话语使用研究［D］．南京：南京大学，2015．

［22］孙厌舒．学习者学术英语写作中的引用行为研究［J］．外语学刊，2016（1）．

［23］孙厌舒，王俊菊．学术英语写作中的文本借用研究［J］．外语与外语教学，2015（6）．

［24］王雪玉．广告语篇中广告主身份建构的历时研究［D］．南京：南京大学，2013．

［25］王雪玉．论文摘要英译中的作者身份建构［J］．现代语文，2016（6）．

［26］吴格奇．学术论文作者自称与身份建构：一项基于语料库的英汉对比研究［J］．解放军外国语学院学报，2013（3）．

［27］武姜生．大学生英语学术写作中引述句的主语特征［J］．中国外语，2010（2）．

［28］吴珏．语用身份观视角下的新闻标题主观性研究［D］．南京：南京大学，2014.

［29］辛斌．引语研究的语用修辞视角［J］．外语学刊，2010（4）．

［30］徐昉．中国学生英语学术写作中身份语块的语料库研究［J］．外语研究，2011（3）．

［31］徐昉．实证类英语学术研究话语中的文献引用特征［J］．外国语（上海外国语大学学报），2012（6）．

［32］徐昉．学习者英语学术写作格式规范的认知调查报告［J］．外语教学，2013（2）．

［33］徐昉．二语学术语篇中的作者立场标记研究［J］．外语与外语教学，2015（5）．

［34］徐昉．二语学术写作的引证能力及其发展特征：截面与历时证据［J］．外国语（上海外国语大学学报），2016（3）．

［35］亚历山大·温特．国际政治的社会理论［M］．秦亚青，译．上海：上海人民出版社，2000.

［36］杨林秀．英文学术论文中的作者身份构建：言据性视角［J］．外语教学，2015（2）．

［37］袁周敏．顺应论视角下医药咨询顾问语用身份建构的实证研究［D］．南京：南京大学，2011.

［38］袁周敏，陈新仁．语言顺应论视角下的语用身份建构研究：以医疗咨询会话为例［J］．外语教学与研究，2013（4）．

［39］张立茵．中国学习者学术写作中的文献引用问题：基于近十年国内外相关研究成果分析［J］．外语与外语教学，2015（5）．

二、英文

［1］American Psychological Association.（2010）. Publication manual of the American Psychological Association（6th eds）［M］. Washington, DC：American Psychological Association.

［2］ANTAKI C & WIDDICOMBE S（Eds.）.（1998）. Identities in talk［M］. London：Sage.

［3］ARNAUDET M & BARRETT M.（1984）. Approaches to academic

reading and writing [M]. Englewood Cliffs, NJ: Prentice Hall.

[4] ATKINSON D. (2004) . Contrasting rhetorics/contrasting cultures: why contrastive rhetoric needs a better conceptualization of culture [J]. Journal of English for academic purposes, 3.

[5] BAKHTIN M. (1981) . The dialogic imagination [M]. Holquist M (Ed.) . Austin, TX: University of Texas Press.

[6] BAKHTIN M. (1986) . Speech genres and other late essays [M]. Austin: University of Texas Press.

[7] BAZERMAN C. (1988) . Shaping written knowledge [M]. Madison: University of Wisconsin Press.

[8] BAZERMAN C. (1994) . Systems of genres and the enactment of social intentions [C] //FREEDMAN A & MEDWAY P (Eds.) . Genre and the new rhetoric. London: Taylor & Francis.

[9] BAZERMAN C, LITTLE J, BETHEL L, CHAVKIN T, FOUQUETTE D & GARUFIS J. (2005) . Reference guide to writing across the curriculum [M]. West Lafayette, IN: Parlor Press.

[10] BECHER T & TROWLER P R. (2001) . Academic tribes and territories: intellectual enquiry and the culture of disciplines (2nd edn) [M]. Philadelphia, PA: SRHE and Open University Press.

[11] BENWELL B & STOKOE E. (2006) . Discourse and identity [M]. Edinburgh, UK: Edinburgh University Press.

[12] BERKENKOTTER C & HUCKIN T N. (1995) . You are what you cite: novelty and intertextuality in a biologist's experimental article [C] // BERKENKOTTER C & HUCKIN T N (Eds.) . Genre knowledge in disciplinary communication: cognition/cultural/power. Hillsdale, NJ: Lawrence Erlbaum.

[13] BHATIA V K. (2008) . Worlds of written discourse: a genre-bases view [M]. New York: Continuum.

[14] BIBER D. (2006) . Stance in spoken and written university registers [J]. Journal of English for academic purposes, 5 (2) .

[15] BLACK K. (1992) . Business statistics: an introductory course [M]. New York: West Publishing Company.

［16］ BLOCH J. (2010) . A concordance-based study of the use of repor-ting verbs as rhetorical devices in academic papers ［J］. Journal of writing re-search, 2.

［17］ BLOCH J & CHI L. (1995) . A comparison of the use of citations in Chinese and English academic discourse ［C］//BELCHER D & BRAINE G (Eds.) . Academic writing in a second language: essays on research and peda-gogy. Norwood, NJ: Ablex.

［18］ BLOCK D. (2002) . Destablized identities across language and cul-tural borders: Japanese and Taiwanese experiences ［J］. Hong Kong journal of applied linguistics, 7.

［19］ BONDI M. (2009) . Historians at work: reporting frameworks in English and Italian book review articles ［C］//HYLAND K & DIANI G (Eds.). Academic evaluation: review genres in university settings. Basingstoke, UK: Pal-grave Macmillan.

［20］ BORGMAN C L & FURNER J. (2002) . Scholarly communication and bibliometrics ［C］//CRONIN B (Ed.) . Annual review of information sci-ence and technology (Vol. 36) . Medford, NJ: Information Today.

［21］ BROOKS T A. (1985) . Private acts and public objects-an investiga-tion of citer motivations ［J］. Journal of the American society for information sci-ence, 36.

［22］ BROOKS T A. (1986) . Evidence of complex citer motivations ［J］. Journal of the American society for information science, 37 (1) .

［23］ BROWN G & YULE G. (1983) . Discourse analysis ［M］. Cam-bridge: Cambridge University Press.

［24］ BUCHOLTZ M & HALL K. (2005) . Identity and interaction: a so-ciocultural linguistic approach ［J］. Discourse Studies, 7 (4 − 5) .

［25］ BUCHOLTZ M & HALL K. (2010) . Locating identity in language ［C］//LLAMAS C & WATT D (Eds.) . Language and identities. Edinburgh: Edinburgh University Press.

［26］ BURGESS A & IVANIČ R. (2010) . Writing and being written: is-sues of identity across timescales ［J］. Written communication, 27 (2) .

［27］ CANO V. (1989) . Citation behavior: classification, utility, and location ［J］. Journal of the American society for information science, 4.

［28］ CASANAVE C & VANDRICK S. (Eds.) . (2003) . Writing for scholarly publication ［M］. Mahwah, NJ: Lawrence Erlbaum.

［29］ CASE D O & HIGGINS G M. (2000) . How can we investigate citation behavior? A study of reasons for citing literature in communication ［J］. Journal of the American society for information science, 51 (7) .

［30］ CHAFE W & NOCHOLS J. (1986) . Evidentiality: the linguisitic coding of epistemology ［M］. New York, NY: Praeger.

［31］ CHARLES M. (2006a) . Phraseological patterns in reporting clauses used in citation: a corpus-based study of theses in two disciplines ［J］. English for specific purposes, 25 (3) .

［32］ CHARLES M. (2006b) . The construction of stance in reporting clauses ［J］. Applied linguistics, 27.

［33］ COFFIN C J. (2009) . Incorporating and evaluating voices in a film studies thesis ［J］. Writing and pedagogy, 1 (2) .

［34］ COZZENS S E. (1989) . What do citations count? The rhetoric-first model ［J］. Scientometrics, 15 (5) .

［35］ CRONIN B. (1981) . Agreement and divergence on referencing practice ［J］. Journal of information science, 3 (1) .

［36］ CRONIN B. (1984) . The Citation process: the role and significance of citations in scientific communication ［M］. London, UK: Taylor Graham.

［37］ CRONIN B. (2005) . The hand of science: academic writing and its rewards ［M］. Lamham, MD: Scarecrow Press.

［38］ CURRIE P. (1998) . Staying out of trouble: apparent plagiarism and academic survival ［J］. Journal of second language writing, 7.

［39］ DAVIS M. (2013) . The development of source use by international postgraduate students ［J］. Journal of English for academic purposes, 12.

［40］ DE FINA A. (2010) . The negotiation of identities ［C］ //LOCKER M A & GRAHAM S L (Eds.) . Interpersonal pragmatics. Berlin: De Gruyter Mouton.

［41］ DE FINA A, SCHIFFRIN D & BAMBERG M. (2006) . Discourse and identity ［M］. Cambridge: Cambridge University Press.

［42］ DENG L M. (2012) . Academic identity construction in writing the discussion & conclusion section of L2 theses: case studies of Chinese social science doctoral students ［J］. Chinese journal of applied linguistics, 35 (3).

［43］ EEN J A. (1982) . Tense usage in reporting research in geotechnical writing ［J］. Working papers in ESL, 2.

［44］ FAIRCLOUGH N. (1992) . Discourse and social change ［M］. Cambridge: Polity Press.

［45］ FAIRCLOUGH N. (2003) . Analyzing discourse: textual analysis for social research ［M］. London: Routledge.

［46］ FLØTTUM K, DAHL T & KINN T. (2006) . Academic voices: across languages and disciplines ［M］. Amsterdam, the Netherlands: John Benjamins.

［47］ GILBERT G N. (1977) . Referencing as persuasion ［J］. Social studies of science, 7.

［48］ GILBERT G & MULKAY M. (1984) . Opening the pandora's box: a sociological analysis of scientific discourse ［M］. Cambridge: Cambridge University Press.

［49］ GNUTZMANN C & RABE F. (2014) . "Theoretical subtleties" or "text modules"? German researchers' language demands and attitudes across disciplinary cultures ［J］. Journal of English for academic purposes, 13.

［50］ GRAD H & ROJO L. (2008) . Identity in discourse: an integrative view ［C］ //DOLON R & TODOLI J (Eds.) . Analysing identities in discourse. Amsterdam: John Benjamins Publishing Company.

［51］ GRAY B & BIBER D. (2012) . Current conceptions of stance ［C］ //HYLAND K & GINDA C S (Eds.) . Stance and voice in written academic genres. Hampshire: Palgrave Macmillan.

［52］ GU Q & BROOKS J. (2008) . Beyond the accusation of plagiarism ［J］. System, 36.

［53］ HALL S. (1996) . Introduction: who needs identity? ［C］ //HALL

S & DU GAY P（Eds）. Questions of cultural identity. London: Sage.

［54］HALLIDAY M.（1994）. An introduction to fundamental grammar ［M］. London: Edward Arnold.

［55］HARRÉ R & VAN LAGENHOVEL（Eds.）.（1999）. Positioning theory: moral contexts of intentional action ［M］. Oxford, UK: Blackwell.

［56］HARWOOD N.（2008）. Citers' use of citees' names: findings from a qualitative interview-based study ［J］. Journal of the American society for information science and technology, 59.

［57］HARWOOD N.（2009）. An interviewed-based study of the functions of citaions in academic writing across two disciplines ［J］. Journal of pragmatics, 41.

［58］HARWOOD N.（2013）. Research-based materials to demystify academic citation for postgraduates ［C］//HARWOOD N（Ed.）. English language teaching materials: theory and practice. Beijing: Foreign Language Teaching and Research Press.

［59］HARWOOD N & PETRIC B.（2012）. Performance in the citing behavior of two student writers ［J］. Written communication, 29（1）.

［60］HAUGH M.（2007）. Emic conceptualisations of（im）politeness and face in Japanese: implications for the discursive negotiation of second language learner identities ［J］. Journal of pragmatics, 39（4）.

［61］HO V.（2010）. Constructing identities through request e-mail discourse ［J］. Journal of pragmatics, 42（8）.

［62］HU G & WANG G.（2014）. Disciplinary and ethnolinguistic influences on citation in research articles ［J］. Journal of English for academic purposes, 14.

［63］HUNSTON S & THOMPSON G.（2001）. Evaluation in text: authorial stance and the construction of discourse ［M］. Oxford, UK: Oxford University Press.

［64］HYLAND K.（1998）. Hedging in science research articles ［M］. Amsterdam: John Benjamin.

［65］HYLAND K.（1999）. Academic attribution: citation and construction of disciplinary knowledge ［J］. Applied linguistics, 20（3）.

[66] HYLAND K. (2000a) . Hedges, boosters and lexical invisibility [J]. Language awareness, 9 (4) .

[67] HYLAND K. (2000b) . Disciplinary discourses: social interactions in academic writing [M]. London: Longman.

[68] HYLAND K. (2001a) . Bringing in the reader: addressee features in academic articles [J]. Written communication, 18 (4) .

[69] HYLAND K. (2001b) . Humble servants of the discipline? Self-mention in research articles [J]. English for specific purposes, 20 (3) .

[70] HYLAND K. (2002a) . Directives: argument and engagement in academic writing [J]. Applied Linguistics, 23 (2) .

[71] HYLAND K. (2002b) . What do they mean? Questions in academic writing [J]. Text, 22.

[72] HYLAND K. (2002c) . Authority and invisibility: authorial identity in academic writing [J]. Journal of pragmatics, 34 (8) .

[73] HYLAND K. (2002d) . Activity and evaluation: reporting practices in academic writing [C] //FLOWERDEW J (Ed.) . Academic discourse. London: Longman.

[74] HYLAND K. (2002e) . Options of identity in academic writing [J]. ELT Journal, 56.

[75] HYLAND K. (2003) . Self-citation and self-reference: credibility and promotion in academic publication [J]. Journal of the American society for information science and technology, 54 (3) .

[76] HYLAND K. (2004) . Disciplinary discourses: social interactions in academic writing [M]. Ann Arbor, MI: University of Michigan Press.

[77] HYLAND K. (2005) . Stance and engagement: a model of interaction in academic discourse [J]. Discourse studies, 6 (2) .

[78] HYLAND K. (2008) . Metadiscourse [M]. Beijing: Foreign Language Teaching Research Press.

[79] HYLAND K. (2010) . Community and individuality: performing identity in applied linguistics [J]. Written communication, 27 (2) .

[80] HYLAND K. (2011) . Projecting an academic identity in some re-

flective genres [J]. Ibérica: Revista de la Asociación Europea de Lenguas para Fines Específicos (AELFE), 21.

[81] HYLAND K. (2012). Disciplinary identities: individuality and community in academic discourse [M]. Cambridge: Cambridge University Press.

[82] HYLAND K. (2013). Writing in the university: education, knowledge and reputation [J]. Language teaching, 46 (1).

[83] HYLAND K. (2015a). Genre, discipline and identity [J]. Journal of English for academic purposes, 19.

[84] HYLAND K. (2015b). Academic publishing: issues and challenges in the construction of knowledge [M]. Oxford: Oxford University Press.

[85] HYLAND K & BONDI M (Eds.). (2006). Academic discourse across disciplines [M]. Frankfurt: Peter Lang.

[86] HYLAND K & GUINDA C S (Eds.). (2012). Stance and voice in written academic genres [M]. Hampshire: Palgrave Macmillan.

[87] HYLAND K & JIANG F K. (2016). Is academic writing becoming more informal? [J]. English for specific purposes, 45.

[88] HYLAND K & JIANG F K. (2017). Points of reference: changing patterns of academic citation [J]. Applied linguistics, 40 (1).

[89] HYLAND K & TSE P. (2005). Evaluative that constructions: signaling stance in research abstracts [J]. Function of language, 12 (1).

[90] IDENTITY. (2002). In Oxford English Dictionary (2nd ed. on compact disc) [M]. Oxford: Oxford University Press.

[91] IVANIČ R. (1994). I is for interpersonal: discoursal construction of writer identities and the teaching of writing [J]. Linguistics and education, 6 (1).

[92] IVANIČ R. (1995). Writer identity [J]. Prospect: the Australian journal of TESOL, 10 (1).

[93] IVANIČ R. (1998). Writing and identity: the discoursal construction of identity in academic writing [M]. Amsterdam: John Benjamins.

[94] IVANIČ R & CAMPS D. (2001). I am how I sound: voice as self-

representation in L2 writing [J]. Journal of writing in a second language [Special issue], 10 (1).

[95] KACHRU B B. (1985). Standards, confiscation, and sociolinguistic realm: the English language in the outer circle [C] //RQUIRK & HGWIDDOWSON (Eds.). English in the world. Cambridge, England: Cambridge University Press.

[96] KAMBERELIS G & SCOTT K D. (1992). Other people's voices: the coarticulation of texts and subjectivities [J]. Linguistics & education, 4 (3 –4).

[97] KROSKRITY P. (2000). Identity [J]. Journal of linguistic anthropology, 9.

[98] KWAN B S C & CHAN H. (2014). An investigation of source use in the results and the closing sections of empirical articles in information systems: in search of a functional-semantic citation typology for pedagogical purposes [J]. Journal of English for academic purposes, 14.

[99] LANCASTER Z. (2012). Stance and reader positioning in upper-level student writing in political theory and economics (unpublished doctoral dissertation) [D]. Ann Arbor: University of Michigan.

[100] LATOUR B. (1987). Science in action: how to follow scientists and engineers through society [M]. Cambridge, MA: Harvard University Press.

[101] LA W J & WILLIAMS R J. (1982). Putting facts together: a study of scientific persuasion [J]. Social studies of science, 12.

[102] LI Y & CASANAVE C P. (2012). Two first-year students' strategies for writing from sources: patchwriting or plagiarism? [J]. Journal of second language writing, 21 (2).

[103] LITOSSELITI L & SUNDERLAND J. (Eds.). (2002). Gender identity and discourse analysis (Vol. 2) [M]. Amsterdam/Philadelphia: John Benjamins Publishing Company.

[104] LIU M X. (1993). A study of citing motivation of Chinese scientists [J]. Journal of information science, 1.

[105] LYONS J. (1977). Semantics: I and II [M]. London: CUP.

［106］MACROBERTS M H & MACROBERTS B R. (1984). The negational reference: or the art of dissembling ［J］. Social studies of science, 14 (1).

［107］MALCOLM L. (1987). What rules govern tense usage in scientific articles? ［J］. English for specific purposes, 6 (1).

［108］MARTIN J R & WHITE P. (2005). The language of evaluation: appraisal in English ［M］. London: Palgrave.

［109］MATSUDA P K. (2001). Voice in Japanese written discourse: implications for second language writing ［J］. Journal of second language writing, 10.

［110］MATSUDA P K. (2015). Identity in written discourse ［J］. Annual review of applied linguistics, 35.

［111］MATSUDA P K & TARDY C M. (2007). Voice in academic writing: the rhetorical construction of author identity in blind manuscript review ［J］. English for specific purposes, 26.

［112］MUR DUEÑAS P. (2009). Citation in business management research articles: a contrastive (English-Spanish) corpus-based analysis ［C］ // SUOMELA E-SALMI & DERVIN F (Eds.). Cross-linguistic and cross-cultural perspectives on academic discourse. Amsterdam, the Netherlands: John Benjamins.

［113］OSTER S. (1981). The use of tenses in "reporting past literature" in EST ［C］ //SELINKER L, TARONE E & HANZEDI V (eds). English for Academic and Technical Purposes: Studies in Honor of Louis Trimble ［C］. New York: Newbury House.

［114］PAUL D. (2000). In citing chaos: a study of the rhetorical use of citations ［J］. Journal of business and technical communication, 14 (2).

［115］PAUL D, CHARNEY D & KENDALL A. (2001). Moving beyond the moment reception studies in the rhetoric of science ［J］. Journal of business and technical communication, 15 (3).

［116］PECORARI D & SHAW P. (2012). Types of student intertextuality and faculty attitudes ［J］. Journal of second language writing, 21 (2).

[117] PERITZ B C. (1983) . A classification of citation roles for the social sciences and related fields [J]. Scientometrics, 5 (5) .

[118] REISSMAN C K. (2008) . Narrative methods for the human sciences [M]. London: Sage.

[119] RORTY R. (1979) . Philosophy and the mirror of nature [M]. Princeton: Princeton University Press.

[120] SACKS H. (1992) . Lectures on conversation [M]. GJefferson (Ed.) . Oxford, MA: Blackwell.

[121] SCHNURR S, MARRA M & HOLMES J. (2007) . Being (im) polite in New Zealand workplaces: Māori and Pākehā leaders [J]. Journal of pragmatics, 39 (4) .

[122] SEARLE J. (1975) . Indirect speech acts [C] //COLE P & MORGAN J L (Eds.) . Syntax and semantics: Vol. 3. Speech acts. New York: Academic Press.

[123] SEARLE J. (1979a) . Expression and meaning: studies in the theories of speech acts [M]. Cambridge: Cambridge University Press.

[124] SEARLE J. (1979b) . The classification of illocutionary acts [J]. Language in society, 8.

[125] SEARLE J. (2002) . Consciousness and language [M]. Cambridge: Cambridge University Press.

[126] SHAW P. (1992) . Reasons for the correlation of voice, tense, and sentence function in reporting verbs [J]. Applied linguisitics, 13 (3) .

[127] SMALL H. (1982) . Citation context analysis [C] //DERVIN B & VOIGT M J (Eds.) . Progress in communication sciences 3. Norwood, NJ: Ablex.

[128] SOLER-MONREAL C & GIL-SALOM L. (2011) . A cross-language study on citation practice in PhD theses [J]. International journal of English studies, 11 (2) .

[129] SPACK R. (1997) . The acquisition of academic literacy in a second language: a longitudinal case study [J]. Written communication, 14 (14) .

［130］ SPENCER-OATEY H. (2007) . Theories of identity and the analysis of face ［J］. Journal of pragmatics, 39 (4) .

［131］ SWALES J M. (1981) . Aspects of article introductions ［M］. Birmingham, England: LSU, University of Aston.

［132］ SWALES J M. (1986) . Citation analysis and discourse analysis ［J］. Applied linguistics, 7 (1) .

［133］ SWALES J M. (1988) . 20 years of the TESOL quarterly ［J］. TESOL quarterly, 22.

［134］ SWALES J M. (1990) . Genre analysis: English in academic and research settings ［M］. Cambridge: Cambridge University Press.

［135］ SWALES J M. (2001) . EAP-related linguistic research: an intellectual history ［C］//FLOWERDEW J & PEACOCK M (Eds.) . Research perspectives on English for academic purposes. Cambridge: Cambridge University Press.

［136］ SWALES J M. (2004) . Research genres ［M］. Cambridge: Cambridge University Press.

［137］ SWALES J M. (2014) . Variation in citational practice in a corpus of student biology papers: from parenthetical plonking to intertextual storytelling ［J］. Written communication, 31 (1) .

［138］ SWALES J M & LEEDER C. (2012) . A reception study of the articles published in English for specific purposes from 1990 - 1999 ［J］. English for specific purposes, 31 (2) .

［139］ TANG R & JOHN S. (1999) . The "I" in identity: exploring writer identity in student academic writing through the first person pronoun ［J］. English for specific purposes, 18.

［140］ TARDY C M. (2012) . Current conceptions of voice ［C］//HYLAND K & GINDA C S (Eds.) . Stance and voice in written academic genres. Hampshire: Palgrave Macmillan.

［141］ TAYLOR G & CHEN T. (1991) . Linguistic, cultural and subcultural issues in contrastive discourse analysis: Anglo-American and Chinese scientific texts ［J］. Applied linguistics, 12.

［142］ TAYLOR G & SPENCER S. (2004) . Social identities: a multi-disciplinary approach ［M］. London: Routledge.

［143］ TETLOCK P E & MANSTEAD A S. (1985) . Impression management versus intrapsychic explanations in social psychology: a useful dichotomy? ［J］. Psychological review, 92 (1) .

［144］ THOMAS S & HAWES T P. (1994) . Reporting verbs in medical journal articles ［J］. English for specific purposes, 13 (2) .

［145］ THOMPSON C. (2005) . Authority is everything: a study of the politics of textual ownership and knowledge in the formation of student writer identities ［J］. International journal for educational integrity, 1.

［146］ THOMPSON G. (1996) . Voices in the text: discourse perspectives on language reports ［J］. Applied linguistics, 17 (4) .

［147］ THOMPSON G & YE Y. (1991) . Evaluation of the reporting verbs used in academic papers ［J］. Applied linguistics, 12.

［148］ THOMPSON P. (2005) . Points of focus and position: intertextual reference in PhD theses ［J］. Journal of English for academic purposes, 4 (4).

［149］ THOMPSON P & TRIBBLE C. (2001) . Looking at citations: using corpora in English for academic purposes ［J］. Language learning & technology, 5 (3) .

［150］ TRACY K. (2002) . Everyday talk: building and reflecting identities ［M］. London: The Guilford Press.

［151］ TRACY K & ROBLES J S. (2013) . Everyday talk: building and reflecting identities ［M］. New York: Guilford Press.

［152］ VANDE K W. (2002) . Metadiscourse, discouse, and issues in compositionand rhetoric ［C］ //BARTON E L & STYGALL G (Eds.). Discourse studies in composition. Cresskill, NJ: Hampton Press.

［153］ VERSCHUEREN J. (1999) . Understanding pragmatics ［M］. London: Arnold.

［154］ VERSCHUEREN J. (2008) . Context and structure in a theory of pragmatics ［J］. Studies in pragmatics, 10.

［155］ VINKLER P. (1987) . A quasi-quantitative citation model ［J］.

Scientometrics, 12 (1) .

[156] WEISSBERG R & BUKER S. (1990) . Writing up research: experimental research report writing for students of English [M]. Englewoods Cliff, NJ: Prentice Hall Regents.

[157] WHITE H D. (2001) . Authors as citers over time [J]. Journal of the American society for information science and technology, 52 (2) .

[158] WHITE H D. (2004) . Citation analysis and discourse analysis revisited [J]. Applied linguistics, 25 (1) .

[159] WHITE M D & WANG P. (1997) . A qualitative study of citing behavior: contributions, criteria, and metalevel documentation concerns [J]. The library quarterly, 67 (2) .

[160] WILLETT P. (2013) . Readers' perceptions of authors' citing behavior [J]. Journal of documentation, 69.

[161] WODAK R & CHILTON P A. (Eds.) (2007) . A new agenda in (critical) discourse analysis [M]. Amsterdam: John Benjamin.

[162] YANG Y & ALISON D. (2003) . Research articles in applied linguistics: moving from results to conclusions [J]. English for specific purposes, 22.

[163] ZIMMERMAN D H. (1998) . Identity context and interaction [C] //ANTAKI C & SUE W (Eds.) . Identities in talk. London: Sage.

后　记

　　本书以我的博士学位论文为基础，历经数次修改、完善，今得以顺利出版，内心激动万分。五年多的博士学习生涯不仅见证了我学术上的成长，也见证了我思想上的成熟，是我人生重要的转折点。

　　首先，我要感谢我的导师陈新仁教授。陈老师的言传身教让我看到了要成为出色的学者，勤勉、严谨、诚恳、虚心都是必不可少的品质。如果没有导师学术上的悉心指引和教导，我终归会是个学术殿堂的门外汉，游离其外，不得其法；如果没有导师的关心和引领，很难想象我能克服诸多困境，顺利完成学业。这篇博士学位论文得以顺利完成，很大程度上要归功于导师倾注的大量心血和汗水。从论文选题、研究设计，到完善理论框架和研究结果，其中经历了无数次讨论和修改，点滴进步都离不开导师的精心指导和点拨。整篇论文的撰写耗时颇长，每当我遇到写作瓶颈的时候，导师都会积极鼓励我，从来不会指责。正是这些正面的引导和鼓励，让我一次次恢复信心，突破瓶颈，稳步前行。求学期间，我不仅得到导师学术上的指导，还有幸得到师母生活上的指引。师母在繁重的工作之余，坚持完成学业，取得博士学位，对我来说是巨大的鼓励，为我树立了榜样。不仅如此，师母还贴心地为同门建立了交流群，定期筛选优质的推文发到群上与我们交流讨论。她指导我们在完成学业和工作的同时，兼顾家庭和孩子。导师与师母的一言一行让我感受到了学术的魅力和生活的多彩，使我受用终身。

　　在此我还要特别感谢徐昉教授，作为我的第二导师，徐老师始终非常关心我的学术成长，也为我的论文倾尽了大量的心力。正是在徐老师提及的术语"textual borrowing"的启示下，我确定了自己的研究方向和论文选题，之后的点滴进展也都离不开徐老师的支持和指导。

　　此外，南京大学外国语学院的老师们和校外的专家学者也为我提供了很多指导和帮助。丁言仁教授和张韧教授开设的语言学理论及研究方法课程，为我的博士学位论文写作打下了坚实的基础。王海啸教授、魏向清教授、陈桦教授和徐昉教授参加了我的博士学位论文开题报告会，何刚教授、魏向清教授、汪少华教授、周丹丹教授和詹全旺教授是我的博士学位答辩委员会成员，他们提出的各种建议使我受益匪浅。

在此我还要特别感谢帮助我完成论文研究访谈的两位学者——吴始年教授和蔡骋教授。美国宏谷州立大学的吴始年教授每年回国讲学都会和我谈论论文的进展情况，并在问卷设计和访谈部分给予了极大的帮助。我还要感谢西北农林科技大学的蔡骋教授（现就职于上海电机学院），感谢他百忙之中帮助我完成计算机学科的专家访谈部分，使研究可以顺利进行。

西北大学外国语学院的领导和同事在我读博期间给予我多方支持和鼓励，感谢同事们帮我承担繁重的教学任务，使我可以安心完成学业。我还要感谢我的同窗们，大家在我的论文构思、问卷收集和写作过程中给予了我许多无私的帮助，他们的支持是我笃力前行的来源。还有一直关心我学业进展的好友车军侠、王婷、晓华姐、杨宏玲老师、Duane 和 Jodi，是你们的支持和督促坚定了我求学的脚步。最后，我还要特别感谢我的学姐、闺蜜兼同事杨娜，相似的求学履历让我们彼此有了更多的共鸣，每当我感到无助时，她总是以自己的经历鼓励我继续前行。

我亲爱的家人更是从我准备入学考试开始，就给予我无尽的包容和关爱，父母在我备考时承担起照顾孩子的日常起居，让我能专心准备考试；我的爱人李庚不但要面对繁重的工作，还要承担孩子的教导和起居，并且在我撰写毕业论文期间独自带着孩子赴美访学，为的是让我能全心投入写作。

正是这些师长、同事、朋友和家人的支持和鼓励使我可以顺利完成论文，取得学位，继而出版成书。在此一并深表谢意。

张立茵

2022 年 8 月